LOCUS

LOCUS

LOCUS

LOCUS

from

vision

from 56 慢的教育

Under Pressure

作者：卡爾．歐諾黑 (Carl Honoré)
譯者：薛絢
責任編輯：湯皓全
校對：呂佳眞
美術編輯：何萍萍
法律顧問：全理法律事務所董安丹律師
出版者：大塊文化出版股份有限公司
台北市 105 南京東路四段 25 號 11 樓
www.locuspublishing.com
讀者服務專線： 0800-006689
TEL ：(02) 87123898　FAX ：(02) 87123897
郵撥帳號： 18955675　戶名：大塊文化出版股份有限公司

總經銷：大和書報圖書股份有限公司
地址：台北縣五股工業區五工五路 2 號
TEL ：(02) 89902588 (代表號)　FAX ：(02) 22901658
排版：天翼電腦排版印刷有限公司
製版：源耕印刷事業有限公司
初版一刷： 2009 年 1 月
初版 9 刷：2009 年 9月

定價：新台幣 300 元
Printed in Taiwan

Under Pressure
慢的教育

Carl Honoré 著
薛絢 譯

目次

獻給我的父母親

童年就像大教堂裡的高敞空間。

——維吉妮亞・吳爾芙（Virginia Woolf）

我曾想爲我的子女做一切的事：把路上的每件障礙幫他們清除，代他們打每一仗，替他們揮每一拳。

——約翰・奧法羅（John O'Farrell），《不盡如你意》（*May Contain Nuts*）

書中人名有改動者，是爲了維護受訪者的隱私。

銘謝

沒有大家鼎力相助，我是不可能寫出這本書的。

感謝我的經紀人瓦許（Patrick Walsh）以他一貫的膽識與眼界首先開路。舊金山哈潑第一（HarperOne）的魏爾（Gideon Weil）與加拿大諾普夫（Knopf）的謝倫柏格（Michael Schellenberg）兩位編輯，是最佳戰友：有耐心，夠明智，努力且嚴謹，而且從不吝於鼓勵打氣。英國獵戶星（Orion）的編輯馬歇爾（Ian Marshall）也是一股自始至終穩定縝密的支持力。

因爲不同國家的人士協助我收集資料、願意接受訪談，才使這本書有了國際觀。感謝李（Chin-Hwa Lee）、王（Steven Wang）、張（Raymond Cheung）、，田邊（Maki Tanabe）、卓特連（Steve Trautlein）、神田（Sachie Kanda）、弗萊契（Anna Fleischer）。感謝曾經與我分享切身經驗的上百位家長、子女、教師、醫生。特別要感謝貝契（Cathy Bache）、伯恩斯坦伉儷（Danny & Beth Bernstein）、布倫克（Jasmin Blunck）、布羅第（Mike Brody）、卡本蒂耶（Vincent Carpentier）、道赫蒂（Bill Doherty）、埃伯哈特（David Eberhard）、韓（Arar Han）、赫施-巴塞克（Kathy Hirsh-Pasek）、侯特（Maurice Holt）、林（Julie Lam）、李文（Levin）、馬拉（Marcia Marra）、穆奇（Annamaria Mucchi）、朱蒂奇（Claudia Giudici）以及瑞吉歐幼兒園的所有人、奈伯格（Lena Nyberg）、巴瓦拉（Tommi Paavola）、潘（Genevieve Pan）、波普（Denise Pope）、尼克西曼（Rachel Nixsieman）、沼久（Vivian Numaguchi）、拉布伊尼（Alejandra Rabuini）、勞伍（Gisela Rao）、紹特（Uwe Schott）、譚森（Heather Tansem）、崔西伉儷（Eileen & Edward Tracy）。

我也要感謝家父家母費心爲我的書稿潤色。還要感謝我內人米蘭達‧法蘭絲（Miranda France）以耐心、蕙心、幽默感一路陪伴。更要感謝她爲我們的兒女做了好媽媽。

序：管理童年

你調解紛爭的時候不論怎樣努力保持冷靜，親職行爲終究會引發怪異舉動，我說的不是子女的舉動。

——天才老爹比爾・寇斯比（Bill Cosby）

倫敦富裕區的一所建校超過百年的小學裡，正在熱烈進行現代風格的家長導師面對面。我和內子是爲了七歲大的兒子來和導師會面。教室外面有幾位家長坐在塑膠椅子上，望著地上發呆，或是頻頻看錶。有幾位在走廊上踱來踱去，緊張兮兮地撥弄自己的手機。

二年級作業本在桌上堆成一摞。我們倆拿起本子翻著隨便看，看到歪七扭八的字跡不覺微笑，看到可愛的繪圖就頷首肯定，看到複雜的算術又表示驚歎。兒子的優劣表現躍然紙上，那些分數就如同在給我們倆評等。兒子每得一個金星嘉獎，我就在心裡暗暗歡呼一次。

終於潘鐸老師請我們倆進教室了。兒子似乎成績不賴，所以我們是滿懷希望來和老師面談的。我們在一張矮桌前就座後，潘鐸老師便做出宣判：兒子的讀寫成績都好，算術不錯，自然科仍有進步空間。他很聽老師的話，反應也挺快。

這樣的評語算是相當好的了。可是好像還缺了點什麼。我們走到教室外面的時候，我太太說：「老師怎麼不說兒子知道的字彙多得驚人？」我接著說：「她也沒說兒子爲什麼不是每科都在前十名。」我們說話是用玩笑的語氣，故意裝成報紙社會版常出現的那種拚命鞭策孩子的父母親。不過即便是玩笑，卻多少是我們的眞心話。

我太太趕回家去接替臨時保母，我則朝著美勞教室走去。美術老師對我說：「你家小朋友很不一般，每次想的都和別人不一樣。」我心裡想：這還差不多！兒子有一幅作業貼在美勞教室牆壁上，是給其他小朋友示範的。他畫的是骨瘦如柴的魔法師，呈現的是昆丁・布雷克（Quentin Blake，爲達爾〔Roald Dahl〕的書繪圖的插畫家）的風格。在這老魔法師肖像的下方，兒子還畫了這個人物不同角度的幾個頭像。老師把畫取下來給我看，一面說著：「一個七歲的孩子不用人教，就會玩透視畫法的技巧，實在不簡單，他的確是個有天分的小畫家。」

就是這三個字，**有天分**，讓每位做父母親的人聽在耳裡樂在心裡。我步行回家的途中已經在規劃兒子躍登國際畫壇之路了。他的首次個展該在倫敦舉行還是在紐約舉行？要不要給他找個經紀人？我們夫婦倆在培植畢卡索（Picasso）第二嗎？我頓時明白，帶小孩子上泰特美術館（Tate Gallery），星期天一大早硬拖他們去看那些提香（Titian）名作、透納（Joseph M. Turner）水彩，都不是白費的。我兒子果然成了畫家。

我太太聽說老師這一番誇讚，也爲之欣喜。當時在場聽見老師誇讚的，還有兒子同班同學的家長，這使得欣喜更加甜美。這天晚餐吃得很晚，我卻仍在飯後翻閱親職雜誌，又上網搜尋，要爲培育兒子的天分找出一套最適用的方法。有個廣告保證能「啓發孩子的天才」，令我眼睛一亮。我太太勸我不要走火入魔，我卻把她的話當耳邊風。

第二天早上，陪兒子步行上學的路上，我透露了給他報名上美術班的意見，他卻不領情，堅決地說：「我不想去上課聽老師教我怎麼畫，我喜歡自己畫。大人爲什麼老是愛管閒事！」

我聽到這兒楞住了。我兒子愛畫畫。他能埋頭一畫就是一、兩個小時，畫他自創的外星人，或是韋恩・魯尼（Wayne Rooney，是曼聯足球明星）帶球的動作。他畫得好，也在畫畫中得到樂趣。可是，這樣就算完事了嗎？我忍不住想要導引他的興趣，琢磨他的天分，把他的畫藝轉變爲一種成就。

我當然不是第一個想拉拔孩子出人頭地的爸爸，做父母的難免都有這個毛病。兩千年前的一位做老師的語言學家奧比留・普皮勒斯（Lucius Orbilius Pupillus）就說過，望子成龍太迫切的父母親乃是古羅馬學堂裡的潛在職業災害。少年莫札特（Wolfgang A. Mozart）掀起十八世紀神童風潮以後，許多歐洲人都把自己的小孩放進天才兒童培育溫室，想再製造出莫札特。如今做父母親的更是時時唯恐埋沒了孩子的天分。我們想要供給孩子最好的，也要求孩子做到最好。我們希望孩子成爲藝術家、學者、運動明星，希望孩子不吃苦、不受挫，一帆風順走完人生。

這種培育子女的態度走到極端就如同入了魔道，世界各地都有專門指它的不同名稱。「直升機父母」是形容不分晝夜在孩子頭頂上盤旋的父母親，即是指「過度親職行爲」。斯堪的納維亞人所說的「冰壺競賽場的父母」（curling parents），隨時跑在孩子的前面打頭陣。日本的「教育媽媽」除了睡眠時間之外，每一秒鐘都獻給幫助子女應對日本的教育體制。

其實，過動的、忙著打頭陣的，還不止於父母親。上起政府、下至業者廣告，都急於插手安排孩子們的童年。英國國會的一個特殊任務委員會前不久發布警告：有太多兒童夢想成爲童話中的公主或足球明星。他們因而提出對策，要爲五歲的兒童提供生涯建議輔導。

你不論走到哪兒，聽到的訊息都一樣：童年時間太寶貴了，不能任由孩子自己去過；兒童太寶貴了，不能任其自然發展。各式各樣的干預正在塑造一種新的童年。以前的時代裡，兒童往往要下田和大人一起勞動，工業革命以後兒童又進入工廠。二十世紀帶來兒童自己發展的時代。如今我們又步入規劃管理童年的時代。

我們尚未接下去討論之前，有一點必須搞淸楚：並非所有人的童年都生而平等。到蘇丹的難民營裡，或是到拉丁美洲的貧民窟，不會看到多少前程已經規劃好了的兒童。即便是在已開發國家裡，也有數以百萬計的兒童（特別是貧窮家庭的兒童）遭遇的不是親職照顧過度，而是親職照顧不足。說句老實話，多數的直升機父母是中產階級。但是這並不表示只有富足的中產階級在經歷這種文化轉向。社會變遷雖然經常是由中產階級來定調，變遷帶來的疑難雜症卻會漸漸循著社會階梯往上下發生影響。最起碼，中產階級做的事也會使其他階級覺得不好意思不跟進。

環顧一下四周就知道，兒童如今成為成人焦慮緣由與干預目標，是有史以來最嚴重的。紐約一位懷孕的友人在電子郵件上說，她每晚要播放胎教音樂一小時，希望能刺激胎兒的腦發育。在上海，高瞻遠矚的父母親已經幫助幼兒報名參加了「早期ＭＢＡ」教育班。每星期日早上上課的學生們要學習建立團隊、解決難題、自信自主之重要，班上的學生有些還包著尿片。

現今許多兒童的活動日程表連執行長看到也自歎弗如。幼兒一天之中要趕場上幼兒瑜伽課、幼兒有氧舞蹈課、幼兒手語課。住在加州科特馬德拉的一位姬兒・潘納，買了一個掌上型電腦（Palm Pilot）給兒子當生日禮物，為的是幫他記得各項課外才藝補習的時間，計有彈鋼琴、學西班牙語、打棒球、踢足球、打網球、游泳、空手道。她說：「他太忙了，必須學習時間管理。」她這個兒子才十歲。

即使孩子不是這樣忙個不停，他們閒下來的時候，我們也不讓他們離開視線。我們把全球衛星定位系統（ＧＰＳ）的裝置放在孩子的外套口袋、書包、制服衣褲裡，就把孩子變成我們在家裡或辦公室工作的電腦螢幕上一閃一閃的亮點。行動電話越來越具有追蹤孩子行跡的功能：孩子只要飄出了指定的「安全區域」，爸媽立刻收到通知簡訊。安親班和日托中心會安裝網路攝影機，讓父母親走到世界上任何地方都能同步收看孩子的一舉一動。二十一世紀的夏令營也不再是青少年躲開父母監視的地方了，再偏遠的湖泊森林地區，也能把照片和錄影傳回家裡的收信匣，或貼上網給父母看。科羅拉多的一位有多年夏令營輔導經驗的人士說：「以前父母親把孩子送進來以後，能收到孩子一張明信片或一通電話，此外沒有別的訊息，就很滿意了。現在的父母親只要一天沒看見孩子在網上露臉，或是看到了卻發現孩子臉上沒笑容，就會急得抓狂。」

這一代孩子是自己主演《楚門的世界》（*The Truman Show*）的第一批巨星，還沒出生就被人用超音波偷窺，被竊聽心跳。據傳，演員湯姆・克魯斯（Tom Cruise）因爲等不及要監控未出生的女兒，自行買了聲波圖機來使用，不顧醫生警告非專業人士操作可能傷害胎兒。嬰兒出生之後，爸媽們又用數位的杜比音效設備盯牢每一刻。現代的父母就像是狗仔隊，亦步亦趨地守候，手指等在相機快門或是錄影按鈕上，絕不放過珍貴畫面——甚至會設計畫面。我自己有時候也會像個導演一樣地發號施令：「再做一次剛才那個鬼臉，我再拍一張。」或是：「大家都暫停遊戲，看著我這裡微笑。」

父母的「微觀管理」不會在高中畢業時告一段落。很多英國人現在把孩子上大學以前的一年視爲「空檔年」(gap year)，但是照樣巨細靡遺地做規劃。中國的父母親平均要爲安頓孩子進大學請假一週，許多爸媽們甚至在這個期間露宿大學校園。北美洲的大學要安排全職的行政人員處理家長氾濫成災的詢問電話和電子郵件，答覆爸媽們想幫孩子選課、想試吃學校餐廳飯菜、想篩選孩子宿舍室友的要求。甚至孩子大學畢業了，父母親依舊把他拴在褲腰帶上。像美林證券(Merrill Lynch)這樣獲利甚高的公司，爲了招募大學生，已經打出「家長牌」，還有專供家長審核公司辦公環境的開放參觀日。安永會計師事務所(Ernst & Young)的美洲校園徵才主任丹・布萊克(Dan Black)說：「本公司的應徵者和實習生在做生涯決定的時候，越來越以父母的意見爲重了。」公司主管發現，甚至有些父母在孩子面試的時候也陪著。前不久，紐約一家著名顧問公司的某位應徵者是由母親陪著來面試的，主持面試的主管之一告訴我：「薪水多少、升遷機會、休假條件，都是老媽在提問。她好像管不住自己，不說話就難受。」

如今的父母親，巴不得把全天下最好的東西都拿來給孩子。我看到自己的孩子竟然擁有那麼多東西，不禁嚇了一跳。我和我太太並不是購物狂，可是各個房間裡都堆滿了玩具。好在以後都可以捐給慈善二手店，還不算是太大的問題。我擔心的是，他們一旦接觸資訊科技會變成怎樣的情況。會像胡立歐・杜瓦特・克魯茲（Julio Duarte Cruz）嗎？他就像世界各地的十幾歲孩子——一放學就鑽進自己房間裡玩電腦。遠在西班牙塞維里亞的胡立歐寄給我的電子郵件上說：「我的臥室就是我自己的虛擬世界。我爸媽很高興我這樣，因爲他們知道我不會跑到別的地方去。」

不論按哪一種尺度衡量，我們都是在養育人類有史以來最怪異、最受寵溺、最被監控的一代。這樣究竟是不是件壞事呢？說不定我們是在經歷幾千年的嘗試錯誤之後，終於發現了養育子女的神效祕笈。也許無微不至的管理不會是白忙一場。也許我們養育出來的是世間所見過頭腦最聰明、體魄最健康、生活最幸福的一代孩子。

所謂童年被剝奪的說法，當然都是誇大其詞。在二十一世紀初期的已開發世界中成長，實在佔盡了優勢。你面臨營養不足、疏忽、暴力、死亡的機率比歷史上的任何一個時期都低。圍繞著你的各種物質享受，是前一代人根本妄想不到的。大批的學者專家、政治人物、公司企業都在努力翻新方法爲你提供食衣住行育樂。你的權益被尊爲國際法律。你就是你父母親的宇宙中心。

然而，如今的童年似乎與《愛麗絲夢遊仙境》作者路易斯·卡羅爾（Lewis Carroll）筆下的「歡喜的安樂窩」相去甚遠。做父母親也不是什麼輕鬆愉快的事。現代人看待童年的方式顯然已釀成許多適得其反的後果。

先從健康說起。小孩子像圈在雞舍裡的肉雞一樣，被餵給高熱量的食物卻缺乏運動，肥胖的狀況已經危及健康。美國業者推出了爲肥胖嬰幼兒設計的超大汽車安全座椅。美國有將近五分之一的兒童是體重過重的，世界上的其他國家也有緊追在後的統計數字。按國際肥胖研究協會（International Association for the Study of Obesity）的估計，到了二〇一〇年，歐洲十八歲以下的人口將有三十八%是胖子，南北美洲將高達五十%。現在的青少年已經因爲過重而有罹患心臟病、第二型糖尿病、動脈硬化的風險，這些疾病以往都是成年人才會有的。

愛運動的孩子也有患病風險。過早接受沈重密集的訓練會造成傷害。例如前十字韌帶破裂（簡稱ＡＣＬ）這樣的運動傷害，以前只有大學或職業的運動員才會發生，如今在高中生裡已經很普遍，而且九歲、十歲的小學生之中也越來越多。

生理早衰之外，心理方面的問題也不少。憂鬱、自我傷害、暴食或厭食等病例，以及胃痛、頭痛、慢性疲勞等自我引發的病症，在世界各地都漸漸成爲兒科病。雖然有些診斷不免是小題大作了，看到統計數字還是令人警覺。根據聯合國公布的報告，目前已有五分之一的兒童患有心理失調，世界衛生組織（WHO）估計，精神病症將在二○二○年上升到青少年死亡或殘障的五大原因之列。英國現在每二十八分鐘就有一名年齡在十三至十九歲之間的青少年自殺。日本這個年齡層的孩子比較不傾向自我了斷，而是躲在自己的臥室裡幾星期、幾個月不出來，甚至有人在自己房間裡一躲就超過一整年。日本專家估計，目前日本這個年齡的宅男宅女已超過四十萬人。其他國家提出的大學生精神崩潰病例統計數字，也是空前的。十年前，學生進輔導室求助的最常見原因是戀愛感情問題；如今的首要原因是焦慮。曾任美國國家心理衛生中心（National Institute of Mental Health）主任、現任哈佛大學神經生物學教授的史蒂芬・海曼（Steven Hyman）說，美國大學生的心理健康已經惡劣到「妨礙大學履行核心使命」的地步。

學生的惶惑不安心理，有很大一部分是人人渴求像世界首要名流一樣有名、有錢、有美貌的文化造成的。社會位階高的青少年感受的競爭壓力更強，所以比較低位階的孩子更不堪負荷。世界各國的研究調查都顯示，兒童憂鬱症與焦慮——以及經常會連帶發生的嗑藥、自殘、自殺——如今不是最常發生在都市貧民區，而是在都市精華地段的豪宅公寓區和市郊高檔別墅區，也就是照目標方案管理子女之童年的新貴中產階級住宅區。瑪德琳·列文（Madeline Levine）是一位在舊金山市高檔消費區工作的臨床心理學家，她在《特權的代價》（*The Price of Privilege*）中說，年收入十二萬至十六萬美元的家庭的孩子，產生憂鬱或焦慮的機率，是家庭較不富裕的同儕的三倍。近期的一項調查發現，生在富裕家庭的十五歲英國少女，有將近四十%會有可能導致精神疾病的心理困境。在法國的不列塔尼，中學畢業會考成績越好、升大學之路越順的人，自殺率也越高。至於日本的自閉宅男宅女，幾乎一律是中產階級的孩子。

越來越多的孩子（光是美國就超過六百萬）爲了學業不輸人——甚至爲了只求混及格——而服用調整行爲與情緒的藥品。現在甚至有些嬰幼兒睡前喝牛奶時也要服下抗憂鬱劑。自一九九三年至今，全世界開立的利他能（Ritalin）、亞天達（Attenta）、服佳能（Focalin）等約束兒童過動行爲的處方，增加至原來的三倍。專家們擔心許多家庭現在正把作用於精神的藥品當成親職工具。一位在紐約豪宅郊區執業的醫生，現在會詢問每一位要求開立利他能處方的家長：「你要用這個幫誰舒壓，幫小孩子還是你自己？」這種依賴藥物案例激增的現象背後，隱藏著尖銳的反諷：一代曾經藉藥物解放自己的成年人，如今要用藥物把自己的子女拴牢。

做爸媽的急於將子女「升等」的心，已經有點像創造科學怪人的那位法蘭肯斯坦(Frankenstein)了。因爲研究報告說個子高的人較多事業成功者，有些父母親就不惜花大錢往自己健康正常的孩子身體裡注射生長激素，每多長高一吋的費用是五萬美元。有些父母親偏好用外科製造完美外表：多餘的抽掉，不足的隆上。如今的整型外科醫師必須留意，有些要隆鼻的、要修正招風耳的十幾歲年輕病人，是被父母親逼來的。巴西聖保羅市的一位整型醫師說，前不久有一名十六歲的少女在躺上手術檯尚未進行痲醉的時候崩潰了，「她哭哭啼啼地說，不明白父母親爲什麼不能接受她的臉孔五官。我們就中止手術，送她回家了。事後她媽媽大發雷霆。」

可悲的是，這麼多的「微觀管理」，這樣的寵溺、呵護、用藥，並不能製造出條件頂尖的孩子。世界各地的學校老師都在說，有些學生連安靜坐好、專心聽講都做不到。企業僱主們也在抱怨，許多新進人員欠缺適應彈性、欠缺團隊合作的能力、欠缺學習熱忱。

微觀管理之下培育出來的孩子，到頭來也許獨立自主都成問題。大學生面對學務輔導人員時，竟然掏出手機說：「這些問題你跟我媽媽談好不好？」有非常多的中產家庭子女到了二十六、七歲，還賴在家裡和父母一起住，倒不一定都是還不出就學貸款或是外面租房子太貴，有很多人純粹是因爲離不開把他們當作宇宙中心的這個家。一位住在牛津的朋友告訴我，他那個履歷表亮眼的二十四歲大的女兒不但搬回家住，「還要我開車送她上電影院，好像她又變回十二歲的小女孩似的。」日本人把二十好幾還賴在家裡的年輕人稱爲「單身寄生族」。

從小被捧在手心裡長大的人，期待全世界的人都把他捧在手心裡，別人如果不是這樣，他就覺得受了虧待。《超級保母》（*Supernanny*）、《小鬼集中營》（*Brat Camp*），以及描寫如何馴服寵壞的小孩的其他電視節目現在會紅遍全世界，也許不是偶然。從小受驕縱的人會變成自戀者。二〇〇六年的一項人格調查發現，受訪的一萬六千名美國大專學生之中，有將近三分之二有「得意洋洋自戀」的徵兆。這比一九八二年的調查數字暴增了三十%。根據《華爾街日報》（*Wall Street Journal*）最近的報導，許多二十幾歲的美國人在母親節這天並不買花或巧克力送給媽媽，他們送的母親節禮物是做一點自我改進，例如節食、矯正牙齒、剪髮、整理房間、參加交友聯誼。爲什麼會這樣？因爲最能博取二十一世紀媽媽歡心的事，就是幫她的寶貝孩子升等。

按照他人理解的成功定義養大的孩子，不被允許失敗，到後來也可能變成眼界狹窄的人。正當全球化經濟迫切需要敢冒險的人才時，我們卻在教導子女不可冒險，要走別人已經鋪好的大路。現在的年輕人當然還是會叛逆，但是，一九六○、七○年代那種撼動既有政治權威、改造通俗文化的美國校園抗議活動，已經看不見了。現在的大學生比較在乎的是如何拿出漂亮的求職履歷表，而不是高舉抗議標語了。教授們眼中的這一代大學生就像蜂巢裡的工蜂，擅長玩制度規定下的遊戲，卻不會綻放個人的光芒。一位常春藤名校教授說：「沒有眞正的火花，沒有稜角，沒有勇於挑戰現狀的炙熱眞誠。現在的學生有很多似乎是在照本宣科。」

詩人威廉・布雷克（William Blake）概括童年的名句是：

從一粒沙中看見一個世界，

從一朵野花中看見天國，
用手掌握住無限，
一小時就是永恆。

如今的孩子往往因爲趕著去上小提琴課或是補習功文數學，根本沒時間把無限握在掌中。至於野花，好像有點恐怖——說不定是有刺的，而且花粉可能導致過敏反應。成年人一旦劫持了童年，孩子就錯過了那些原本可以爲人生增添厚度與意義的事物——沒有了小小的冒險、祕密的經歷、挫敗與閃失、痛快的搗蛋、獨處的時刻，甚至連無所事事的無聊時刻也沒有。孩子從小就被灌輸的訊息是，最重要的不是自己摸索出一條路，而是把該得的獎狀拿回家來；只需要把規定的項目都做到，不必獨立思考。結果，現代的童年變得很奇怪，似乎索然無味，儘管塞滿了行動、成績、消費，卻又莫名所以地空洞而不眞實。其中缺少了做自己的那份自由——孩子們自己也知道。加拿大溫哥華市的十四歲少女王蘇珊就說：「我覺得自己就像父母親一直在進行的一個方案。甚至我人就站在他們面前的時候，他們也會用第三人稱說我。」

孩子一旦變成了方案，對親子雙方都不好。忙進忙出地進行方案，不但不能拉近親子關係，到頭來可能造成雙方疏離。且聽洛杉磯這位母親康妮．馬丁尼茲怎麼說吧。她最近一次帶五歲大的兒子去看電影，兒子表示想坐在她後一排的位子上。「他說這樣坐就和我們坐在汽車裡一樣了，」康妮說，「因爲他不論到哪兒做什麼都是我開車送他去，他覺得看著我的後腦杓的坐法是最自在的。我眞被他嚇到了。」

防菌似地把孩子嚴密地保護起來，會使社區公共空間變得了無生氣。我以前居住的加拿大愛德蒙頓的老社區裡，街巷中不再有小孩子玩公路曲棍球、投籃比賽、在草坪灑水器前面跑來跑去的聲音，只有一股怪異的安靜。現在的孩子們都窩在家裡打電玩，要不然就是坐在汽車裡趕赴下一個該去的地方。父母親時刻放不下自己的孩子，也使人變得不關切他人的死活。甚至在以社會團結著稱的國家裡，也瀰漫著只顧自己的風氣。瑞典谷登堡的一位學校老師說：「現在的家長開口閉口都是『我家小朋友』，他們自己的孩子就是彌賽亞，好像根本沒想到過別人家的小孩。」不論哪個國家的父母親，都一樣絕不輕饒任何妨礙自己子女的人。愛荷華州的香柏湍市（Cedar Rapids）有一位三十三歲的女士，在少棒賽進行中把裁判打倒並且踢了兩腳，因爲裁判做了幾次不利於她兒子的判決把她惹毛了，當時裁判正懷著五個月的身孕。多倫多市有一對爸媽揚言要控告一位指導幼女童軍的老師，因爲她勸告他們不要太在意八歲大的女兒得了幾枚獎章。巴黎一所明星小學裡，有一名男童因爲出生日期晚了一個月而不得入學，他的母親便大鬧校長室，說：「早知道會這樣，我應該提早一個月催產把他生下來！」也有一些家長是反其道而行，因爲有研究報告說，在班上年齡最長的人比較可能日後保持一路領先，美國、英國，以及其他國家的父母親就故意讓孩子延後一年上幼稚園，使孩子成爲班上的老大。

不擠進前三名就永無出人頭地之日。這種恐慌心理的影響會一路往社會階梯的中下層延伸，藍領階級的父母親們已經開始在考慮，是不是該把車子賣了、家用儉省一點，好湊出錢來給孩子請家教。美國最近的一項調查報告發現，許多低收入的拉美裔家庭的子女根本不考慮申請本州州立大學的入學許可，因爲他們以爲州立大學的學費和入學成績標準是和常春藤私立名校一樣高。有四分之三的受訪者說，如果先前知道並不是這樣，應該會去申請。

經濟條件比較寬裕的家庭也會有這種恐慌而不知所措。我們的內心深處都知道過度管理孩子是荒謬的愚行，可是問題就出在我們很難不受周圍緊張氣氛的感染。

大家都忙得那麼緊繃，恐怕稍一鬆懈就賠上孩子的一輩子，難怪全世界的父母親都在抱怨生兒育女的擔子太沈重，也難怪近年來不斷有揭露親職（尤其是母職）黑暗面的新小說和新網站爆紅。當然，生兒育女本來就是辛苦的事。可是如今做父母的太苦了，有些人索性拒絕承擔了。工業化社會的生育率都在下降。無兒女的人甚至形容自己是Childfree（免受兒女之苦）的狀態，就好像子女是疱疹之類難以治癒的疾病。義大利人向來以「疼小孩」著稱，前不久的一本義大利雜誌的標題卻寫出：「值得爲子女勞神嗎？」

這個問題的答案當然是肯定的。因爲值得，所以我們該做得更好。本書不是在追懷過去，不會企圖使時光倒退。我覺得沒有哪個時代曾經是兒童的黃金時代——每個時代都有每個時代的缺點。但是我們可以想辦法把缺點改正。現在世界各國都在檢討管理童年過當的現象。傳媒不時在發出警告與認錯的報導。安娜・昆德倫（Anna Quindlen）是《新聞週刊》（*Newsweek*）的專欄作家，也是三個孩子的母親。她曾在文章中向二〇〇四年的畢業生表達歉意：「你們太早就被逼得承受重壓，一定累壞了吧。」這話說出了許多人的心聲。二〇〇六年間，有一百位英國科學家和其他知識分子簽署發表了一封公開信，呼籲大家以行動挽救受現代生活毒害的童年。幾週之後，美國兒科學院（American

Academy of Pediatrics）提出警告，學校不應爲了太過重視學生寫作業而把課程安排得太緊。亞洲各國的政治領袖都談到減輕學生課業負擔的問題，比方說台灣的總統文告中就提到希望學生以後可以「考試少一點，書包輕一點，睡得飽一點」。《偷懶媽媽的告白》（*Confessions of a Slacker Mom*）和其他反對父母親拿孩子爭勝負的書籍，都成了暢銷書。

言語文字之外，也有實際行動。世界各國（包括崇尚勤奮的遠東國家）的政府都逐漸在學校教育系統中，規劃較多創意、遊戲、休閒的空間。世界各地的家庭也在努力解開廣告業者對孩子們的牽制。青少年的運動聯盟逐漸改制，使孩子們能在沒有大人攪和的情況下盡興地玩。北美洲各地的市鎭都設有學生無作業日，在這一天取消學生的家庭作業和一切課外補習。

小孩子自己也發出要求大人放手的訊息。二〇〇六年舉行的首屆英國中小學班長年度大會，宗旨就是「學生自主」，與會代表呼籲減少過度的保護、減少測驗。不久前，麻省理工學院前任招生部主任瑪麗里・瓊斯（Marilee Jones）表示，學生的創造力不如從前了。她認爲是入學申請的辦法在剔除特立獨行的青年，把比爾・蓋茲（Bill Gates）型的學生，爲探求答案去鑽研想法而不是爲了取悅父母或僱主的一型申請者刷掉了。她說：「這種孩子在自己房間裡磨製望遠鏡，是爲了滿足自己的好奇心，不是要拿到博覽會上去得大獎。這種孩子是眞正的科學家和觀測者，對這種孩子我們要來者不拒。」

瓊斯教授在麻省理工學院任職將近三十年時被迫辭職，原因是她曾在履歷表中造假——這是招生部主任的大忌。雖然爲此蒙羞，她卻立下改革的功勞，率先反對逼學生拿出輝煌成績單的招生政策。她在接近任期尾聲的時候，重新制定麻省理工學院的入學申請表，把專塡課外活動的空間減半，再納入更多詢查申請者眞正興趣所在的問題。她往來美國各地演講座談，每每吸引滿堂的教師、高中輔導員、家長聆聽。我曾在矽谷趕上一次這種盛會（矽谷也是過度親職行爲的一處溫床）。當天她穿著一件黑色洋裝，繫了一條活潑漂亮的絲巾，面對三百五十多位觀眾，一開場就切中正題：「我們正在養育一代能討我們歡心、令我們得意、給我們爭面子的孩子，我們要求他們變成我們期望的樣子。我知道是這樣，因爲我多年前正是這樣對待我的女兒，結果差點逼得她離我而去。」

她提出的顚覆性對策令人振奮：小孩子能有時間和空間去呼吸、閒蕩、感到無聊、放鬆、冒險而後犯錯、做夢、按自己的興趣去玩，甚至可以失敗，他們就能成長茁壯。

我們如果想找回童年的快樂、找回親職的喜悅，大人們現在就該放一放手，讓小孩子做他們自己。她向聽眾高呼：「這就是徹底改變的開端！」全場聽眾爆出熱烈掌聲。

爲資訊時代重新規劃童年，殊非易事。第一步就是大家一起暫停，也就是說，暫時拋開各種鼓吹宣傳的影響，看清孩子是不是在活受罪。然後我們就要設法回答一些不容易答出來的問題：什麼時候該鞭策孩子，什麼時候以放手爲妙？孩子究竟需要多少自由？需要多少技能？應該許可孩子嘗試的風險有哪些？

寫這種書當然可能弄巧成拙。第一，我若是勸讀者不要焦慮，結果可能是使焦慮變本加厲。再者，我已經到了稍不小心就會說出「想當年我們……」的年齡，恐怕不知不覺就端出「一代不如一代」的論調。不過我不能因爲有這些顧慮就不寫了。

這本書並不是一本親職手冊——坊間的親職手冊已經夠多了。每一章的最後不會附上「重要提示」的列表或隨堂測驗式的問答。我的宗旨是設法駕馭那些圍繞著孩子的焦慮。因此必須重新思考做一個小孩的意義何在、做個大人的意義何在，並且找出在二十一世紀使兩者調和而不衝突的方法。

我們的這番探討要走遍全世界。從芬蘭到美國加州、義大利到香港，各地的教室都要參觀一下。我們要去看一看蘇格蘭森林裡的一所環境危險的戶外托兒所裡的三歲幼兒們。我們要參觀美國一個每年放一次大假的市鎮，然後再到紐約一所決心爲兒童改造籃球運動的運動傷害醫院。我們要走訪倫敦一項玩具博覽會，以及布宜諾斯艾利斯的一項玩具實驗。每到一個地方，我們都要聽聽專家怎麼說，當然更要聆聽投入重新定義二十一世紀童年最深的那些人——父母親和兒童——自己怎麼說。後文之中談到的人，有許多是在學校的康樂室或家中的廚房裡敍述自己的故事，也有的人是用電子郵件傳送。

這本書也是個人的探索之旅。我是個生活在倫敦的兩個孩子的父親，是第一線的一員。我和絕大多數爲人父母者一樣，希望孩子快樂、健康、順利。但是我也希望親職不要像「不可能的任務」。我希望除掉老是忍不住想插手的病根。

畢竟，我希望我的孩子以後能愉快地回顧童年，想起那曾是從一粒沙看見全世界的時候。我希望他們享有名副其實的童年。

1 都是大人在攪和

在這些有魔法的岸邊，是嬉戲的孩子們一向擱淺他們的小皮艇之處。我們也曾經到過那裡。我們現在依然聽見波浪拍岸的聲音，雖然我們再也不會登岸了。

——巴里（J. M. Barrie），《小飛俠》（*Peter Pan*）

考試快結束的一個夏日午後，古老的牛津大學校園是富家青年子弟的一個消閒場地。陽光把石造校舍烤得暖烘烘，微風吹動著屋簷垂掛下來的常春藤。來自世界各地的學生們閒坐在瑪德蓮學院前修整得像高爾夫球場果嶺般的草地上，看報紙、打手機聊天、戴著耳機聽 iPod。有一群人打起槌球，不時引起一陣笑聲。這是一幅新一代精英階級的消閒即景。套一句創立羅茲獎學金（Rhodes Scholarship）計畫的塞瑟・羅茲（Cecil Rhodes）的話，這些年輕人已經中了人生樂透彩的頭獎了。

的確是如此嗎？牛津大學童年史研究所的主任喬治・盧索（George Rousseau）覺得未必。我和他在瑪德蓮學院的老休息室見了面。鋪了護壁板的牆上掛著褪色的鄉野風景油畫，天花板裝著大梁木，教授們學究味十足地邊啜飲茶和咖啡邊聊天。從我們坐的舊皮沙發椅這邊，可以看見下面中庭裡從容閒步的學生們。盧索的三十五年教書生涯是在大西洋兩岸的明星大學度過，他一開口就說二十一世紀的孩子實在倒楣。

「現在的許多年輕人，尤其是富裕家庭的小孩，是很可憐的。」他說，「他們不必像以前的小孩子那樣擔心早夭和疾病，他們有很多優勢，可是他們被扔給保母、承受壓力、被過度保護，都到了要被窒息的地步。他們不知自由為何物。」

我們如果要改變這種狀況，首先就必須了解童年怎麼會演變成現在這樣。盧索說，這可不是容易的事。情況很難概括而論，因為童年不但有時代上的差異，也有社會階級上的、文化上的差異。童年史在一九六〇年代才真正成為一個學門，我們對於近代以前的成人兒童關係所知，至今仍是零碎片斷的，「因此有很大一部分是推斷和猜測的。」盧索說。

有一個普遍存在的迷思：以前的時代根本沒有童年這回事。這個觀念在一九六〇年代成爲傳統式的認知。當時是法國歷史學家菲立普・阿烈斯（Philippe Ariès）提出了論點，說中世紀歐洲的兒童從斷奶的時候起，便被當作袖珍的成年人看待——衣著和成人一樣，娛樂和成人一樣，做的也是成人的工作。

阿烈斯說古代是成人的世界，這話不錯。但是他說我們的祖先沒有概念，所以從來不曾以對待成人以外的方式對待小孩子，這樣說就離譜了。比「網路保母」早了兩千多年的柏拉圖（Plato）就曾經一再強調，社會應當密切監控青少年在觀看、聽聞、閱讀的東西。即便是第七世紀的《本篤會規》（*Rule of Benedict*）也明文規定，修院沙彌必須得到額外的食物與睡眠，而且應有遊戲的時間，這可是中世紀歐洲的首要僧院指南。盧索說：「阿烈斯給他那個時代撰寫了引人入勝的故事，但是內容是錯誤的，最起碼也可以說是不完整的。」

另一個錯誤觀念是，因爲以前小孩子的夭折率高，父母親就避免與子女產生感情，對待小孩子就像可有可無的傭人一般，死掉的孩子的名字常被拿來給弟妹們命名。公元一世紀的羅馬哲學家塞尼卡（Seneca）主張，父母們將子女弄成傷殘，以便他們做乞丐的乞討效率更好。稍晚的希臘婦科學家索拉諾斯（Soranus）發表著作，題目頗有達爾文主義式的冷酷：《如何辨認值得養活的新生兒》（*How to Recognize the Newborn That is Worth Rearing*）。一直到進入十九世紀，殺死或棄養嬰兒都是西方社會常見的現象。遲至一八六〇年代，米蘭市出生的嬰兒仍有多達三分之一被扔在人家門口，或留在專為善後大量棄嬰而設立的收容所。充分證據顯示，許多文化中普遍有毆打、疏忽、性侵兒童的事例。美國心理治療師兼歷史學家洛伊德・狄莫斯（Lloyd deMause）曾在一九七四年提出著名的論點：「童年史乃是一場我們才剛開始從中醒悟的夢魘。」

這樣的說法卻有其另一面。以往時代儘管生活艱苦，父母親卻未必只把子女當作不值得關愛的動產。母親們即使拋棄了嬰兒，往往會留下鑰匙、胸針以及其他紀念物，期待他日團聚，哪怕是在天國再聚也好。人命如糞土的時代留下的日記、書信、記事錄，照樣看得見親情的流露。圖爾主教額我略（Gregory of Tours）曾經為第六世紀法國發生的饑饉造成的後果哀歎：「我們失去了那些幼小的生命，是我們心中疼惜臂彎難捨的，是我們以深愛養育的。走筆至此，我忍不住拭淚。」

那時的情況畢竟又和後來不同。我們的祖先即使不至於不愛兒女、不知童年為何物，即使也出於本能會箝制、掌控、琢磨子女，大多數卻不會心心念念只記掛著子女。盧索說：「這麼不斷地鞭策、監控、跟前跟後，實在是近代世界特有的現象。」

轉變從中世紀結束以後，新思潮抬頭的時候開始。當時清教徒宣稱，嬰兒出生時都帶著原罪的污點，必須大人們努力協助才能夠拯救他們的靈魂。影響力遍及全歐洲的哲學家約翰・洛克（John Locke）在一六九三年出版了一本書——《教育之思維》（*Some Thoughts on Education*），更使轉變加速。書中說，孩子降生人世的時候是無痕的白板（tabula rasa），等著被塡滿（自然是由大人來塡滿）。

後來，盧梭（Jean-Jacques Rousseau）才喝止大人干預。他是啓發浪漫主義運動的哲學家之一，浪漫主義乃是十八世紀晚期席捲歐洲的思潮。盧梭認爲，童年——「童年的遊戲、童年的樂趣、童年悅人的本能」——本身就是應當珍惜的，不應該當作達成某種目的的重要手段。兒童天生是純潔的、率眞的、歡樂的，所以應該任他們按自己的步伐去學習與創造。在這種浪漫主義理想激勵之下，畫家如雷諾茲（Joshua Reynolds）、根斯勃羅（Thomas Gainsborough）等開始把兒童畫成玩耍中的天使一般，作家如華滋華斯（William Wordsworth）、歌德（Johann Wolfgang Goethe）把兒童提升到近乎具有神性，性靈與大自然相通。

至今我們仍然在洛克與浪漫主義的不同觀點中間左右為難：應該把孩子當黏土般地捏塑，抑或是鬆手讓他們當兒童？不論選哪一條路，兩種哲學，加上社會繁榮的助力，已把兒童的地位逐漸往上推。最先發生這種改變的是上層與中產階級，然後才逐步帶動文化的轉向。十七世紀的禮儀手冊開始教導如何調整兒童打扮兒童。不久之後就興起了專為兒童設計的衣服、書籍、玩具、遊戲的市場。大約也是在同時，醫生們開始研究怎樣能以專門的醫療照顧使小孩子受益，於是也建立了日後兒科獨立為一科的基礎。孩子越成為注意焦點，父母親擔憂的事也越多。早在十八世紀晚期，那時候還沒有「學習能力性向測驗」（簡稱SAT），也沒有教孩子「提防陌生人」的觀念，英國就有一位名叫約翰・湯森（John Townsend）的牧師說：「深情且焦慮的父母親啊，你們犧牲了自己的安逸、自己的休閒、自己的世俗財物、自己的健康、自己的一切，為的只是子女能享有舒適與出人頭地。」到了十九世紀，兒童福利已經是知識分子、改革家、慈善團體、官僚體系等各界的重要課題，第一次爭取兒童權益的運動在此時發起，各國政府為了保護兒童紛紛實施法規、創設福利方案。

真正的革命之舉卻是廢止童工，這是從十九世紀中葉開始加速進行的。以英國為例，一九〇〇年的入學兒童數目比一八六〇年增加了四倍。推動的力量主要來自浪漫主義的信念：迫使兒童工作而從中獲利是不道德的。此外也是因爲社會越來越需要受過教育的勞動力。兒童的賺錢能力下降，另一方面的價值卻急速上升。兒童變成了國家的寶貴資源。英國的瑪格麗特・奧登（Margaret Alden）醫生於一九〇八年提醒大家：「首先認清以科學方法養育調教社會之兒童的國家，將是可以長存的國家。」國際聯盟（League of Nations）於一九二四年宣布了「人類應當盡力供給兒童最好的」，二十世紀便被冠上「兒童的世紀」之名。

公眾觀感的這種轉向，也反映在家庭之中。歷史家憑證據指出，早在十七世紀，親子關係已經變得更爲溫暖而且感情用事了。父母親漸漸會慶祝子女的生日，寫信和日記時也會用「我親愛的孩子」等表達愛憐的稱呼了。以前，在孩子死亡時表現悲痛會被指爲不知節制，甚至是反抗上帝旨意的行徑，到了十九世紀已是稀鬆平常的事。美國的法院甚至在二十世紀初期開始判給子女死於意外的父母親補償金，不是補償薪資損失，而是爲了撫慰傷痛。

出生率與死亡率漸漸降低的同時，家庭也有了改變：規模縮小，目標向內，越來越以子女爲重心。二十世紀的父母親不再爲了養活一大群孩子而拚命工作，可以把全部心思和樂趣專注在爲數不多的子女身上。盧索說：「父母親說我的孩子都是我的寶貝，不再說我有三個孩子，但是只有一個可能活下來，這兩者是有很大差別的。」從世界各國的研究報告都可以看出，子女數目少的家庭更傾向於採行微觀管理。這種家庭能投資在每名子女身上的時間比較多，可能也會覺得孩子既然少，更不能在栽培上疏失。如果子女比較多，父母親就比較可能認清孩子各有性情和天資上的差異，因而知道栽培鞭策要適可而止。

微觀管理的最終結果就是，孩子變成家庭運轉的中心。我自己的生活便是這樣。我們夫妻倆把孩子的作息時程貼在冰箱上，我們自己的一切活動都要遷就他們的時間表。我們的休假與週末節日是爲了取悅他們而安排。我們甚至考慮要搬家到比較好的學區。根據已發布的統計數字，父母親買汽車或家用電腦時，先徵求小孩子意見的大有人在，我們也許不久就會歸入這一類了。爲了孩子這麼辛苦努力，這麼犧牲奉獻，難怪我們會把孩子的表現當成自己的成績。也難怪現在的小孩子變成父母自我的延伸，成爲父母在辦公室閒談時、網站上討論時讚不絕口的袖珍自我。父母親拿孩子的成績吹牛，這本是人之常情。現在的父母親卻能把報告近況的年節賀卡寫得像大學推甄成績單一樣，毫不保留地逐一列明孩子的學業、操行、體育成績。有些父母甚至用「我們」爲敍述主詞，例如，「我們即將開始國際高中學歷文憑課程（International Baccalaureate）」，或是「我們申請到巴黎大學獎學金了」。小孩子吃什麼、穿什麼、聽什麼音樂、上哪所學校、由哪家美髮店剪髮、喜歡什麼運動、使用哪些新奇產品，全都成了使父母臉上有光的東西。如若不然，古馳（Gucci）推出定價二百三十美元一雙的嬰兒軟鞋能賣給誰？

家庭越是變得以子女爲重心，父母親情感上的需求也越來越多是靠子女來滿足。現今全世界有將近一半的婚姻是以離異收場，只有親子的關係可以至死不渝，就這一方面看來，把孩子擺在第一位倒是理由充足的。也是基於這個原因，我們嘴上常說的是有了小孩子對我們有多麼大的好處，而不是說小孩子有了我們是多麼幸福。已經在四十五個國家的電視播出的《超級保母》的口號說得很明白：「要把孩子發揮得淋漓盡致。」

生育率下降強化了小孩子是稀有物的地位，從而增高了小孩子的寶貴性。西班牙、法國等國政府都已經在藉「育兒福利」獎勵國人多生子女。訪問渴望生兒育女的女性——不拘有或沒有伴侶的——現在都是媒體上的熱門，夫妻花大錢進行不孕治療的報導也是。三十八歲的安娜在接受德文雜誌《影像》（*Bild*）訪問的時候說：「我不惜一切代價要懷孕，沒有小寶寶使我感到空虛與殘缺。」生殖力乃是可以把任何人都襯托得更漂亮的「新流行色系」。貝克漢（David Beckham）和布萊德・彼特（Brad Pitt）等名流爸爸都把孩子當時尚配件一般地招搖。以前女演員懷孕無異於演藝生涯的自殺，如今卻是登上《哈囉》（*Hello*）或《時人》（*People*）的最速捷徑，狗仔隊也都爭先恐後搶拍名流寶寶的照片。好幾個國家都有調查報告顯示，富豪級的家庭現在生的小孩比以前多了。有小孩已經變成地位的象徵，是消費文化的終極致敬。如今，功成名就後的錦上添花不是娶個大美女了，這個時代最能錦上添花的是生小孩。

這個時代也是欠缺安全感的時代。歷史證明，人對未來感到不確定的時候，會往小孩子身上投注更多心力。蘇聯於一九五七年發射「史潑尼克」（Sputnik）人造衛星時，打破了西方優勢的錯覺，也引發了鼓勵孩子用功學習的動力。一九七〇年代的石油危機也曾有相似的作用。自從全球化啓動了職場裡和以外環境的競爭恆溫裝置，要求孩子每一分潛能最大化發揮也就成爲一刻也不能鬆懈的事。科學也在其中扮演了要角。從一九九〇年代的研究可知，嬰兒自出生便開始形成神經網絡，這使得出生的頭幾年的每一秒鐘都變成潛在的教學時機。且看《新聞週刊》給的警告：「每首催眠曲、每次咯咯笑、每次躲貓貓『哇』的一聲叫，都觸發寶寶神經通路中一次閃爍躍動，為來日的藝術天分或足球天才或領袖資質打下基礎。」這種論點怎會不在父母心中構成壓力？

媒體也有推波助瀾的功勞。每當有十歲神童寫小說、十幾歲的創業老闆、前青春期學童組成的樂團登上報章頭條，努力的標準就再次提高，「中等」的成績也變得更不中看。在以往的時代，天才兒童往往被描寫成有幾分怪異，如今卻被定位為模範標準，是爸媽努力必不落空的鐵證，讓培育不出超級兒童的爸媽自慚形穢。廣告業者已經把挑撥害怕落後的心理玩成一門藝術了。台灣就有一句廣告名句是：「不要讓你家的孩子輸在起跑點上！」英國國家廣播公司（BBC）定期寄給一個隨DVD附送的絨毛動物玩具，而這套DVD承諾可為剛學走路的幼兒打下雙語基礎，盒子裡的宣傳小冊子上全是一臉微笑的十幾歲的青少年，身穿哈佛大學的無領短袖衫，要不然就是端著自己獲得的富爾布萊德獎學金（Fulbright scholarship）。每次收到這東西，我就為自己的單語小孩的未來心驚肉跳，恐怕他們一輩子只能在麥當勞打工維生。

事態如此嚴重，所以親職本身也演變成一種競爭性的遊戲了。年度風雲爸媽的比賽，是第二次世界大戰的時代就有的玩意，不過現在的親職卻要求做到滿分。這也許是自古以來要求最高的親職。做母親的擔子更重。有了女明星的凱撒琳・麗塔瓊斯（Catherine Zeta-Jones）與葛妮絲・派特羅（Gwyneth Paltrow）這些榜樣，二十一世紀的媽媽們覺得自己應該見賢思齊，要集各種角色於一身：家事一把罩、美若天仙、孩子球賽的啦啦隊、營養專家、學業輔導員、私人祕書、南丁格爾（Nightingale）、泰瑞莎修女（Mother Teresa），此外可能還得賺錢養家。

我們內心深處當然都知道，一個人不可能包辦以上所有的項目。問題出在講求競爭的文化氛圍，童年的每個面向都放在顯微鏡底下檢驗，父母想爲孩子爭取最好的本能就一發不可收拾了。我們雖然會取笑積極過頭的親職行爲——媽媽幫女兒抄作業、爸爸爲了兒子上場時間太短而和足球教練吵架，但是在取笑的同時我們又暗暗懷疑：「說不定他們那樣做才是對的，說不定我自己做得不夠努力會讓孩子不如人。」於是我們內疚了，爲自己的怠惰感到惴惴不安，結果就是趕緊進場去和正在努力的爸媽們一爭高下。

玖・希羅芙（Jo Shirov）很清楚這種滋味。她四十多歲，身材苗條，在多倫多市擔任人力資源經理，同時也肩負養育一對七歲雙胞胎的重任。我登門拜訪的時候，只見她家就像《歐美家裝設計》（*Elle Décor*）裡的室內裝潢圖片，全部採用中性色彩，木質地板，搭配了民族風的靠墊。雙胞胎傑克和麥可在廚房餐桌上做作業。烤箱中正烘焙著一根葫蘿蔔蛋糕（用料當然完全是有機食材）。在平順的二十一世紀完美親職表面之下，希羅芙卻正像服了類固醇的鴨子般拚命划水。她說：「你要是認爲公司企業的職場競爭激烈，就該來試試現在做媽媽的辛苦。你會覺得人人都在評判你做得夠不夠好，所以，說來實在難堪，結果你變成爲了要讓別的媽媽讚歎而做某些事，倒不是爲了孩子才做了。」我請她舉例，她頓了頓，才放低了音量說：「因爲大家都說學中文重要，我就送他們兩個去學中國普通話。他們根本就不喜歡學。我們上課沒多久就退班了，可是我還是等到一個月之後，才告訴其他媽媽們這回事。」

有些狀況下，父母受的壓力比這個更明白。台灣一所私立名校的學生每天耗在書本上的時間多達十八小時。王秀美這位媽媽眼看兒子要被功課壓垮了，就幫他轉了學。結果親友們一片譁然。她說：「他們都說，能進這個學校等於中了樂透頭彩，我們這樣半途轉學根本是腦筋有毛病和沒有責任感的行爲。」她的兒子從一所不那麼緊逼學生的中學畢業之後，在大學裡的成績表現很不錯。現在那些說她不該轉學的朋友又變得一股子酸葡萄。「他們說我兒子是走運了，也有人說他有這樣的表現是不近情理的。」她說：「別的家長做什麼你就得跟進，這種壓力實在太大了。」

這的確是眞話。盡職的父母應該幫孩子安排課餘興趣，這是十九世紀末就有的觀念。如今的兒童要培養的課外興趣卻多得忙不過來。大人會把孩子的時程排得這麼滿，原因之一是文化走勢在帶動。我的一位朋友對於自己給兩名小學的子女各排了五種課外才藝活動也感到不解。「我實在搞不懂怎麼會弄成這樣，」他說，「現在做爸媽的好像就得這麼幹。」另一個原因則是，現在的許多爸媽都有能力讓孩子享受自己小時候不曾得到過的經驗——例如學劍術、請數學家教、參加網球訓練營。此外，雙薪家庭興起，加上許多行業的上班時間拉長，也使現代家庭挪不出陪伴孩子的時間。把孩子外包給才藝補習班和課外活動，是幫父母親代勞的一個辦法。在波士頓擔任廣告公司撰稿人的瑪麗安・謝弗給兩個上小學的孩子每週排滿了課外活動和才藝班課程。她說：「他們這樣玩得很高興，又能學到東西。不過，說老實話，這也是很便利的照顧小孩的方法。」

小孩子既然活動排得滿滿的，也就不大可能發生意外危險。而孩子的安全正是現代父母親最憂心的問題。西方文化自十八世紀就認爲兒童是脆弱的、需要保護的，這種觀念根深柢固，而且在傳媒的音效廣播中不斷放大。即使兒童被綁架或謀殺是極稀少的案例，二十四小時不停報導的電視新聞，加上螢幕旁跑馬燈時時更新線索、慢動作的照片蒙太奇、大人聲淚俱下的記者會，把每一個單獨案件都變成我們感同身受的悲劇。讀者應該還記得二〇〇七年三歲大的瑪德琳・麥坎（Madeleine McCann）在葡萄牙的飯店房間失蹤的事件，媒體大幅報導曾經引爆舉世的悲憤。難怪研究報告指出，人們吸收的新聞越多，越爲自己的孩子感到焦慮。前幾天我聽到收音機報導英格蘭北部一名七歲女童被吉普車撞死，當時我的第一個反應就是：我應該等孩子滿了十歲以後，才允許他們獨自走到巷口小店那麼遠，能等到滿二十五歲以後，當然更爲保險。

兒童安全問題引起的恐慌越深，嚴密保護他們的措施也就越多。在二十世紀早期，交通肇事致死的案件曾經導致嚴禁在街上遊戲，遊戲場也都築起圍籬。如今的兒童被集中在大規模的遊樂設備裡面，在訓練有素的職員與閉路攝影機的監視下玩耍。

如此戒愼恐懼的原因之一是怕吃官司。二〇〇六年間，維吉尼亞州的費爾法克斯郡（Fairfax）的郤斯特溪游泳俱樂部把泳池畔的高台跳水板拆了，不是因爲有人因高台跳水受了傷，而是因爲支付不起越來越貴的保險費。北美地區的大多數游泳池現在都把跳水台拆了，都是因爲意外保險的費用太高了。西方文化中的人簡直變得不會應對風險了。許多二十一世紀的爸媽們是從自由放養的童年走過來的。我十歲大的時候，母親每天早上送我走出家門之後，就預期要等到午餐或晚餐的時間才會再看見我的人。現在的父母親如果這麼放心讓子女出去野，就會被指爲怠忽職守。前不久的一則《壞壞寶貝》（*Baby Blues*）漫畫，就拿過去與現在的親職做比較，而取笑厭惡風險的心理。題材是小男孩爬樹掉下來擦破了膝蓋，過去時代的媽媽並不大驚小怪地說：「這下你學到教訓了吧！」現代的媽媽卻陷入恐慌地說：「我們一定要正式立法擔保爬這棵樹是安全的！」

科技發展的助陣也鼓勵我們把保護的衝動發揮到歐威爾（George Orwell）筆下「老大哥」那種全天候的嚴密監控。在倫敦擔任保險公司精算師的莎莉・韓森說，她自己就是一個「老大媽」。她上班時每隔幾分鐘，就在電腦上查看一下女兒幼兒園的網路攝影機，上司不在的時候，她就在電腦螢幕上開著一個小視窗，讓像素不斷傳入。她說：「我買了計步器之後，變成時時刻刻在算自己走的步子。裝了網路攝影機也是這樣，我期待能在一天之中任何時候查看女兒的動靜。」

關鍵就在「期待」二字。現今的競爭不斷的消費文化中，凡是與孩子有關聯的事物，都躲不掉父母親不斷提高的期待。我們現在物色精子卵子捐贈者已經像在看百貨公司商品目錄了：「我要這個身材高大、愛好運動、有碩士學位的，藍眼珠的更理想。」不妨聽聽安潔麗娜·裘莉（Anjelina Jolie）斟酌怎樣從收養第三世界嬰幼兒著手組合十全十美的家庭：「看是再一個女孩，再一個男孩，哪個國家的，哪個種族的，才是對孩子們最合適的。」我們既然能有完美的牙齒、完美的住宅、完美的假期，爲什麼不能有個完美的孩子？親職指南是老早就有的東西，卻從十九世紀開始變得更像規定條文了，因爲有一群愛指揮人的專家冒出來，訂下有關餵食時間、大小便訓練、洗澡方法、睡眠模式戒律。如今，大家深信親職是一套需要教導、練習、精益求精的技能，因此養成全世界的大批專家，他們藉雜誌、書籍、課程、網站、電台廣播中接答詢問電話、電視節目，制定了親職的法案。這些人對於經濟的影響力漸漸衰退之後，政治人物又用政府認可的各式指點呼應，教導我們該如何養育小孩子。

這些洶湧而來的建議，加上以一小時時間修正機能不良家庭的《恐怖小屋》（*Little House of Horrors*）之類的電視節目，把養育子女越說越像烘製一個蛋糕，或像在養電子雞：只要依照說明書列出來的步驟做，就能造就夢寐以求的完美孩子。現代父母親的年齡和教育程度都高於以往的時代，也比以往的父母親更講究採用「最正確的做法」，以爲只要有恰當的管理、專家知識、足夠的投資，就能收割最佳成果。母親們尤其會有這種心態，因此將曾經投入工作生涯的專業幹勁放在母職上。職業婦女會爲了重視親職而辭掉工作回家當全職媽媽，仍然留在職場裡的媽媽們把育兒看得和事業一樣重要，努力也不輸全職媽媽。結果便出現了前所未見的親職知識全面專業化，重重打擊了爲人父母者的自信心。也許正是因爲這樣，現在的父母親要花錢請顧問來哄寶寶吃蔬菜、教寶寶用便盆、教五歲大的幼兒騎單車、帶十來歲的孩子去逛街買衣服。可能也是因爲這樣，有些家庭要定期圍著餐桌舉行公司業務會議式的座談，既審核業績也評估長程目標。

相形之下，傳統式的親職行爲就顯得不夠專業、不及格，甚至根本就是在偷懶了。陪兒子在後院玩接投棒球，怎比得上有專業證書的教練指導的棒球訓練班課程？別人家給孩子辦的生日派對都請來職業魔術師與面部彩繪專家助興，你能只端出生日蛋糕外加寒酸的徒手遊戲嗎？你自己讀《哈利波特·火盃的考驗》（*Harry Potter and The Goblet of Fire*）給孩子聽，也絕對不如名演員吉姆·戴爾（Jim Dale）讀的有聲書精彩。即便你衷心相信世上最美好的東西都是不必花錢買來的，可是，別人都在花錢升等，想要拒絕跟進也難。前幾天我自己就曾經想到要請專業教練指導我的孩子打板球呢。

努力讓孩子過得快樂，又是另一種壓力。浪漫主義的觀念認爲童年應該是在遊戲中度過的，後來就逐漸演變成所有的小孩子生來就該享有快樂的想法。隨便問哪一位父母親，最希望爲孩子做的是什麼，「讓孩子快樂」通常都是排在前幾名。做到這一點的戰略就是不時誇孩子是多麼漂亮、多麼聰明、多麼了不起。另一個方法就是給孩子買東西。花錢除了能使我們自己覺得舒服或比較不內疚，也是避免衝突的一個方便之門。我們面對問卷調查的時候，大概半數以上會答，「希望做孩子的朋友」。而朋友之間最傷感情的莫過於說「不」。如今的生活已經夠緊張夠累人了，何苦爲了爭吵該不該買超市出口展示架上的「奇巧巧克力」而破壞難得的親子時間氣氛？向孩子的「纏功」投降省事多了，也安靜得多。我很明白箇中道理，因爲我自己就會這樣做，而且經常這樣做。每次全家開車出遊都免不了半途頻頻停車，爲的是要下車去買炸薯條、買糖果、買飲料，或是買孩子吵著非要不可的其他東西，以換取片刻的安寧。

這樣花錢都有助於拉抬親職的代價。現在估算的養育一個小孩的花費已經高達三十萬美元，這包括了食衣住行、保健、托育、學費——但是不包括大學學費。一位職業婦女如果為了做全職母親而放棄事業，可能就得犧牲百萬美元以上的收入。英國國家廣播公司前不久報導的一條新聞，把擔起親職比為財務自殺：「不去**跳生兒育女的火坑**，把錢拿去做別的投資，夫妻倆可能變成百萬富翁。」既然代價這麼高，生兒育女的人想要把這項投資的獲利最大化，也就理所當然了。

投下了資本就要盡量賺回來，這種渴望在我們這一代達成了終極結論：我們不再只求供給孩子金錢能買到的最佳童年；我們自己也要經歷一下這個童年。在年輕才有夢的世界裡，成年人就好像扮起末世彼得潘似的：閱讀《哈利波特》、騎摩托車上班、帶著 iPod 聽「嘻哈流氓」（50 Cent）的歌曲、熬夜玩耍。我們就以服裝為例吧。我父親從來沒穿過牛仔褲和運動鞋，他上班都是穿西裝打領帶，不上班的日子也會穿著有領子的襯衫。我的穿著卻經常和我兒子一般無二，大口袋的休閒短褲、無領運動衫、運動涼鞋。我甚至在三十多歲的時候把棒球帽前後反過來戴，雖然還是三十出頭的時候，仍然有裝小孩的嫌疑。休閒風似乎已經填平了代溝。

界線不劃分得那麼清楚，讓大家都自在些，本來應當屬兒童所有的空間卻也因而縮小了。我家附近的溜冰公園裡全是二十來歲、三十多歲的男性在玩滑板，得意地表演雙腳帶板起跳、踢翻、反轉等動作。帶著滑板到公園來的小孩子反而遭到冷眼。

成人一旦進佔童年的地盤，可叛逆的範圍就變窄了。歷史證明，社會如果能給兒童幾年時間去實驗，甚至偏離常軌而犯錯，兒童比較能健康地成長。但是，如果老爸的嗜好和孩子一模一樣，聽「天王老子合唱團」(Kaiser Chiefs) 和「雪警」(Snow Patrol) 的音樂，把音響的音量放大到能把房頂轟掉；老媽肚臍穿了洞，還上補習班去學鋼管舞，小孩子該怎麼叛逆呢？也許有兩條路。一是做得比爸媽更極端，例如吸毒、厭食或暴食、自殘。另一條路是根本不叛逆，循規蹈矩，乖乖做一個被管理好了的孩子，成為一個從不自己作主的人。

兩代之間的界線會這樣消蝕，追根究柢，是因為大人羨慕孩子、割捨不下童年。大人深信孩子不懂得好好運用童年，所以自己捲起袖子來教孩子該如何如何做——也就是照我們小時候該做卻沒能做的那樣。正是因為大人不肯放手，每一個文化中的每一代人都按照自己的需要與偏見重新構想了童年。斯巴達人頌揚少年戰士。古羅馬人鼓勵少年要英勇。清教徒憧憬虔誠又順從的兒童。維多利亞時代的人兩頭下注，一方面讚許貧民窟出身的吃苦耐勞童工，另一方面又傷感地疼惜足不出戶的中產階級兒童的天眞無邪。

如今我們陷在各種自相矛盾的泥淖中。我們希望童年既是功成名就後的成年的彩排預演，又是充滿歡樂又絕無危險的祕密花園。我們教小孩子「要懂事」，卻又不願接受他們眞正懂事的事實。我們期待他們實現我們一生的夢想，卻又希望他們眞心做他們自己。

從古到今各種文化的共通之處是，小孩子從來不能選擇自己的童年，一直都是大人在決定一切。牛津大學歷史教授盧索說：「其實童年應該是小孩子的事，可是一向都是在講大人要怎麼做。」現在又比以往更有過之，全然成了大人的事。問題的癥結是：如何能使童年更屬於小孩子的事？

2 童年之初：欲速則不達

事物如果能夠無中生有，時間對於它們的成長、它們的發育成熟也就不是多麼重要了。嬰兒會一瞬間變成青年，完整的森林也能從地下猛然冒出來。荒謬啊！我們都知道萬物的成長是一點一點來的，一切都是從原始本質慢慢長成的。

——盧克萊修（Lucretius, 94–55 B.C.）

初春一個颳風的下午，台北人正度過又一個忙碌的日子，全市最瀰漫著焦慮的地方卻可能是書店裡的親職書刊區。我走進誠品書店時，已有十幾位女性在親職育兒區瀏覽。除了偶爾一兩聲低語交換意見，完全是一片肅穆的沈默。因爲生兒育女在台灣的首善之都是十分嚴肅的課題。

誠品書店也陳列外文書籍。從書名可以看出，全世界的爸媽們都有讓孩子出人頭地的壓力。有一本標題《神童嬰兒》（*Prodigy Babies*）的育兒指南銷路很好，另一本薄薄的《搖籃中的天才》（*The Genius in the Crib*）也賣得不錯。還有一本登上熱門排行的是《確保天資不凡寶寶成功的六十種方法》（*Sixty Ways to Ensure Success for Your Gifted Child*）。我注意到一位穿著時髦的孕婦正在一個角落翻閱一本厚書。她停止翻閱後，輕撫著封面，閉上雙眼輕吐出無聲的祈禱。然後她把書放進自己的黑色芬迪（Fendi）包包，大步走向櫃台。

我蹬過去看是什麼樣的書深得她心。原來書名是任何父母一見就會恐慌的《孩子的成功九十九%靠媽媽努力》。（*Children's Success Depends 99% on the Mother*）封底有韓國籍作者張炳惠的照片，滿面春風的自信模樣：也難怪她如此得意，因為她的兩個女兒分別在哈佛和耶魯念研究所，一個兒子在哈佛商學院。

這個情景使我想起我太太第一次懷孕向我宣布好消息的時候。欣喜若狂的情緒過後，我們就和世界上所有準備迎接孩子降生的父母親一樣，直奔附近的書店，著手建立完備的育兒指南藏書。我們和大家一樣，希望給孩子的人生最順利的開始。

我特別記得當時買回來的一本書。書中用圖示清清楚楚列出新生兒逐月的發展進度，什麼時候會左右轉頭、微笑、目光追蹤東西、抓握玩具、實驗因果關聯等等，都交代明白。我絲毫不敢放鬆地盯牢進度，只要兒子的發展落後了圖表上的時間，我就驚惶失措。是他本身有問題嗎？是我們沒把該做的都做好嗎？我們是否應該去問醫生？同理，只要發現兒子比圖表規定的超前了，尤其是別的爸媽注意到而指出來，我就覺得人生最快樂的事莫過於此了（我兒子會翻身的確是比一般孩子都早了很多呢）。

我們的祖先如果看見這種情狀大概會搖頭。歷史上的大多數時代並不把嬰兒發展看成迫切的問題。新生兒往往是送到奶媽家去養，或是母親工作時就把嬰兒背在身上。嬰兒夭折也往往不像長到比較大才死亡那麼令大人傷心。文藝復興時期大散文家蒙田（Michel Eyquem de Montaigne）曾有名句說：「我有兩、三個孩子是在嬰兒期夭折，我雖然也爲此惋惜，但不會太過悲痛。」說不定蒙田心裡的感受不是這麼淡，但無論如何，他如果在今天說出這種話，必會引來社會局處的主動調查。

我們的祖先倒也不是完全沒想過要讓孩子發育得快一點。中世紀歐洲的父母親會用繩子和木頭支架鼓勵幼兒早一點學走路。自十七世紀起，歐洲的外科醫生就用剪開舌韌帶的方法幫幼兒提早說話。但是，遲至一百年前，多數父母親最擔心的不是嬰兒發育落後標準進度，而是嬰兒可能夭折。嬰兒死亡率下降的同時，父母的期望也大漲，重點逐漸轉移到如何在認知學習上及早起步。

如今的父母親更巴不得孩子一出生就跑在別人前面。科學已經證實，嬰兒是世上最強效的學習機器——這強度比上一代所知的還要厲害。研究者用玩偶做小鴨子消失的實驗，結果發現，嬰兒十週大的時候，就能領會「實物恆在」的道理，也就是說，知道媽媽離開房間不是就此消失不見，前幾十年的研究還認爲九個月大的嬰兒才能理解。二〇〇七年的一項研究證實，嬰兒只憑觀看說話者的面孔，就能分辨說的是否不同的語言。加拿大做的一組實驗中，讓四個月大的嬰兒觀看一名成人說英語或法語的無聲錄影片。這位成人每次換說另一種語言，嬰兒就會看得特別專注。

每個嬰兒都要經歷一次神經元的「大爆炸」，在這個期間確立腦神經突觸的連結網絡，並且在隨後的幾年中把這些線路整修妥當。如果要發揮這個早期腦部建構的優勢，就得爲嬰兒提供必要的刺激。動物世界的情形也一樣。眾所周知的一個系列研究中，在放滿各式玩具的大籠子裡和其他老鼠一起長大的老鼠，神經發育優於獨自關在沒有玩具的籠子裡成長的老鼠。

問題是，這一類的研究結果進入文化主流就變成不可違背的指令：嬰兒越早得到越多的刺激，才會變得越聰明。假如爸媽沒有充分利用這個早期神經發展階段，機會之窗在孩子三歲的時候「砰」的一聲關閉，你也就不必妄想孩子將來能夠擠進大學窄門了。從對著肚皮播放「增加刺激」音樂的揚聲器、配有內建式 iPod 轉接座的德國製造嬰兒推車（走動時自動播放歌曲或中文字彙，使公園散步也變成一種「多官能經驗」），到跨進大學之門，只有短短的一步路啊！

這樣火力密集的刺激研究功效如何，目前尙未確知。最新的神經科學知識卻說，人類嬰兒所需要的全部豐富化刺激，都包含在一般嬰幼兒的日常經驗之內了。嬰兒不但不是一塊白板，被動地等待大人把它塡滿，而且是生來就會主動尋覓建構大腦所需要的信息輸入。所以幾千年來的人類不用在嬰兒床上方懸掛電子轉動玩具、不用小小愛因斯坦DVD，也能養育出不錯的孩子。可是實驗說豐富刺激的環境裡養大的老鼠神經發育比較優，不是嗎？但是你先別忙著去買詞彙電子圖卡和電漿顯示屏，因爲老鼠實驗還有一個結果是媒體最少提到的，即是：不論老鼠籠子裡面的刺激豐富到什麼程度，腦發育最好的老鼠仍是在自然環境中成長的。

當然，有些兒童成長的家庭環境的確對於他們日後入學造成負面影響。倫敦大學曾經做過一項大型研究，追蹤了二〇〇〇年至二〇〇二年出生的一萬五千五百名社會背景不同的幼兒。父母親如果是大學畢業程度，比較可能造成家庭環境中有書藉、有人說故事、談話的時候較多。因此，小孩子成長到三歲時運用字彙的能力，比父母親教育程度較低者超前十個月，對於形狀、大小、顏色、字母、數字的理解更超前一年。在發育早期強化刺激的質與量，有助於環境條件較差的兒童追上落後的差距。但是這並不表示每個孩子都需要增加刺激的量與程度，也不表示刺激越多對腦發育越好。約翰・布魯爾（John Bruer）是贊助「腦科學」的「詹姆斯麥唐諾基金會」（James S. McDonnell Foundation）董事長，也是《最初三年的迷思》（*The Myth of the First Three Years*）的作者。他在書中公然駁斥刺激對於腦發育多多益善的論調：「所謂越多刺激孩子能造就的突觸越多之說，並沒有科學根據。」

我們卻不肯就此罷手。一九九〇年代的研究曾發現，聆聽莫札特的音樂有益促進大學生的空間推理能力，給幼兒園孩子聽鋼琴協奏曲可強化腦發育之說，也因而帶動了一種新興產業。這種概念的魅力太強了，以至於一九九〇年代晚期和二〇〇〇年代早期，喬治亞州的各個醫院送給每個出院回家的新生兒一套《用音樂力建構寶寶腦力》（*Build Your Baby's Brain Power Through the Power of Music*）的CD，內容包括巴哈（Bach）、韓德爾（Handel）、莫札特的作品。如今仍可買到鼓吹所謂的「莫札特效應」的唱片和DVD。可是莫札特效應根本就是無稽之談。二〇〇七年間，德國的研究部終於委任一個頂級專家團隊——包括神經科學家、心理學家、教育學家、哲學家——就所有關於莫札特效應的研究進行調查。結果發現，就算聽莫札特音樂確實可以提高圖像思維的能力（只有部分研究認爲確實可以），效果至多只能維持二十分鐘。而且，這個團隊認爲沒有任何證據指向聽古典音樂能鍛鍊嬰兒的腦部。

把科學解讀錯誤，加上父母越漲越高的期望，也助長了許多注定失敗的嬰兒外語學習計畫。一九九〇年代有研究指出，嬰兒具有學習任何語言的獨一無二能力。爸媽們立刻爭先恐後買回貝立茲（Berlitz）語言學習磁帶，一心盼望新生兒能變成操多種語言的迷你專家。結果是白忙一場。爲什麼？因爲嬰兒只能接收一個眞實的人經常對著他說的那個語言。後來的實驗證明，嬰兒如果只看學習外語的DVD、只聽外語錄音帶、只玩雙語玩具，卻沒有一個人經常對他說外語，那些聽的看的根本不可能吸收——連一句話、一個音都不可能學會。聽了看了這些教材的幼兒到了學齡，也不會比一般孩子更喜歡背法文動詞變化或是記住一個一個中文字。結論是，嬰兒學習需要活人親自來參與，用人造的刺激是行不通的。

這話的意思是說，送孩子去上活人親自教的外語課就一定能學會嗎？世界各國高瞻遠矚的爸媽們都在把孩子學英語的時間越提越早。亞洲國家的孩子們連本國語還說不流利，就在辛苦地學認ABC了。西方國家的爸媽們卻正毫不心疼地花錢給幼兒請說中文的保母、送幼兒去上中文補習班。我的一位鄰居每星期六早上送兩歲大的女兒去學普通話。他說：「未來是中文的世界，她越早開始學越好。」

跟外語老師上課就學得會嗎？也不盡然。研究報告指出，如果要讓孩子變成雙語人，必須讓他每天睡眠以外的時間有三十％在聽講外語。也就是說，要上正規的浸淫式強化課程，或是一天之中有很大一部分時間，在和雙親之一或是保母、或是幼兒園的其他孩子一起說外語。如果只是乘體操課和週末早上出門購物之間的空檔，上一小時中文會話，不可能有什麼效果。加拿大約克大學的雙語專家愛倫‧白里史托克（Ellen Bialystock）說：「事實是，學語文沒有便捷方法。要想學會一個語言，就得生活在其中、鑽研它、讀它、吃它、呼吸它。一定要盡全力使孩子有最豐富的語言經驗，但必須是在家裡能夠順理成章的語言經驗；不能故事設計，不能只當作親職應做的大小事清單上的項目之一。」此外，幼年不學外語也不表示終其一生都學不會外語。白里史托克說：「年齡大一點才學，比幼年就學困難一點點，但是並沒有證據指出，過了某個年齡，機會之窗就永遠關閉。人一生中哪個時候要學外語都可以。比較重要的是怎樣去學，而不是什麼時候學。」不只是學習語言沒有時間上的限制。最新的研究顯示，腦的發育過了幼兒期以後仍可繼續很長一段時間，就多數的知識與技能而言，並沒有所謂的孩子滿三歲時永久關閉的「關鍵窗口」。

關鍵事實似乎是，嬰兒期填鴨式的學習往往是無用的，而且可能會有反效果。逼迫之下學會的技能，往往是以後必須重新學的。倫敦有一位音樂老師談過某女孩三歲時被父母逼著學拉小提琴的事。這小女孩在逼迫下成績比同儕超前，卻在六歲的時候因爲技巧嚴重錯誤，而必須花幾個月時間重新學基本功課。「最難堪的是，按能力水平練琴的其他孩子後來達到應有的成績，她卻落在大家後面。這是典型的欲速則不達的例子。」

刺激過多可能擾亂睡眠，而幼兒需要在睡眠時消化、扎牢他在醒的時候所學的東西。

如果父母親操之過急，如果他們鞭策幼兒的時候多，撫慰的時候少，幼兒也會感到緊張有壓力。假如幼兒的腦部充滿腎上腺素、皮質醇等壓力激素，長此以往，這種化學成分上的改變可能成爲固定，從而導致日後學習上或控制攻擊性變得比較困難，使憂鬱症發生的機率增高。

要怎樣對待嬰幼兒才是正確的做法呢？其實這種問題本身就有毛病。因爲，不論我們多麼希望科學能提供一套嬰幼兒發展的標準里程表，我們對於腦發育的理解仍太少，根本不可能制定明確的標準。而且，每個孩子、每個家庭都與其他的有差異，所以絕不可能遵照某個單一標準行事。

每個家庭每名嬰幼兒都適用的明確指導原則倒是有的。其一即是，一對一的互動，加上充裕的四目相接，對每個嬰兒都是大大有益的。研究一再證明，嬰幼兒對鮮明的對比及色彩很有興趣。人的面孔的線條、凹凸、明暗既複雜又多變，正可以引動嬰幼兒的這種興趣。嬰兒盯住爸媽的臉，接收著臉上的情緒及表情變化，這對於腦神經的發育而言，就如同做一套珍・芳達（Jane Fonda）的有氧體操。這是播放教學錄影、裝上會閃亮的嬰兒床吊掛玩具、貼一些鮮明對比色的海報，都不可能達到的效果。你只要觀察一下，爸媽們在沒有新奇產品和漂亮設備的時候，是怎樣和嬰兒互動，怎樣注視著寶寶的雙眼，含笑地和寶寶碰鼻子貼臉，做出誇張的表情，輕輕給寶寶呵癢，很慢很慢地說話，模仿各種聲音，就可以明白道理何在了。這種互動看起來雖然比不上嬰兒手語的花稍刺激，卻的確是豐富而有刺激效用的對談，而且不需要專家指導——因爲是我們每個人天生就會的，父母與嬰兒間的這種最基礎的聊天與愛的交流，有益於額前葉皮質增長。腦的這個部位主管同理心、自制、理解他人非語言訊號的能力。老師們都知道，這些技能正是幼兒園與學齡以後的孩子最不可少的。專家們一致認爲，孩子能與一位或多位照顧者產生深厚感情，乃是兒童期一切發展與日後學習的必備基礎。這種感情上的聯繫也能使孩子一生都不被緊張壓力打垮。

這個觀念也許正慢慢開始被人們接受。世界各地的兒童發展專家都向焦慮躁進的家長們發出一個忠告：每個孩子的發展速度不同。最初的幾年是重要的，但這並不是賽跑。少花點時間在強化孩子的刺激上，多花點時間去了解孩子。相信自己做爸媽的本能，不要凡事都向培育明星寶寶的家長看齊。

有些父母是吃過苦頭才學會這個教訓。瓊・索普在佛羅里達州邁阿密已經有十年的策劃大型重要活動的資歷，在三十六歲之齡生下孩子之後，她便以規劃會議程序的手筆來處理母職，爲嬰兒阿麗莎設計了嚴格而密集的用餐、睡眠、瑜伽、按摩、互動遊戲的時間表，並且把這個時間表貼在冰箱門上。她回憶那時候的情景說：「我想讓阿麗莎盡快進入固定作息狀況，以便在起跑點上領先。」問題是這套固定作息不適合阿麗莎，她睡不好，夜晚要醒好幾次，同齡的嬰兒會坐了，她卻還坐不好。瓊在與其他媽媽們同飲咖啡的早晨，總聽到別人說自己的寶寶一夜睡到天明、多早就會爬了、適應固體食物多麼快，她就覺得自己太不如人，並且認爲做媽媽是件枯燥乏味的、令人洩氣的、看不見曙光的苦事。

就在她發現了網路上的部落格之後，一切都改變了。她看到了數十位陷在同樣處境之中的媽媽們抒發的感想，其中許多人是找到自己的路之後才脫身的。她讀過這些文字之後的心得是，親職本來就有多種不同的形狀和尺碼，如果硬去套用別人的規則和時間表，可能感到煩躁灰心，結果反而忽略了親職之中最有趣味最能產生成就感的部分：了解自己的孩子。換言之，不必忙著送寶寶去上嬰兒瑜伽課程之類，也不必耗費時間把家裡裝飾得好像《家居世界》（*World of Interiors*）裡面的圖片。何必在乎別人家的爸媽又爲寶寶花錢做了什麼？你大可以一下午和寶寶懶在床上，摟著寶寶玩、餵他吃母乳、悠閒地墮入夢鄉又醒來，有時候寶寶可能整晚不肯睡，或是哭個不停，這也是很正常的。

瓊說：「我一旦把目光轉向我自己的社交圈子以外，就頓時明白，並不是只有我一個人覺得扮演所謂超級媽咪的壓力已經把母職變成乏味的重擔。我想，我的焦慮感大概也感染到阿麗莎了。」所以她改弦更張，決定聽從自己的本能，這也就是說，丟開那些作息時間表、發展進度表、互動DVD，並且隨時按阿麗莎的意願給她哺乳、拍她入睡。如今阿麗莎不上嬰兒瑜伽課了，取而代之的是母女倆一起躺在客廳的長沙發上睡午覺，身旁倚著軟墊和塡充動物玩具。

瓊喜歡這個新的作息模式，感覺比較不像是工作，她和阿麗莎也比以前親密得多，更能看出阿麗莎的情緒變化與需要。現在阿麗莎已經時常一覺睡到天明，瓊說：「我不試圖強迫她做到我認定的寶寶應該有的樣子，這顯然讓她舒服多了。我知道自己不必去配合別人刻出來的完美媽咪模子，也覺得舒服多了。眞正重要的是，怎麼做才是最適合阿麗莎和我兩個人的。」

第一次做爸爸的愛德華・哈迪也歸納出這個結論。他與妻子從一開始就決定不做發展進度表、不參加專門設計的活動、不使用強化刺激的裝備。他們把親職做得小而單純。嬰兒瑜伽、嬰兒手語之類的課程傳單，以及「小小愛因斯坦」之類的DVD目錄，他們都是一收到就扔進垃圾桶。

家住倫敦的哈迪是一位技術文案管理員。他在兒子伊曼紐出生後的頭幾個月裡，投注很多時間在做基本功課上，給寶寶洗澡、換尿片、餵奶、按摩、哄他睡覺。本來他有意帶伊曼紐去沃特福德的安全遊樂場，結果發現太麻煩而作罷，因為既得花錢又要跑遠路，有緊張壓力，而且會打亂伊曼紐的午睡時間。因此，哈迪換一個方式，自己背著嬰兒到家附近的運動場或公園。父子倆在附近的咖啡店一坐一、兩小時，伊曼紐玩玩具、啃乾麵包磨牙、招引女服務生們來逗他玩。哈迪說：「有人可能覺得這樣很單調而且一成不變，其實他這樣可以換環境，看見很多不一樣的人事物，得到各式各樣的刺激。我們倆也可以有很多共處的時間，彼此了解對方。」

哈迪承認這樣不免會有無聊的時候。有時候他的確很想到倫敦市中心的「維多利亞與亞伯特」或是其他博物館去逛逛。不過，熬過無聊時光也值回了票價。哈迪說：「沒有生伊曼紐之前，我們認為嬰兒會讓人感到乏味。可是一旦眞正花了時間和嬰兒相處，慢慢了解他了，他有什麼些微的不同，發展上的任何細節，都逃不過你的眼睛，這時候你才知道嬰兒是多麼有意思。」

哈迪和伊曼紐的關係是親熱而自在的。現在四歲大的伊曼紐是個聰明快樂又好問的孩子。哈迪把這些都歸功於父子共處的那些時間，慶幸沒有把那些時間浪費在努力達到發展進度上。他說：「爸爸媽媽會訂下那麼遠大的發展目標，是不是因爲內疚？他們覺得只帶寶寶到附近公園的遊戲沙坑去玩，是對不起孩子的？我的心得是，你花下去的工夫——花錢、規劃作息、緊張壓力——和收穫的回報有一種逆關聯性。其實我倒覺得附近的遊戲沙坑是個神奇的地方。」哈迪的故事給我們的教訓是：就嬰兒的發展而言，大人不要越幫越忙。

此話並不是說發展進度的標準是無用的東西。父母親可以藉參考進度標準看出孩子是否遲緩，並且及早給予必要的協助。關鍵在於應該把它當作大致的準則來參考，不應該當作每天核對的時程表。研究證實，父母親察覺嬰兒是否有發展問題的那種本能是相當可靠的，尤其是沒有被競爭的忙亂弄昏頭的父母親，在這方面的觀察更準確。

說到孩子在幼兒期該做什麼，遊戲要比趕進度重要得多。「遊戲」這個詞如今帶有許多含蓄的意思。在工作狂的、競爭不落人後的文化中談遊戲，可能給人好逸樂、偷懶、虛擲光陰的聯想。然而，遊戲的意思絕不只是「停止工作時發生的事」。就最單純的意思講，遊戲是人和周遭世界以及自我產生深刻關係的方法。眞正的遊戲是自發的、不確定的——不可能料定下一步會如何。遊戲的重點不在輸贏，也不在達到某個目標或進度。我們講求高成效的文化所使用的工具——標靶、時間表、可衡量的後果，都是遊戲不屑一顧的。

藝術家一向都明白，好遊戲的心性能夠開啓最豐富的祕密，而兒童是最能理解遊戲意義的人。畢卡索曾說，他必須保持童心才能夠作畫。馬蒂斯（Henri Matisse）認爲，最具創造力的人永遠有「極大的冒險精神與愛遊戲的心」。甚至在科學的嚴謹世界裡，具備挑戰極限與接受不確定的遊戲之心，敢於拒絕受他人既定正確框架的限制，往往就是踏向新發現的第一步，是改變世界的天才迸發之前的閃爍。牛頓（Isaac Newton）曾經說：「我自己覺得只不過像個在海邊遊戲的孩子，偶爾撿到一顆比較光滑的石子或一粒更漂亮的貝殼，以此自娛，而浩瀚的眞理之海就在前面等著我去發掘。」愛因斯坦（Albert Einstein）說得又更明白了：「要想激發創造力，必須先有孩子般愛遊戲的意向，以及孩子般想被誇獎的心。」

如果成年人像孩子般遊戲可以讓思維騰躍，遊戲對兒童的意義又如何？其實是意義重大的。新近的科學研究顯示，隨意遊戲乃是成長的基本要素，不只人類如此，其他哺乳動物也一樣。自然觀察家記錄幼狼們、小獅子們的那些嬉鬧、扭打、追逐，顯然都是各有功用的。幼小的哺乳動物每天耗費二至三％的精力在遊戲上，聽起來分量好像不大，進化生物學家卻認為，這麼大的支出額不可能沒有投資回報。遊戲也可能有危險：年幼海狗的死亡，有將近八十％是因為只顧嬉戲追逐而未提防掠食者所致。

那麼，動物費力又冒險地遊戲有什麼收益？遊戲顯然是大自然把我們調教聰明的方法。研究顯示，哺乳動物之中最愛遊戲的海豚和黑猩猩都是腦體積最大的。有一個說法是，腦比較大，對於環境刺激也比較敏感，因此也更需要藉遊戲發展成年後應有的狀態。以貓、大鼠、小鼠做的研究發現，遊戲在腦最有彈性的時候達到頂峰。愛達荷大學（University of Idaho）的遊戲研究專家約翰・白爾斯（John Byers）說：「遊戲中的動物極可能是在引導自己的腦組合。」從掃描圖也可以看出，人腦在遊戲時亮起來的強度和範圍都超過預期。

這是否意味著，剝奪兒童遊戲的時間會妨礙他們發展創造力和學習能力？簡單的回答是，目前沒人能確定，因爲相關的研究做得還不夠多。就動物的研究結果看來，缺乏遊戲是有損害的。研究者已經證實，幼鼠如果不能夠遊戲，大腦新皮層會發育得比較小，這個部分主管的是感官知覺、空間推理、動作控制等較高層次的機能（人類的語言機能也是由這個部分主管）。這些幼鼠成長後的社會適應也較差。被診斷出有注意力不足過動症（ADHD）的兒童會表現相似的症狀。

可以確定的是，遊戲是兒童的基本衝動。兒童耗用在遊戲上的精力多達十五％，而且看來幾乎隨時都需要遊戲。我記得兒子在幼兒園的時候，每每在午餐時間急忙趕回家，爲的是要繼續他早上出門之前中斷了的編故事遊戲。即使環境條件不利從事遊戲，小孩子仍能想辦法玩起來。例如維多利亞時代在工廠裡做工的童工，從有關他們的生活記錄可知，他們會乘隙暫時離開機器去踢球、說故事，或是玩一回捉迷藏。我曾在巴西東北部的貧窮海岸城市弗塔列薩（Fortaleza）觀察研究街頭遊蕩的兒童爲期一年。西方社會的典型童年時光，對於他們而言有如電視中才有的畫面。他們居住在棚屋搭的貧民區，常常三餐不飽，暴力卻時時一觸即發。才四、五歲大的孩子就要到街上去給人擦鞋或洗車掙錢。這些街頭貧童平時一副世故滑頭的模樣，有時候卻會流露遊戲的本能。他們可能一時興起，擱下手中的工具，用空可樂罐子踢起足球，或是玩上一陣追逐抓人的遊戲。他們也會就地取材用紙卡和小石子玩賓果。這種遊戲的時刻、拋開成人世界的重擔蹂躪的時刻，也是他們記起自己還是孩子的時候，他們最能感到快樂。

就目前既有的證據看來，遊戲確實是在許多方面對兒童有益處的。兒童可以藉遊戲創造想像中的世界，在這個世界裡處理他們的恐懼，也預演成人的角色。兒童彷彿小小科學家，會構想一些理解周遭世界的道理，例如，世界是平的、大鬍子的男人都是魔法師等等，然後加以測試並修改。兒童聚在一起玩的時候，如果沒有成人在主導著一切，他們可以學習如何揣摩他們的感受，如何應對互動關係之中必會發生的挫折與妥協。觀察過三歲大的幼兒們一起在院子裡用樹枝草莖玩蓋房子的遊戲嗎？他們會先收集材料、商量要怎麼蓋起來、訂下規則、爲了誰可不可以把什麼東西擺上去而爭執。兒童也在隨意遊戲中逐漸發現自己的興趣與愛好、強項和弱點。

奈裘・康柏蘭（Nigel Cumberland）曾經在香港擔任招募人才與訓練新秀的職務。他發現，許多新人的履歷表雖然看來亮眼，本人卻看不出什麼過人之處，既不懂事又欠缺積極魄力。他們寧願按指示行事，而不願自己找出問題再激盪腦力予以解決。康柏蘭認爲這是因爲他們在幼年時期沒有遊戲的經驗。他說：「小孩子如果有較多遊戲的機會，長大以後做工程師、經理都會更出色，在職場上也更能有啓發力。如果不給嬰兒幼兒遊戲的機會，把他們送進成天只顧競爭比分數的幼兒園，他們會產生恐懼，變得不願冒險。長大以後就成爲呆板無趣的成人。」

遊戲乃是教室裡進行的有條理的學習的一個自然版本。這個版本甚至可能幫讀、寫、算打下基礎。哥倫比亞大學（Columbia University）的心理學與教育學教授赫伯特・金斯堡（Herbert Ginsberg）曾經觀察研究了八十名兒童，結果發現他們的隨意遊戲有四十六%是在計算、觀察形狀和式樣、將物件分爲一組一組，換言之，他們在探索基本數學。

小孩子學會認字和計算之前，必須先明白數字和一個個的字乃是代表數量和聲音的符號。按照功文練習簿上的字形描著寫不可能明白這種意義；在遊戲與群體互動的輔助之下學習才能學會。亞伯達大學的早期兒童教育專家安娜・基洛娃（Anna Kirova）說：「如果我們讓孩子去擺好餐桌，跟他談要怎麼擺，每人一個盤子，每人一把叉子，再放湯匙的時候要怎麼擺，這就是一比一的對應概念。他們也可以用小棍子和石子來做，都一樣，反正他們在理解的是數量配合一致。」下一步就是跨到把數字和量、字母和聲音連結起來。

兒童遊戲的主要缺點是看來太像（大人覺得太像）在拖拖拉拉。這種偏見是其來有自的。一八四〇年福祿貝爾（Friedrich Froebel）在德國開創全世界第一所幼兒園（德文Kindergarten的字面意思即是「兒童的園地」），他當時就說遊戲是兒童發展不可或缺的一環。結果這個觀念招致譏嘲，批評者還把他寫的書燒掉。如今我們即便口口聲聲說遊戲重要，卻往往不敢放手讓遊戲自主。我們想限制遊戲的範圍、把遊戲量化、使遊戲符合我們的目標和時間表、把遊戲搞得比較像是正經工作。我的意思不是說大人不可以涉入兒童的遊戲。我們的參與絕對必要，但是只能負責提出柔性建議。我們應該讓幼兒照他自己的意思去玩。

現在已經有很多父母親贊同這樣做了。瑪莎・霍夫曼本來是華盛頓一位遊說工作者，生產後成爲全職媽媽。新職務一開始，她就把兒子堤奧當作是個玩具般地陪他遊戲。她按照專家的指示，和堤奧一起坐在地板上。可是她按捺不住要喧賓奪主。假如堤奧是在用積木做一座高塔，瑪莎就會幫他撿起堆疊不穩而掉下來的積木，幫他把搭上去部分排整齊，使成品看來和包裝盒上印的圖示一樣。如果是在海邊沙灘上玩，她會幫堤奧把小提桶裝滿水，幫他修改堆起來的沙城堡。她說：「我曉得自己這樣做是很可笑的，可是我就是忍不住會這樣。」後來，堤奧快滿三歲的時候，因爲他不肯和同年齡的小朋友一起玩，瑪莎請了一位家庭治療師，情況才改觀。治療師第一次造訪這天，堤奧玩農莊動物的木片拼圖時，瑪莎又不停地幫忙，先指示他哪一片該擺在哪裡，完成一個之後，又拿另一個幫他玩。治療師看得目瞪口呆。「他看著我直截了當地問：『到底是誰在玩？是你自己在玩還是堤奧在玩？』這一問就像當頭棒喝把我打醒了。」

瑪莎知道自己該放手了。現在她仍然會陪兒子一起坐在地板上，但是不會一見兒子伸手拿玩具就坐下來幫忙了。她即使加入堤奧的遊戲，也會克制自己想要幫他修正整理的衝動。「這個不容易，因爲我是凡事要做到百分百的人，我想幫他做到最好，不過我知道自己應該收斂了。」她說，「小孩子需要的是照他自己的意思玩，媽媽不可以老是從旁干擾。」幾個月後，瑪莎在寄給我的電子郵件中說，堤奧現在和同齡小朋友相處比以前自在了，她自己也因爲能夠從容看待與兒子共處的時刻，而更能領會其中的樂趣。

各種科學研究都教我們不要爲小事無謂地擔憂。嬰兒期雖然是腦發育的可塑性最強的時候，也不至於需要二十四小時不停地給予刺激，你去應門鈴的時候，放嬰兒在床上哭一下，也不至於造成終身遺憾的損害。這種挫折時刻可能正是機會教育，讓嬰兒了解媽媽扔下他並不等於天要塌下來，事情也有不盡如人意的時候。嬰幼兒閒著無聊時刻，可能注意觀察自己周遭世界中的小事，例如蒼蠅在玫瑰窗上嚶嚶叫地爬動、風吹動窗簾，這也能教他們學習利用自己的時間。此外，我們如今也知道，嬰兒並不是像洛克所說的，大人捏成什麼樣就是什麼樣的東西，人的一輩子並不是完全由嬰兒期得到的親職照顧所決定。我們每個人生下來就有一幅獨一無二的基因藍圖，智力、性情、才能的發展都受先天藍圖的影響。換言之，孩子如果很早就會說話，未必是因為父母親天天花時間用識字電子圖卡教導的功勞，而可能是因爲基因已經預設了他要比別的孩子先開口講話。如今有些專家認爲，同儕、老師、社群對孩子的影響比以往所說的更大。也有專家認爲，父母親的條件——教育程度、收入、年齡、智能、對於閱讀的觀感——其實比父母親採取的育兒方法更會影響孩子的發展。李維特（Steven Levitt）與杜伯納（Stephen Dubner）爲了完成暢銷書《蘋果橘子經濟學》（*Freakonomics*，中文版大塊文化出版），曾經過濾整理了大量數據與縱觀的研究，歸納的結論是：後天培育往往勝不了先天資質：「就這一點而論，強勢作爲的父母親頗像自認有錢就能勝出的候選人，事實卻是，如果選民根本不喜歡某個候選人，砸下再多的錢也贏不了。」

基本的原則就是：不能以爲父母親做的每一件事，不論好壞，都在孩子身上留下難以磨滅的記號，連嬰幼兒期也不例外。親職的作爲當然十分重要，不過孩子的成敗並不是九十九％取決於母親——或父親。

行銷術有一句老格言，是說廣告做出去只有一半能發揮效用；可是我們不知道是哪一半。親職的作用也多少可以作如是觀。既知是這樣，爸媽們該怎麼做才對？也許因此加倍努力照應孩子的發展，以防原來做的有一半不管用。或者可以比原來做的更放鬆，相信孩子沒有受到強化刺激的時候、沒得到你關注的時候、閒著無聊的時候，都是成長過程的一個部分。如果還要把全部精力灌注在幫助孩子盡快達到下一個進度標準上，往往是白費時間，而且可能對孩子有害。

瑪莎・霍夫曼如今正是選擇了放鬆一點的親職角色。她說：「知道自己不必時時刻刻爲嬰兒努力，是卸下了重負。現在我要做的是找一所想法和我一致的幼兒園。」

3 學齡以前：孩子的正業就是遊戲

教育最重要的部分就是幼兒期調教恰當。

——柏拉圖，公元前四世紀

不久以前，幼兒時代似乎是美好愜意的。小孩子在家、在托兒所都能順其自然。我的幼兒年代是在聽故事、穿大人的衣服裝扮角色、做亂七八糟的工藝品、唱歌之中度過。我擺弄玩具、在沙坑裡築城堡；我和朋友吵完架又玩在一起。多數時候我可以照自己的意願探索周遭世界。我的目標（如果可以算是目標）並不遠大，只要能高高興興開始上學，和同儕融洽相處。

這一切看在如今這一代的眼裡都成了怪事。現在的學齡前時期已經變成你死我活的學科競爭。要認字、學數字都來不及了，誰還有時間玩手指作畫或看木偶戲？要去淺水游泳池玩耍嗎？等到背熟幼兒園面試對答之後吧。美國的玩具連鎖「健寶園」(Gymboree)開設了爲期十二週的課程，擔保兩歲大的幼兒在接觸了來自世界各種文化的美術、舞蹈、音樂之後，就變成「全球公民」。天津市的「花籃國際鄉村幼兒園」是一所高檔的寄宿式學齡前機構，現在已經在收三歲大的學生了。

提早學會讀、寫、算的壓力已經強到家教公司要增設幼兒部了。東京的補習學校已經招收兩歲的孩子了。世界各地的功文幼兒部都爲三歲大的幼兒安排了識字、加法、讀音閱讀法的課程，幼童們要學寫數字、學會從一數到兩百。托兒所，尤其是私人經營的托兒所，已經把美術、音樂、演劇的時數減少，用這些時間來上識字和學數字的課程。一旦孩子達到學齡，上學的第一週就開始有做不完的作業。美國的許多幼兒園把早上和下午的課間休息都取消了，爲的是補習認字算術。甚至午休時間也變成以吃午餐爲主，遊戲只是可有可無的部分。

爲什麼幼兒這麼早就要開始辛苦？大家在趕什麼？原因之一是，我們生活在不耐煩的、過度競爭的文化之中。世界各地的學前教師都被迫要給孩子打分數排名次。家長會問：我家小朋友是不是頂尖的五％？如果不是，原因何在？我們該怎麼做才能夠提高他的成績？如果孩子四歲的時候就能閱讀《戴帽子的貓》（*The Cat in the Hat*），十歲的時候可想而知就能讀經典名著。三十五歲的時候更不得了。我們當然會想到，從幼兒期就讓孩子學這學那恐怕是錯誤的方法：三歲大的孩子本來就該乖乖坐在書桌前學習嗎？然而，競爭之風橫掃而來的時候，我們應有的判斷力也跟著搖擺不定了。

政治人物同樣也把提早學習列入優先政策。各國政府自一九六〇年代起，推行扶助弱勢兒童學業的方法，美國的「啓蒙計畫」（Head Start）就是一個例子。如今，企業界在搶訓練有素的工作者，父母親在積極拉高子女教育水準，所以政府官員們重新設定了幼兒期，把它變成灌輸基礎識字能力與數字概念的時候。

「及早教育」和「世界和平」一樣，聽來就是理所當然的——誰能反對讓孩子在起跑的時候領先別人一大段？可是，這樣暖房催熟式的成果逃不出報酬遞減法則的制約。不錯，有些這樣培養出來的孩子——踏進幼兒園的時候就已經能讀有章節的書、會寫自己的名字、對功課表應付裕如——的確令老師讚歎家長得意。但是他們能就此一帆風順嗎？提早學習能有長遠的收益嗎？其實不然。新近的研究顯示，提早完成學習的進度並不擔保日後名列前茅。美國費城的一項研究發現，幼兒園時期在積極學習讀、寫、算之中度過的孩子，以及在悠閒遊戲中度過的孩子，到七、八歲的時候並沒有明顯可見的學業差距。唯一的差距是，暖房催熟般提早學習的孩子往往較易產生焦慮，也比較欠缺創意。

雖然有許多人相信，先把字母、數字、形狀、顏色學好是上小學的最佳準備，小一老師們的看法卻不是這樣。他們認爲，社會適應良好、懂得與人分享、有同理心、能聽從教導的孩子，比較能把讀寫算都學好。

事實是，人類從一出生就在爲學習搭硬體路線，到情緒上、心理上準備好的時候，學習最能水到渠成。有些人的發展會比較慢，但是多數人最終都能完成里程。孩子只要「開了竅」，可以一夕之間從糊塗蟲變成好學生。這是不能急的事，而我們這種趕個不停的文化最難得的就是耐心。我想起我兒子五歲的時候，第一次帶回閱讀作業的苦況，他不會念字母拼成的單字，字母越多他越念不出來，當時我還以爲他可能有閱讀障礙症。可是，沒過多久，他就好像腦袋裡的電路突然通了似的，隨便拿起一本就能流暢地念，而且變成很愛看書，連上床時也捨不得放下。

專家都一致認爲，正式教學從六歲時開始成效最好。六歲大的孩子已經比較能夠理解抽象概念，前兩、三年快慢不一的發展也大致拉平了。六歲以前過早學習讀寫算，可能使孩子對學習產生反感，進而影響到以後的學習意願。二〇〇三年做的一項研究發現，丹麥與芬蘭的學童（兩國的小學教育從六、七歲開始）的專注能力優於英國學童（小學教育始於五歲）。

學齡以前的孩子最需要的，似乎是在安全自在的環境中自由探索周遭世界，有故事可聽，能吟謠唱歌，能談天遊戲。他們需要努力、費心、全力以赴，但不是照許多大人想像的那種模式。

學前教育也有一些特立獨行的模式，瑞吉歐（Reggio）艾米利亞市（Emilia）就是極具啓發性的一個例子。這個位於義大利北部的小城市，自第二次世界大戰結束後，開始在學前教育的地圖中劃下自己的一席之地。戰後的瑞吉歐成了一片廢墟，當時年紀尚輕的老師洛里斯・馬拉古奇（Loris Malaguzzi）認爲重建家園的上策就是從頭開始——從改造幼兒園著手。馬拉古奇不是古板的老師，而是個有領導才幹的社會改革者。他帶著一群理念和他相近的老師，創立了「改變童年培育」的幼兒園。所謂改變童年培育，就是誘發幼兒天生的好奇心、讓幼兒自由自在地表達。發源地的瑞吉歐式幼兒園老師兼發言人克羅蒂亞・朱蒂契（Claudia Giudici）說：「如今的主流觀點是，幼兒需要成人輔導灌輸，才能夠順利達到成人自己訂下的標準。我們認爲成人的干預應該降到最低，以便幼兒自己去獲取知識，建立關係。」

瑞吉歐幼兒園不上讀寫算的課程，也沒有固定的課表。幼童們探索的題目是憑他們的興趣自發的。如果他們觀察鳥兒成群掠過秋日天際，可能就做起鳥的題目，接連兩、三個月的時間都在辨識不同的鳥種、用自己在戶外找來的材料做鳥巢、了解候鳥遷徙的現象。美勞是一種自然的媒介——幼童可以藉美勞課來探索並理解外在世界，不是讀寫算正課以外的選項，也不是培養名畫家的跳板。

瑞吉歐幼兒園裡的老師不會給孩子打分數評等級，孩子的學習都是團體活動。如果有某個孩子缺席了，其他人會說，如果他在他會對這一天的活動如何反應，或是說他明天來了會怎麼問。幼兒不必比賽誰畫的圖最好、誰做出來的東西最漂亮。他們也不必趕著把某個題目做完——學習進度是他們邊做邊訂的。

瑞吉歐不印製教師手冊與教師須知，因爲老師帶幼童的方法時時在變，每個孩子、每一群孩子都是獨一無二的。有一個信條：老師不能成爲學習行爲中的主導者。老師可以把想法和新的材料加進去，但是必須由孩子們自己來探索發現。孩子們可以犯錯，開始做一個題目的時候也並不確定下一步會怎樣。完成時，老師和學童都要回想並且記錄這一次的學習過程。記錄的方式可能是自然而然的——說話、繪圖、雕塑、拼貼、音樂、動作均可。老師可以藉記錄更清楚地了解自己照顧下的幼童，也更了解學習的過程。孩子們藉著溫習自己的發現、說明給別人聽，也能加深所學經驗的印象。

瑞吉歐幼兒園的宗旨是，造就能思考、能做夢、能分析、能遊戲、能推斷、能與人互動的孩子。瑞吉歐艾米利亞的六歲以下的幼童，現在有三分之一是進瑞吉歐式幼兒園，這些幼兒園全數是市政府出資興辦的。許多瑞吉歐學童的父輩祖輩也是瑞吉歐出身。《新聞週刊》曾在一九九〇年代宣示，瑞吉歐幼兒園是全世界的表率。這個義大利小城市頓時成爲全世界的教師、學者、政治人物的朝聖目標。自一九九四年起，到這裡來一探究竟的外地觀察者多達兩萬人。

我爲了要實地了解瑞吉歐的教學法，在二〇〇七年初春也走訪了一回。就義大利的標準而言，這個城市是不足以引人注目的，人口十四萬，中心區有一些中世紀古建築，周圍都是戰後建的一排排公寓房子。我來參觀的期間，另外還有差不多四百位來自美國和北歐國家的人士也來參觀。大家就像朝拜耶穌受難苦路十四個十字架一般，走過市內的各所學校，只不過手裡拿的不是《聖經》，而是印著「瑞吉歐兒童」標誌的筆記本或卷宗。這個組織是爲了接待川流不息的國際訪客而成立的。

我想避開人潮，便開車到距離瑞吉歐八公里遠的村子普拉托泉（Pratofontana）。這裡的瑞吉歐幼兒園叫作普藍波里尼，完全符合瑞吉歐信條所說的：美可以鼓舞精神、激發想像力。校園環境有如感官的饗宴，茂盛的玫瑰叢開滿了白色和紅色的花朵。蝴蝶在種植了迷迭香、鼠尾草、薄荷、百里香、羅勒的春草園圃上飛舞。木造的觀鳥亭面向一望無際的農田。這裡是義大利盛產牛奶和乳酪的地方，另外也出產蘭布羅斯科紅酒（Lambrusco），所以四周的田地中點綴著一座座的葡萄園和悠閒吃草的牛群。幼兒園面向村鎮的這一邊有一間修在樹上的漂亮小屋，屋內有桌椅，還擺設了杯盤。風聲靜下來的時候，可以聽見花園下方小石泉的潺潺流聲。

校舍是宜人的磚造房子，屋頂鋪紅瓦，裝著擋風雨的百葉窗，室內牆壁雪白、天花板很高敞。走在教室裡，處處是啓發創意的用心，有一區擺滿各式裝扮遊戲用的服裝，另一角排列著畫架。文具架上全是原子筆、鉛筆、水彩筆、尺、羽毛、紙捲、黏土、塑膠夾子、廢金屬片。餐廳像個精緻小館，小小的藍色餐桌上裝飾著盆栽、泥塑，還放著盛了胡桃的陶碗。午餐時間有自家炒麵的香味從廚房飄出。

這裡的學童年齡在三到六歲之間，顯然人人都喜歡這個環境。有一群孩子在院子裡的花棚架下用黏土捏動物和人，一面嘰嘰喳喳說黏土是哪裡來的，怎樣會變軟或變硬。一旁有另一群三歲大的幼兒在拿細銅片和舊電線裝點一隻用廢金屬做成的老鷹。

茱麗亞與馬可兩個人對著玫瑰叢寫生。有一位老師不時過來看一下，但是不會指點他們該怎麼做。他們兩人站在畫架面前，手持畫筆，顯然在創作中已經忘我。茱麗亞摘下一朵玫瑰，聞著香氣，又換著不同的角度看花形。然後她把花放在畫架上，拿照相機給它拍了一張照片。她說：「以後我可以記得它的樣子，可以和我畫出來的比一比。」她和馬可不時停筆談話，說花朵的顏色、陽光有沒有照到花上、風把葉片吹到另一邊去了。這就是詩人布雷克說從一粒沙看見全世界的意思。旁觀的人很難相信他們倆都只是五歲的孩子。

有一個小女孩跑過來給他們倆看她手指上的一隻瓢蟲。三個人傳來傳去地看。馬可說瓢蟲翅膀的紅色和玫瑰花一樣，茱麗亞說瓢蟲可以帶來好運。之後兩人又繼續畫畫。

大約過了四十五分鐘，兩人告訴老師說他們畫好了。兩個人都畫得不錯，茱麗亞畫得更好。馬可很滿意自己的成品，得意地說：「我心裡想的就是這個樣子。」

普藍波里尼的其他作業也一樣不凡。二樓上有一群四歲和五歲的孩子在做一個以水爲題目的作業，這是其中一名幼童看過附近一處導水管之後，產生許多疑問而引起的題目。六個月來，他們已經去看過本村的溪流、運河、灌溉渠，探索過水的顏色、深度、流動的變化，還討論了水對於我們的生活有什麼影響。他們爲了要把自己的發現講給別人聽，還拍了幾十張照片。我到場的時候，兩個小男孩正在整理電腦裡存的圖片。另一個男孩和一個女孩正在用積木搭出他們記憶中船行過閘門的模樣，那是他們在三十公里外的河邊看到的。老師問他們：「把閘門打開關上的機器在什麼地方？」兩人想了一會兒，男孩說：「在牆裡面，是水泥牆。」他們隨即談起水會怎麼沖船的引擎，引擎冒出來的煙會不會把水弄髒。

隔壁房間裡，正在展示另一個題目的作業成果。作業的緣起是一些小朋友覺得應該把普拉托泉市的一處交通圓環修改得好看一點。於是每個人都畫出自己的改造計畫，然後大家集思廣益，一起造出一致贊同的模型。有一個模型是用眞的小石子、青草、花瓣做成的，四周還放置了許多紙人和紙車。

最新展開的一項作業是在頂樓的小房間裡。這又是一群小朋友的主意，因爲庭院裡的噴泉在寒冬裡是寂靜無聲的，他們想要製造一點悅耳的聲響。四歲大的幼兒們圍著一張矮桌，桌上放著各式各樣的材料：瓦片、石頭、木塊、鈕扣、貝殼、不同種類的紙張。老師亞力山多說：「作業還在孕育期，所以我們都不知道要記錄學習的是什麼。我們不會指定小朋友這樣做那樣做，我們贊成留下實驗的空間，先看看他們會用什麼方式切入這個題目。」

孩子們在找可以複製噴泉流水聲的材料。羅倫佐揉了一張衛生紙說：「這好像下雨的聲音。」站在他身旁的克勞蒂亞點頭，然後用一條鐵絲劃過一隻乾燥了的玉米棒，「這個聲音也不像。」她說。

一頭棕色鬈髮的達里奧笑嘻嘻地抓起麥克風「噗」地吹入了一下說：「有風的時候是這個聲音。」接著用舌頭在口腔裡來回搧動，發出了很像滴水的聲音，小朋友們都拍手又叫又笑起來。

亞力山多老師隨他們自由發揮，只偶爾溫和地引導一下。他指著一只裝了沙的塑膠瓶問：「這個會有什麼聲音？」克勞蒂亞拿起瓶子搖了搖說：「像風的聲音，我家後面田裡的風就是這樣。」達里奧拿過瓶子來用力搖：「哇，有颱風。」

亞力山多很高與地對我說：「我希望他們能認識音樂和聲音的世界，這樣就可以接著講到感官。不過我們要看看他們的想像會往哪個方向帶。讓孩子們跟著直覺走，常常會有意想不到的事發生。」

多數人參觀瑞吉歐幼兒園時最先注意到的一點，就是兒童受到尊重。這倒不是說，小孩子到了這裡就可以像電影《小鬼當家》（*Home Alone*）裡那樣爲所欲爲，可以把學校攪得天翻地覆，和老師吵架。所謂尊重，是說老師不會把學生當作什麼事都聽不懂，用哄逗的語調對他們說話，也不會在教室裡擺上一大堆迪士尼式的絨毛動物玩具。老師不會用塡鴨的方式教學生讀寫算，而是鼓勵他們用自己的方式探索回應周遭的世界。

我參觀普藍波里尼幼兒園之後最難忘的，卻是童稚的興奮能夠和嚴肅的作業同步進行。孩子們認眞探索時的那份專注，令人既感動又振奮，然而，他們的專注中仍然笑語不斷，和平日所見的六歲以下幼兒嬉戲時的情形沒有兩樣。瑞吉歐教育理念重視遊戲，早在腦部掃描證實遊戲有益之前。幼兒們在這裡的一切作業，都是在遊戲的精神中完成。

創始人馬拉古奇的一大原則即是：「不能高高興興做的事就不要做。」普藍波里尼有這些目的嚴肅的作業之外，也給幼童充裕的時間隨性嘻鬧。我去參觀的時候，就看見四歲大的孩子們在樹上小屋玩角色扮演，還有一群孩子裝扮成中世紀武士追來追去。

參觀結束之後，我和瑞吉歐的其他外來訪客閒談了一下。他們都稱讚孩子們作業之有深度，以及孩子們專注的能力。老師們能夠從旁引導而不喧賓奪主的技巧，尤其令他們佩服。

在美國加州聖塔蒙尼卡（Santa Morica）主持瑞吉歐式幼兒園的瑪麗・哈澤爾（Mary Hartzell），每隔幾年就要回來充電。她的幼兒園畢業的孩子在各種學校裡表現都好。她說：「他們畢業的時候都是有創意想法、學習能力非常強的孩子。他們有待人、溝通、解決問題的能力，能配合團體的活動，但是仍舊保有個人的自主意識。」

當然，並不是人人都對瑞吉歐教學法讚不絕口。有人批評這套方法只對富裕家庭的小朋友有效用，工人家庭的幼兒往往需要多一點——不是少一點——大人的教導。有人說這種方式偏重與大範圍的社區連結，太以義大利經驗爲本，搬到別的國家未必適用。支持瑞吉歐的人士則予以反駁，說這是適合所有社會階層的幼兒教學法。普藍波里尼收的學生就有低收入戶的孩子和外國移民的子女，甚至也收了吉普賽人的小孩。

瑞吉歐理念也的確適用於義大利以外的國家。我參觀過紐約曼哈頓一所瑞吉歐模式的幼兒園，雖沒有普藍波里尼的大片田園，卻運作得一樣好。非瑞吉歐模式的幼兒園，也紛紛採取瑞吉歐式的作業啓發、記錄過程等方法。

此外，主張讓幼兒過幼兒生活的其他教育理念，也在世界各地的學前教育中越來越受重視。蒙特梭利（Montessori）、史代納華德福（Steiner Waldorf）就是兩個顯著的例子。這兩種模式和瑞吉歐一樣，都避免採用考試、評分、正規課業的方針，以便讓幼兒發揮天生的好奇心和喜好遊戲的精神。瑪麗亞・蒙特梭利（Maria Montessori）的名言即是：「遊戲就是兒童的正業。」

這種觀點的教育模式顯然也是成功的。以相似家庭背景的兒童做成的研究證實，蒙特梭利幼兒園畢業的孩子上小學以後，學習讀寫算比較快，也比較能解答複雜的問題。蒙特梭利畢業的孩子尤其能夠融入同儕的團體遊戲和合作行動。

參訪普藍波里尼之後，我轉往世界的另一端去參觀華德福學校的運作。香港的海格學校（Highgatre House）坐落在山上，視野美麗，遠景是一望無際的海，近景是樹木茂密的山坡和精緻的一座座別墅。大廈林立的都市香港都在視線之外。

學業提早的想法在香港幾乎成爲迷信，海格學校是僅有的一所華德福幼兒園。我踏入大門後所見的景象，實在與香港的其他幼兒園有天壤之別。幾乎每個孩子都在遊戲之中。我看不到趴在書桌上學寫中文字的幼兒，只看見一些孩子圍成一圈坐著，看著圓圈中心的老師點起一根蠟燭，又聽著老師在木琴上奏出幾個音符，這都是講故事的前奏。其他的孩子在遊戲場上自己玩自己的，這裡有攀爬架、一大籃松果、積木塊、汽車輪胎、遊戲沙坑，還有一個兔舍，裡面養著三隻兔子。

林茱麗是教務組長，她告訴我，從別的幼兒園轉到這裡來的孩子，往往都是被讀書寫字的功課壓得受不了或生病的。其中有些孩子剛來的時候只是呆站在教室中央，因爲他們不知道該怎麼玩，也不會主動和人交朋友。錯就錯在香港人期待連鞋帶還不會繫的幼童能讀能寫能算。林老師說：「大家心裡都明白怎樣教幼兒是對的或不對的，可是，如果別人都在朝一個方向走，你不跟著走是需要很大勇氣的。」

張先生可以證實此話不假。他是一家投資公司的老闆，是當然的香港專業精英。但是他的想法和多數同樣有事業雄心的人不同，他決定與潮流的壓力對抗，不讓兩歲大的女兒碧翠受學業提前起步之苦。同齡的其他幼兒每天要坐在教室裡面對黑板幾小時，碧翠每星期只有三天要到海格學校，在這裡遊戲兩、三個小時。

張先生來接碧翠的時候和我見了面。我和他閒談的時候，碧翠和一個朋友在遊戲沙坑裡鏟沙子玩。兩人爲了搶一個鏟子爭執起來，因爲沒有大人介入來調停，他們自己想出解決問題的辦法，一起挖洞再填滿玩了好幾遍。

張先生說：「這個學校令我欣賞的是作風隨和，不會催著小孩子做這個做那個，也不會操之過急地要小孩子學什麼東西，不會要求他們符合小孩子該是什麼樣的單一模子。我看了不少有關兒童發展的書，知道碧翠的這個階段最重要的就是玩得開心、對她自己在做的事感興趣、和別的小孩子互動。正規的學業是以後的事。」

決定不要暖房催熟式的學前教育，實行起來並不容易。親朋好友都警告張先生，碧翠可能發展停滯。連他自己也存有疑慮。「起初我擔心她到這裡來雖然玩得開心，卻會趕不上別人，所以打算先試兩個月再說。」他說，「她確實喜歡這裡，而且邊玩邊學到了很多東西，例如動物的名稱啦，飛機和直升機有什麼不同啦。現在她說話比上學科幼兒園的同齡孩子都清楚，知道的東西好像也多得多。她也比較容易和人相處。等到要進小學的年齡，該具備的條件她一個也不會少。」

香港的小學校長也有同感。有些校長抱怨，提前教育的幼兒園出來的孩子欠缺學習熱情，待人的技能也不行。海格的孩子正相反，進小一的時候都是活力充沛而渴求新知，和世界各地的華德福、瑞吉歐、蒙特梭利幼兒園畢業的孩子一樣。目前正有一群香港家長發起創辦華德福式小學的運動，希望能與海給特學校的教育銜接。

不過，積習不易改。爲了幫孩子順利進入偏重學科的香港小學之門，海格學校現在爲四歲以上幼兒開了選修的識字與算術課程。這些課仍然包括大量的美勞和運動在內——孩子們要在地板上踏著字形走步，林老師卻認爲這對如此年幼的孩子而言是必要之惡，她歎了一口氣說：「可見這種偏執已經深到什麼地步了。」

倒是海格學校的家長仍有許多人固守著原始的宗旨。張先生就不打算讓女兒在學齡以前學習讀寫。眼見碧翠學得輕鬆又快樂，他和家人都成爲華德福的忠實信徒，曾經表示不以爲然的朋友們也開始考慮把自家的孩子送來。

我收拾好東西正要離去，碧翠跑過來挨著她爸爸，興奮得上氣不接下氣，說沙坑裡有東西。「蜘蛛，」她的臉上綻出笑容，「有好多腳！」

張先生笑著摟住她。「這種時刻就是你一輩子也不會忘的。」他說，「我兒子亞伯特下個學期也要進來了。」

因爲有幫幼兒擺脫正規學業桎梏的呼聲，也帶動一種更徹底革新的學前教育模式呼應。這種幼兒園沒有書、沒有著色本、沒有蠟筆、沒有立體方格鐵架和鞦韆、沒有一箱箱的塑膠或木製玩具、沒有監視錄影設備和電腦、沒有橡膠化的遊戲場，甚至沒有屋頂和四壁。這是因爲幼兒們是在室外的大自然中活動學習，和盧梭在十八世紀時提出的主張差不多。「戶外幼兒園」是斯堪的納維亞國家自從一九五〇年代起就有的，現在已經傳遍歐洲和以外的地區。

只要旁觀過孩子們在樹林中消磨一下午的情景，就知道大自然是終極的遊戲場，也是原始的教室。早在黑板白板問世以前，小孩子就在戶外學會觀察自己周遭的世界，學習操作運用其中的東西，並且從中得到樂趣。

瑞士蘇黎世的私立湖濱學校（Lakeside School）在二〇〇三年決定增設一所戶外幼兒園。起因是學生表現退步了。老師們已經注意到，來到幼兒園的孩子肌動技能很差，不會主動做什麼，只等著大人指示才照著做。他們也很難專注在一件事上，不容易注意到細節，不懂得樂在當下，因爲他們老是按捺不住要挪往下一個建構好了的活動。湖濱學校拿出來的對策就是回歸大自然。

每週有兩天，風雨無阻，三、四歲的幼兒們要徒步走入蘇黎世郊外的樹林。校方一開始也排好了預定作業，這是爲了安撫家長，但開學沒多久就取消了這種造成反效果的方針。因爲沒有固定的課表，幼兒們每天早上自己選擇要探索的題目。前一陣子，初春的某個星期，他們有一天在觀察樹木和灌叢冒出來的新芽。結果突然下雪了，學童們就動手造起愛斯基摩冰雪屋來。這星期的週末一場暴風雨過後，孩子們又以一天上學時間幫忙公園管理員清理伏倒的樹木，用的工具是袖珍鋸子。他們在潛移默化中，學到了其他幼兒要坐在教室裡聽講灌輸才記住的基礎知識。他們從比較石頭而學會分辨形狀，在撿樹枝和落花的時候學習了數字。他們從觀察鳥的羽毛和樹葉隨季節改變中學會區分顏色。他們從聆聽鳥叫蟲鳴學習了聲音的不同。到了上小學的年齡，他們已經被培養成有自信、能專注、求知欲強的孩子。

戶外幼兒園的老師也和瑞吉歐、華德福、蒙特梭利教室裡的老師一樣，力求在教導方式上放鬆。給孩子們空間和時間進行自主的學習，才是他們的優先考量。湖濱幼兒園主任麗絲·布魯姆（Liz Blum）認爲，在大自然的環境裡比較容易做到這一點。「看見孩子們在樹林裡面探索、遊戲、擔起責任、犯錯之後從錯中學習、照他們自己的意思做一件事，你就知道小孩子本來就應該是這樣。」

我們從這些實例可以歸納的結論是：正規的學業教育無須提早，隨意遊戲是童年早期的根本元素，學習的方法很多，不是只有一種，所以親職也不是只有一種模式。

張先生看見女兒在海格學校過得好，自然有助於紓解他自己的親職壓力。他說：「我們要接受給孩子時間和空間的理念，把這個理念應用在幼兒園以外的地方。我希望碧翠的生活是爲她自己而過，不是爲了我而過。」

4 玩具：只按一下鍵的遊戲

你以爲木頭的動物是簡單的東西，才不是呢。

——希爾達・杜立德（Hilda, Doolittle, 1886–1961），詩人

漢姆利（Hamleys）是全世界最大的玩具店，也是歷史最悠久的玩具店之一。一七六〇年在倫敦開幕的時候，創業老闆表示，希望創造出一個可供兒童逃離成人世界的地方。這種精神如今仍然保存了許多。現代化的漢姆利有七層樓，陳列四萬種玩具，吸引遊客的方量不亞於白金漢宮和倫敦塔，每年到此一遊的家庭超過百萬。許多人來購買玩具，也有許多人只是來享受這裡的氛圍。

攝政王街（Regent Street）上如今雖然林立著成人的時裝精品店，漢姆利仍給人不被成年染指的感覺。一樓是填充動物玩具的天地，獅子、熊、青蛙、豬、狗、河馬，應有

盡有。工作人員的裝扮與示範玩具的活動，營造出嘉年華的氣氛。我來的這天上午天色灰濛濛的，大門口有個小丑拿著塑膠槍向魚貫進入的孩子們吹泡泡。一個有山羊鬍的年輕男子在人群頭頂上抛出一架保麗龍的飛機，像回力飛鏢一般掃過。有一群孩子擁在一個攤位前，一位店內的職員正在玩小銅盆下面蓋著的錢幣消失又出現的魔術。

這一層樓充滿童年幻想的天馬行空，沒有大人干預的焦慮。二樓則是另一種情景。這裡是學前區，遊戲在這裡是嚴肅的正事，到處可見的是擔保把你家心愛的寶貝變成「超童」的玩具。只看玩具的品牌就明白其功用何在了——「天才寶貝」、「超智積木」、「驚奇寶寶」。這裡的空氣似乎也是比較冷靜的。其他各樓層都有陣陣小孩子的笑聲和驚呼；這裡的顧客以大人為主，安靜得令人不自在，也令我想起台北誠品書店的親子書籍部。

我到漢姆利是為了給女兒買個「瑪德琳」洋娃娃當作三歲的生日禮物，但是忍不住參觀了一下學前玩具部，因為這裡的東西太吸引人。其中大多數都保證結合了最尖端科技與最新的腦發育研究成果，完全是為了提供孩子在起跑點上的優勢。有專教嬰兒識字及外語的DVD，有可以發出動物叫聲的塑膠農莊，有具備音效且人物都能發聲的電子書。有一種「小小愛的奇妙輪」，特別為掛在汽車前座椅背上設計的，能發出各種聲音與閃燈的組合，可以為後座的嬰兒提供娛樂和持續刺激，甚至還附有方便嬰兒操作的遙控器。我想起兒子小時候在後座上一路哭鬧到睡著方休的情景，不知道這種奇妙輪是否真能解除那種旅程之苦。

玩具包裝上的措詞，絕大多數是以打動父母親的心為目的。跳跳蛙（Leapfrog）出品的「抱抱唱唱動物地球」，是一種會播放歌曲和動物鳴叫聲的軟球，包裝上說：「每一滾一拍都是一次學習。」許多玩具製造公司會發表每件玩具益智功用的排行榜。奇妙輪是益智作用涵蓋了七個類項：感官、粗肌動技能、精細肌動技能、物體識別、認知、溝通及語言、情緒智能。看到這裡，我突然覺得瑪德琳娃娃這種低科技產品根本一無是處。

其實並不是只有我會這樣越看越恐慌自責。一項非正式的投票顯示，許多選購學齡前玩具的人既想買好玩的玩具，又覺得不該不買促進腦發育的玩具。如果一件玩具能夠兩者兼顧，自然是再理想不過。物理治療師安琪拉・戴理原本是到這兒來給她三歲大的兒子買一組木頭小火車，結果除了買到小火車，她也帶了「偉易達」（VTech）出品的一種「寶寶生活探索學習機」回家，因為這東西保證「能幫學齡前寶寶做好提早學習的準備」。

「我會覺得玩具應該是好玩的簡單東西，就像我們小時候玩的那些一樣。」她說，「可是我也會想到：現在有那麼多新科技和科學新發現，反正一樣是給我兒子玩的東西，何不挑一個可以把他變得更聰明的玩具呢？」

這種概念是近代以前的父母想也想不到的。兒童有玩具早在人類有記諸文字的歷史以前，有些玩具自古到今幾乎沒怎麼改變。考古學家挖掘印度河谷文明遺址，發現了小推車和形狀像鳥的哨子，都是將近五千年以前的。公元前十一世紀的波斯人給小孩子的玩具有石灰石的篷車，還裝著木製的車軸。古希臘羅馬時代的兒童會玩球、搖土製的撥浪鼓、騎木馬、打陀螺。古文明的人們卻從未想到，玩具竟可能有助於培育出更好的孩子。我們的祖先買玩具或做玩具給孩子玩——以免孩子吵鬧，或者讓孩子自己用石子、木棍或其他隨手找到的東西做成玩具。所謂適當的玩具可能促成孩子與優越的家族聯姻，或是在宮廷裡謀得職位的概念，是從未有人想過的。

情況改變是從十七世紀開始。歐洲文化之中兒童的地位提高，玩具工業興起，玩具在人們眼中也漸漸變成不只是拿來玩的東西。玩具成爲可能磨練孩子頭腦的工具，是達到目的所使用的手段了。像洛克這樣的知識分子，會鼓勵父母親去物色兼具教育功能和娛樂效果的玩具。玩具的製造業者也以行動回應。最先出現的是印了字母的遊戲紙牌。漢姆利開始營業後不久，拼圖玩具在英格蘭問世，當時的廣告詞是說拼圖是教授歷史和地理的工具。早期的棋盤遊戲——如「算術娛樂」——也擔保有學習算術的功用。

不過，專門爲增進智力與強化特定肌動及認知技能而設計的玩具，是更晚近才有的現象。起點雖然早在一九二〇年代，教育功能玩具的市場眞正興旺是在一九九〇年代，也就是兒童的競爭壓力急遽加重的時候。如今，工業化國家花在玩具上的錢有大約一半是用於學齡前玩具上，這一半的大部分則是投注在所謂強化腦力的產品上。美國小布希總統（George W. Bush）在二〇〇七年國情咨文中，推崇了三位造福公眾值得表揚的公民，其中一位即是「小小愛因斯坦公司」（Baby Einstein Company）的創業老闆。

不用說，有許多「教育功能」的玩具不過是傳統式玩具冠上新的品名。漢姆利的高音木琴和兒童玩了將近四千年的那種樂器，大致沒什麼兩樣，但是包裝盒上卻說這是具有多項促進認知發展功用的，從最基本的刺激感官到調整社會技能都包括在內。

有些玩具自稱所設計的發聲、閃光等等新奇的互動招式兼具娛樂和教育的效能，卻令人懷疑是誇大其詞了。

先說娛樂吧。在親子兩代界線不明的時代，我們假定小孩子的好惡和我們自己的相同，如果面對一個不會動不發聲的瑪德琳娃娃和一個會閃光嗶嗶叫的新奇設計，二十一世紀的兒童應該會選擇後者。事實果眞是這樣嗎？

爲了要確知答案，我去參觀了布宜諾斯艾利斯的一項實驗。由於阿根廷首都的電子玩具售量暴增，當地家長們漸漸懷疑究竟値不値得爲高科技玩具花大錢。這個慵懶的週日上午，國際遊樂協會（International Play Association，簡稱ＩＰＡ）進行實驗時，我是不速之客。實驗很像可口可樂與百事可樂的口味喜好實驗，要測試十二名三至八歲的兒童中意哪種玩具。

實驗的房間寬敞而通風，木質地板光滑潔淨，天花板上有布簾罩住的裸露燈泡。四周牆上有一些手指繪畫。每件玩具都放置在單個鋪墊上，包括一堆堆各式的樂高積木、木塊積木、骨牌、洋娃娃、塡充動物玩偶、拼圖、疊疊樂、袖珍型帳篷，以及各種電玩。

有一位名叫里奧的年輕男子——有點像未戴扁帽的格瓦拉（Che Guevara）——把玩具介紹了一遍，實驗便開始。有兩名小男孩立刻筆直走到樂高積木那裡。三個小女孩拿了塡充的八爪魚玩具開始攻擊里奧。一名五歲大的男孩，反戴著棒球帽，直衝電玩。他打開手提電腦型的玩具，依照螢幕顯示的字母按鍵，每次按對鍵就會有一聲鈴響。起初他玩得很興奮，但是玩了不過幾分鐘，他就放下玩具，遊蕩到樂高積木那邊。一名四歲大的小女孩拿起一個色彩鮮艷的電子玩具匣，用力按著上面的圖鍵，每按一個就有聲音把這個圖模的英語發音念出來。這匣子念道：「樹，房子，汽車。」里奧坐在她身旁，問她話，做出有趣的聲音，想把這匣子弄得更好玩，可是她很快就失掉興趣。她說：「還是跟人講話比較好玩。」說著便起身走開，去拿起洋娃娃。

趣味最多玩興最濃的，似乎都是最簡單、能給孩子較多想像空間的玩具。一名八歲大的穿著藍色運動衣褲的男孩跪著用積木搭起一排高塔。「我還不知道要搭什麼，」他說，「可能是城堡或是監獄或是一條船，也許是太空船。對了，是太空船。」然後他講起曲折的故事，是太空人要駕駛太空船到銀河系的另一端，去找一種特殊的岩石，途中遇到外星人而展開戰鬥。

實驗進行了快要一個小時的時候，半數以上的孩子都擠在樂高積木那邊玩。他們在氣氛友善的安靜中聚精會神地玩，有人專注得皺起眉頭，不時有人停下來讓別人看自己的成果，或是搜尋自己要的某種形狀，也有較大的孩子幫年幼的孩子把兩塊積木用力套成一塊。偶爾會有一個孩子開講，述說自己做成的是什麼。一旁放著電子玩具的鋪墊上空無一人，孩子們早就把那些都拋到腦後。等到里奧宣布一小時的時間到了，遊戲必須停止，孩子們發出了不願停止的怨歎。

一小段休息的時間過後，這些孩子在地板上坐成一圈，討論剛才的遊戲。里奧問大家最想把哪一件玩具帶回家，多數人選中的是樂高、拼圖、木塊。他問有人要帶電子玩具嗎，大家都搖頭。一名六歲大的女孩說：「我們家裡都有那種玩具，玩一下就沒意思了。我喜歡可以用來造東西的玩具。」

國際遊樂協會的這次實驗當然不是有絕對權威的，因爲採用的玩具不夠多，兒童最喜歡的高科技玩具——電視遊樂機，也沒有列入實驗。但是這次實驗仍舊提出了值得深思的問題。例如，所謂電子時代的兒童自然會偏愛電子玩具的說法，未必是事實。

多數父母親有過大致同類的經驗。你給不滿三歲的孩子買了昂貴的高科技玩具當作聖誕禮物，拆開包裝之後，你按照說明書把電池裝好，再把這新奇的東西遞給孩子，孩子接過去就放在一邊，反而拿著裝玩具的盒子玩起來，把這盒子當作他自己編的故事裡的人物，或是拿它當頭盔戴、當作小房子。

甚至比爾・蓋茲這位高科技教父也知道，小孩子需要自作主張地玩，不喜歡聽從玩具的指示。「假如你看過小孩子用便紙箱和一盒蠟筆創造出一架太空船——上面的儀表板有模有樣，或是聽過他們隨性訂下的遊戲規則，例如：『紅車可以跳到別的車前面』，你就會曉得，創新的童年遊戲其實就是起於想要讓玩具的功用再多一點的那種衝動。這也正是創造力的本質。」

國際遊樂協會的實驗結束後，家長們聚在一起討論。有人對於高科技玩具竟然受冷落感到意外。一位母親說：「我難免懷疑這些電子玩意究竟是以誰為目標，是要吸引爸媽媽還是小朋友？我們買這些玩具也許是爲了炫耀，或是因爲這樣可以覺得自己才像盡職的父母。」

有的家長說，是看到包裝上標明「教育功能」才買的。一位父親說：「小孩子不喜歡蔬菜，可是不能因爲不喜歡就不吃，該吃的仍舊得吃。也許教育功能的玩具就像蔬菜，不好玩，可是對於發展是有益的。」

眞的對發展有益嗎？教育功能的玩具雖然是投下了研究、設計、電路系統、測試、製造、行銷等各種工夫的產品，它們眞能做到廣告所宣傳的使孩子變得更聰明嗎？簡單的回答是：目前無人確知。

神經科學尚在起步階段，粗淺的知識不足以證明不同的玩具怎樣影響腦發育。玩具公司即使要爲自己在包裝盒上的廣告詞辯護，口徑也不一致。有的人表示，現代的兒童和早幾代的不一樣了，他們需要有人在後面支持和督促，在前面引導，才能夠發揮創造力，教育功能玩具就是能把遊戲導向建立更敏銳的腦力。「跳跳蛙」的行銷經理史考特．艾克索（Scott Axcell）說：「別家業者的玩具讓孩子在與玩具互動的時候，自己去摸索發現。本公司的產品是讓孩子每次觸摸撥動玩具的時候，都爆發學習的火花。這可以使兒童對學習產生喜好，到了入學的年齡，就能以開放的心接受學習有趣的事實了。」也有一些業者態度比較謹慎，知道教育功能玩具增進腦力之說並沒有確鑿的證據。費雪玩具公司（Fisher-Price Company）的兒童研究部主任凱絲琳．奧法諾博士（Dr. Kathleen Alfano）直截了當地承認：「沒有證據說這類玩具能使小孩子變聰明。」

果眞如此，我們就該問：我們眞的還需要電子玩具嗎？有些人士認爲，早期接觸互動DVD或高科技學習機，不論能獲得什麼益處，都是用老式玩具做簡單遊戲也可以得到的，而且後者的益處可能更多。許多專家認爲，標示教育功能根本是玩具商的行銷伎倆。英國的《優良玩具指南》（*Good Toy Guide*）每年發表上市新產品一覽表，十分具有威信，卻不理會玩具業的施壓，拒絕另闢一個「教育功能類」。主編卡洛兒・波頓（Carole Burton）也是英國國家玩具及休閒文圖資料庫（National Association of Toy and Leisure Libraries）的評估經理，她表示：「玩具上貼的教育功能標籤是沒有意義的，爸爸媽媽沒必要花更多錢去買這種產品。他們如果去買所謂教育功能玩具隔壁架子上的東西，會發現，只花不到一半的價錢買的東西，作用是一樣的。」

設在斯德哥爾摩的「國際玩具研究中心」（International Toy Research Centre）的立場相同。該中心的創始人兼所主任克利斯特・史文森（Krister Svensson）說：「有教育功能的是遊戲的環境場所，不是玩具本身。我們可以製造一種強迫孩子非按一定方式操作不可的複雜玩具，可是，孩子重複把鞋盒的蓋子掀掉再蓋上的動作，也能學會我們要他學的。」

另一種更具爭議性的說法是，電子類的玩具不但浪費錢而且可能是有害的。因爲電子玩具能做的太多，孩子反而變成旁觀者，變成巴夫洛夫（I. P. Pavlov）試驗中的狗學會條件反射（按一下按鈕就得到預期的結果），並不會自己另外想像或解決問題。甚至有些傳統型的玩具也變成只能按指定的方法玩，兒童自創玩法的空間隨之縮小。樂高積木就是一個例子。以前樂高公司最賺錢的是長短大小不同的混裝積木盒，孩子可以憑自己想像隨意組搭任何東西。如今樂高公司半數以上的獲利來自主題積木，是專爲組合一種成品——例如「滅星者驅逐艦」、「生化戰士」——而設計的。我兒子有好幾組，每一組都是只玩一次，組合完畢之後，不會再用那些組件去設計他自己想像的東西。史文森說：「糟糕的是，小孩子可對於接受別人的想像輸入上了癮。小孩子眞正需要的是更多不接受輸入的時間，更多處理自己經驗的時間。」

玩具業者反駁說，二十一世紀的孩子需要比較多的預設的故事情節和標示明確的故事人物，比較多的來自大人的灌輸，才能夠進行遊戲。專家說這是一派胡言，現在的兒童和五百年前的兒童的遊戲需求是一樣的。麥可·布羅第博士（Dr. Michael Brody）在馬里蘭大學（University of Maryland）講授「兒童與媒體」，也是美國兒童及少年精神病學學會（American Academy of Child and Adolescent Psychiatry）的「電視及媒體委員會」的主席。他認爲現代的玩具往往流於高度有結構的設計，與他觀感相同的人不在少數。他說：「遊戲是由兒童去做的，所以，基本的玩具——積木、洋娃娃、輪子拉車、泥土、顏色筆、紙——就是最好的。有很多現代玩具是硬要兒童照著別人說的故事玩，不讓他們發展自己的想像力。」

這個論點和有關童年的其他議題一樣，是不宜照單全收的。畢竟，至少早在十九世紀就有人擔心玩具可能導致文明滅亡。英國小說家瑪麗亞・艾吉沃斯（Maria Edgeworth）認爲，洋娃娃和戰士玩偶會妨礙體能鍛鍊和運用想像力的遊戲。愛默生（Ralph Waldo Emerson）把一切人造的玩具都貶爲偏離自然世界教導正軌的邪惡。他曾說：「我們在孩子手上和育兒室裡放滿各式各樣的洋娃娃、鼓、小馬，拉住他們的注意力，使他們看不見大自然豐富事物的樸素原貌，看不見太陽、月亮、動物、水、石頭，這些才應該是他們的玩具。」早在「天才寶貝」的影碟和互動學習機沒有問世以前，就有人警告，過動的玩具會造成孩子動不起來。一八九〇年代曾有觀察者說：「發明玩具的人投入的想像和機巧越多，孩子能發揮想像和創造力的餘地就越少。」儘管人們有疑慮恐懼，世界上仍然產生了一代又一代健康而富於創造力的孩子。

但是，我們現在如果有這種疑慮，未必是杞人憂天。漢姆利玩具公司二樓展示的玩具，比十九世紀的任何產品都能幹。偉易達的「魔法自動球」把兒童變成被動旁觀者的可能性，遠遠超過搖搖木馬和布娃娃。在到處硬體連線的世界裡，電子類玩具有當然的一席地位，但即便是業者自己也不贊成狼吞虎嚥地消費。一家著名玩具公司的教育功能開發部主任就表示：「我們眼前的最大挑戰是，如何使爸爸媽媽們明白，電子類遊戲並不是『既然少量很好，大量就一定更好』的東西。爸爸媽媽們必須憑常識找到恰當的平衡點。」另一方面，有越來越多的證據顯示，低科技的、能讓兒童照自己的意思去玩的玩具可以促進學習。國際玩具研究中心不久前做過一項實驗，在瑞典的一些小學裡安排了布里奧（Brio）的木頭火車以及其他簡單的玩具，鼓勵小朋友在課間休息的時候去玩。結果發現，學生上課時變得比先前安靜而更能注意聽講。史文森說：「學生這種改變令老師們大為驚訝，以前他們到學校一個小時才能靜下心來，現在一進教室就能開始學習了。」

有些父母親在自己家裡也發現相同的實驗結果。美國加州聖地牙哥的麥可與露西・諾克斯夫婦，在兒子山姆出生後，就花了一筆錢買進各種教育功能的電子玩具。麥可回憶當時的情形說：「家裡面嗶嗶聲、動物叫聲、西班牙語教學聲、各種聲音響個不停，就和遊樂場裡一樣熱鬧。」但是山姆並沒有發展成爸媽期望中的「超童」。他的脾氣暴躁、有攻擊性、開口說話的時間特別晚，而且在遊戲時表現不出想像力。他滿三足歲的那天，諾克斯夫婦的一位心理學家朋友暗示，山姆可能是刺激過度了。爲了求證，諾克斯夫婦把電子玩具全部收起來，只給山姆一些簡單的木製玩具玩。不過幾星期時間，山姆就開始有了改變。他會自己編故事了，隨手拿到什麼東西——不論是筷子、髮梳、鉛筆——都能當成故事裡的人物。他的脾氣也不像先前那麼急躁了。現在四歲大的山姆在幼兒園裡如魚得水。麥可說：「大概是因爲我們以前給他的玩具把能做的都做了，他反而什麼都不能做。一旦有這些玩具讓他自己去探索、表達，不指揮他該怎麼做怎麼想，他就能自在地發揮了。」露西也點頭說：「做父母的會以爲，最新型的、最貴的、尤其是所謂有教育功能的玩具，就是對孩子最有益的。其實不盡然，小孩子需要的是可以讓他們眞正做小孩子的玩具。」

玩具業者有沒有聽到這些心聲呢？有些觀察者已經看見轉向的跡象，業者不再傾全力開發做得太多的玩具。我爲了要看看轉向的幅度有多大，就去逛了一下二〇〇七年的英國玩具博覽會（British Toy Fair）。會場在倫敦東區，是一座很大的現代化會議中心，有來自世界各地的將近三百個參展攤位。家喻戶曉的費雪公司、偉易達等玩具業者都沒有缺席，另外還有很多名不見經傳的業者乘機兜售他們希望能成爲市場明日之星的產品。場上有大批買家和賣家走動，營造出來的是商賈集會上常見的那種活絡的、略微沈悶無趣的氛圍，令我想到漢姆利的二樓。

會場上的許多業者在鼓吹教育功能，攤位上掛著諸如「遊戲中學習」、「旣遊戲又學習」的漂亮標語。顯而易見，科技在這裡是稱霸的。甚至布里奧公司也推出一個「聰明鐵道」系列產品，裝配了微晶片的火車引擎會發出鳴聲，到站時會停下。有一位年輕的發明者，名叫伊姆蘭·哈金姆（Imran Hakim），到會場來促銷他新發明的「智慧泰迪熊」，這隻毛茸茸的玩具熊的胸腔裡有個人用的媒體播放器，能夠下載故事、卡通、線上個別輔導。

哈金姆說：「爸爸媽媽都想讓孩子在起跑點上就領先。」

「這倒沒錯，」我說，「可是小孩子自己是怎麼想的呢？你確定他們眞的喜歡泰迪熊變成多媒體播放平台嗎？」

哈金姆以忠實信徒的熱忱答道：「幼兒也需要高科技。有了這個，他們可以走到哪兒都帶著影音播放，上床的時候也一樣方便。」

一週之後，我在英國國家廣播公司電視播出的《龍之窟》（*Dragons' Den*）節目上，又看見了哈金姆。這個節目是由創業者提出自己的發明，爭取在場五位貴賓的投資意願，這五位「龍」的批評挑剔是毫不留情的。其中一位是鄧肯・班納定（Duncan Bannatyne），他拿智慧泰迪熊開刀了：「在孩子上床的時候講故事給他聽，是爸爸做的事，我可不願意被一隻泰迪熊取代。我希望這東西做不成。」他也許不能如願了，因爲另外兩位龍同意投資智慧泰迪熊。哈金姆說，已經有零售業者找過他。

再回到玩具博覽會上，反對高科技把玩具攪過去的人也不是沒有。智慧泰迪熊的隔壁攤子是一位大衛・佩特曼（Dave Pateman）坐鎮。他六十來歲，態度和藹可親，來自英格蘭南部海岸小城布恩茅斯（Bournemouth）。他的本業是木工與廚房設計，轉業後成爲玩具業的低科技大衛，力戰高科技的巨人歌利亞。

他轉業的緣起是發現自己的兩個孫子（分別爲五歲與九歲）迷上電視遊樂器，「兩個人一天到晚盯著電視手按遊樂器的按鈕。如果沒有在玩，他們又嘀咕說好無聊。」某個夏日午後，一家人都坐在院子裡，這兩個孫子抱怨沒事做好無聊。佩特曼忍不住衝到車庫裡去翻找，拿出一截管料和一個磨光了表面的網球。他把管子豎在地上，要大家來試試看，誰能把球在地上一彈就跳進管子裡。大家試過才發現，比想像中難，也比想像中的好玩。不知不覺玩了兩個小時，一家人意猶未盡。兩星期之後孫子們再次來訪，主動要求再來玩彈球入管子的遊戲。「我自己根本把這回事全忘了，兩個孫子卻都記得，」佩特曼說，「所以我才靈機一動。」他先做了一番市場調查，才決定要把一時興起的廢物利用變成有銷路的玩具。他畫了一些設計圖，便飛到中國去找製造者。成果便是這定價九・九九英鎊的「青蛙跳洞」：堅固的防水塑膠管，配上兩枚裝飾著青蛙圖案的橡皮球。

我會走到佩特曼的攤位來，是因爲有一對大約六歲和四歲的姐弟在這裡玩青蛙跳洞。他們是我這一天參觀之中僅見的兒童，兩人玩得很高興，又笑又說。後來他們的父母親過來才把他們拖走。於是就輪到我來玩了。一連幾個小時操作會場裡的各種精密電子產品之後，這東西使我一玩就上癮了。「這是再簡單不過的東西——把球彈進洞裡，可是小孩子就是喜歡。」佩特曼說，「這當然有益手眼協調的發展，我們在廣告上也強調了這一點。但是基本上它就是個好玩的東西，而且可以把孩子從電視遊樂器那邊引過來。」採購者和玩具連鎖店都對這個青蛙跳洞很感興趣。

會場上還有其他人也在實踐玩具少做讓兒童多做的理念。來自斯里蘭卡的蒂娜・古納瓦它納(Tina Gunawardhana)告訴我，西方社會的兒童可以多多向她本國的兒童學習。斯里蘭卡的兒童會用木棍、石子、大人棄之不用的東西當作道具，花上幾小時創造自己想像的世界和複雜的遊戲。「西方的兒童生活中的一切，都是杓子送到嘴裡餵的，包括遊戲在內。」她說，「後果就是，他們的想像力停擺，很容易覺得乏味無聊，永遠在等別人用盤子端上新的電子刺激或經驗。」

古納瓦它納出售的是鼓勵孩子發揮創意的漂亮木頭玩具。銷路最好的包括一些可以放進淺盒子的鳥獸和魚，顏色都十分鮮明。「我們本來可以配合這些再做一個方舟，或是水族箱，可是又決定不做，因爲想讓孩子自己去想要怎麼弄。」她說，「他們可以用空的鞋盒、不要的寶特瓶做成方舟或是動物園、方族館。我們希望小孩子能盡量發揮想像力。」

推出類似這種給孩子更多創作空間的玩具，不是只有特立獨行的人和夫妻經營的公司在做的事。有些大玩具公司也想要開發少發號施令多啓發眞正遊戲的玩具。我在樂高公司的攤位上，看到好幾位採購者在查看二〇〇三年推出的「創意大師」系列有什麼新項目。這套積木的盒裡都附有組合三種模型的圖示，例如「超音速戰機」的積木組可以組成噴射機、氣墊船、直升機。此外還附有可拼組模型的其他參考照片。積木片也比較屬於通用性質，可以與其他系列的樂高產品混用，按使用者的想像派上用場。一位購買者說：「我喜歡的是用法比較不設限、不會只能組合一種模型而沒有別的玩法，小孩子可以用這一套積木創作出別的東西。」

我離開樂高攤位之後，心情開始走下坡。把玩具和大企業拉在一起，難免有華而不實的感受。而且我一直在談兒童的話題，卻沒有聽到兒童怎麼說。我的感覺就好像參加了一場只有白種人出席的多元文化討論會。這時候我又正好走到會場的托兒區。第一個意外發現是，這裡眞的有幼兒。第二個意外是，托兒室裡面並沒有準備一大堆最新型的電子玩具，有的只是老式的、給孩子充分創作想像餘地的東西：木製積木、圖畫書、裝扮角色的行頭、塡充動物玩偶、攀爬架、培樂多黏土（Play-Doh）、彩色筆、紙張。這個托兒室完全不用電子玩具，唯一的例外是放在室內一角的PlayStation，沒有人去動它。

孩子們都忙著玩別的東西。兩個六歲大的小女孩緊倚在美勞桌前，正在拿她們用彩色紙剪成的衣服給小人穿。一個小男孩打扮成羅馬軍士，威武地走來走去。還有兩個小孩專心地看著一本關於龍的故事書。

有一位男士走到美勞桌旁來帶他的女兒回去，這小女孩卻不肯走。爸爸拉她，她硬是不動。「麗薇乖，走啦，我們去看外面有好多漂亮的新玩具，」這位焦慮的男士只好誘之以利，「我們看看要不要買一個回家去玩。」

麗薇卻搖頭，說出不堪幼兒糾纏買玩具的父母親巴不得能聽到、卻是會場各攤位促銷者最害怕的一句話：

「我才不要買新玩具！」說著她趴回桌上，「我要在這裡玩！」

5 科技：精密亮麗背後的事實

有了科技這個本領，可以把世界安排成我們不必去親身經歷。

——麥克斯・弗里希（Max Frisch, 1911-1991），建築師

二○○五年一個暖和的夏日，一名二十多歲的男子走進南韓第四大城大邱的一家網路咖啡店。他的名字叫作李勳燮（譯音）。他開了一台電腦之後就玩起「星際爭霸」（Starcraft）。這個線上遊戲模擬地球人流落銀河系邊緣時，爲求生而戰的驚險場面與曲折情節。李勳燮坐下來打了一場馬拉松大戰，歷時五十小時不中斷，只有起身去上廁所或趴下來打盹的時候有短暫的停歇。這期間他只喝了礦泉水，等於完全沒吃東西。

後來他的朋友找到這裡，勸他別再玩下去了。李說他很快就要結束，然後就會回家。幾分鐘之後，他便心臟衰竭倒在地板上，後來就死了。

在線上遊戲的玩家看來，李算是殺身成仁，也可以說是運氣太背。別人卻可能把李之死視為前車之鑑，證實我們的世界到處充斥的電玩應該加上「有礙健康」的警示。南韓有些家長恐怕自己的孩子也可能打電玩導致心臟病突發，所以忙於禁止電玩進入家庭。這種反應也許可以理解。但是，是明智的嗎？

我們生活在高科技的文化中，資訊科技帶給我們很多不壞的改變，這是不可否認的事實。如今有多少人寧願生活中沒有電子郵件、行動電話、網際網路？如果與「行星遊戲」、「小精靈」等單調的早期電玩相比，星際爭霸之類的線上遊戲巧妙複雜得多，也好玩得多。

生活在高科技世界裡的兒童，比上一代人更容易聽從電子節拍的支配。調查顯示，英國十一歲至十五歲的青少年每天耗在螢幕前的時間超過七小時——這比一九九四年增加了三十五％，而且還不包括用手機聊天和打簡訊的時間。美國六歲以下的幼兒盯住螢幕的時間，和在戶外遊戲的時間一樣長。夏令營以往曾是讓孩子探索樹林徜徉湖上的機會，現在有些夏令營變成資訊科技休閒營了，參加的孩子每天有五、六小時坐著打電腦鍵盤，嬰兒也不遑多讓。許多國家都有專供六個月以上嬰兒收看的電視頻道，全天候播放節目。美國六歲以下的幼兒有四分之一是自己臥室裡就有電視的。讀者中也許有人已經給新生兒買了「智慧泰迪熊」。

科技似乎是送給孩子最理想的禮物。我們想讓孩子擁有一切最好的，看見別人家都有的好東西，我們就覺得非給自己的孩子也買來不可。高科技新產品承諾爲孩子日後在高科技世界中的人生打下基礎，而且承諾保障孩子的安全。你如果給孩子買了手機，就不愁想找他的時候聯絡不到。九歲大的孩子如果整天坐在家裡玩「任天堂」，爸媽也就不必擔心他被車子撞到、被變態的人綁票、被壞朋友帶去吸毒。凡是工作忙碌的父母親，都知道電子媒體是十分方便的育兒幫手。我們哪一個人敢說從來沒有爲了有片刻安寧，或是回覆電子郵件、煮晚餐，或只是爲了想看一下報紙，就讓孩子去看《天線寶寶》（*Teletubbies*）或打電玩？我知道我自己就做過這種事。

我們即便把照顧孩子的工作分給電子螢光幕去做，心中仍然存有疑問：這樣仰賴科技是對的嗎？有些高科技的專家權威會大聲說是。例如玩具業者就有人說，現代的兒童必須有大量的道具和刺激才能夠遊戲。他們稱讚這新一代兒童勝過以往的任何一代。有人說，二十一世紀的兒童是「數位原生」（digital natives），長時間與螢光幕、鍵盤、遊戲操縱桿互動是大大有益的。二十一世紀的兒童是走進美麗新世界的先鋒，將帶著人類步向虛擬關係、多重任務處理、二十四小時無休連線的世界。

並不是只有反抗機械化進步的盧德分子（Luddite）才會質疑這種想法，才會懷疑我們花在科技上的時間是不是太多了。已經有越來越多的跡象顯示，資訊科投革命正在導致數位超載，對成人和兒童一樣是負荷過量了。在黑莓族（CrackBerry）的時代，不論我們走到哪兒，電子郵件、行動電話、簡訊就跟到哪裡，吃飯、上廁所、睡覺也不例外。根據前不久的一項調查，有五分之一的成年人會爲了接一通電話而中斷性行爲。甚至高科技公司也開始質疑，時時刻刻保持連線狀態究竟有沒有道理。惠普公司（Hewlett Packard）二〇〇五年做的一項研究證實，電子郵件、電話、即時傳訊的不斷轟炸，導致一般上班族的智商降低十分——是吸食大麻降低智商分數的兩倍。在此之後，以微軟公司（Microsoft）的員工抽樣做的研究顯示，如果正在做的是一件費事的工作——如寫電腦程式或工作報告，在爲了處理電子郵件或即時傳訊而中斷之後，平均需要休息十五分鐘才會回到原來的工作上。多數人會乘此回覆其他來訊，或是上網去逛一下。

有些人士擔心，盯著螢幕的時間太長，尤其是長時間看著快速移動的影像，可能使兒童的腦變成永久的過度刺激狀態。二〇〇四年《兒科學》（*Pediatrics*）發表的一項重要的研究中，美國的研究者發現，一歲至三歲大的幼兒每天看電視的時間每增加一小時，以後發生注意力不足過動症的機率就提高將近十%。這也就是說，每天看「寶寶頻道」三小時的幼兒，入學以後產生注意力不集中的可能性增加了三十%。早有研究報告說過，暴力電視節目會鼓勵某些兒童模仿暴力行為，新近的研究進一步證實，暴力的電玩遊戲可能強化侵略性，並且使玩者對於嚇人的影像習以為常。有一項研究便發現，兒童玩了三十分鐘的暴力電玩遊戲之後，腦前葉的活動會降低，而腦的這個區域正是與專注力與克制衝動相關的。

另一個問題就是近視眼普遍增多。五十年前還不是嚴重的流行病，如今患者佔了世界人口的四分之一，而且正在持續增加。東南亞的比率最高，新加坡和台灣的青少年達到八十%，西方國家也緊追在後。瑞典十二歲的兒童已有半數是近視患者，專家預估，六年後的十八歲青年將有超過七十%是近視眼。有人認為這種激增現象部分，要歸咎於兒童待在室內盯著螢幕的時間太長。

我們該如何看待這些警告呢？從歷史學到的教訓是，不能盡信。每有新科技問世，照例會掀起一陣焦慮。柏拉圖曾經說，閱讀會扼殺記憶、辯論、口述傳統，從而導致文明滅亡。電影剛問世的年代，批評者擔心連串移動的影像會損害觀眾的視力，也可能把觀眾搞得要發瘋。曾經有人痛罵收音機要把兒童變成沒有精神生活的行屍走肉，要把小孩子變成「心理變態」。之後又輪到電視和錄放影機挨批。也許資訊科技和電玩只是新的一輪洪水猛獸。我們可能只是在把資訊科技革命的劇變帶給自己的焦慮投射到孩子身上。

的確有許多負面批評並沒有獲得一致的確認。例如看電腦螢幕導致近視之說，證據仍不足。電玩業興隆引發青少年暴力橫行之說，也還不能成立。還有一些研究對於電視引起注意力不足過動症的說法表示質疑。《兒科學》雖然曾在二〇〇四年發表過斷言兩者相關的研究，卻在二〇〇六年發表證明兩者沒有關聯的研究結果。研究者得到的結論和以前曾有的結論一樣：注意力不足過動症是先天的神經病症，不是爸媽給幼兒電視遙控器引起的。

越來越多的證據也顯示，恰當類型與適當分量的科技其實是有益的。研究指出，讓孩子少量地看優質的兒童電視節目，尤其是在有大人陪著看的時候，即能教導孩子認識周遭世界，也有益於學習識字與數字觀念。此外還可能激發運用想像力的遊戲。我的兒子就會利用電視上看來的題材自己編故事。他會把《星際大戰》（*Star Wars*）影片看上一陣子，然後跑到樓上房間裡用劇中人物黑武士（Darth Vader）與韓索羅（Han Solo）編出別的冒險故事。

科學界甚至表示，玩電腦遊戲可能促進認知發展。前不久的一項研究發現，玩激烈搏鬥遊戲可以強化在雜亂空間之中找出小物體的能力，也能強化迅速轉移注意力的能力。巴塞隆納最近的一項研究顯示，電腦遊戲可以刺激阿茲海默症患者的心智功能。甚至節奏比較慢的、不太緊張激烈的遊戲也有幫助。現在銷路最好的電玩，已經不是報章專欄評論家恨之入骨的那種純粹打打殺殺的血腥玩意。它們是模擬遊戲，玩一回合要好幾小時，玩的人必須破解規則、權衡證據、解答難題、分析數據、擬定假設，要做立即的判斷和仔細斟酌的判斷，這些都是教室裡和職場上需要的技能。

幾十年來，世界各地的平均智商都在穩定地提高，這即是所謂的弗林效應（Flynn effect）。智商測驗的文字與數字的技能得分維持不變，視覺與空間智能的分數，以及完成一連串形狀的能力，都大幅提高。科學家不確定是什麼緣故，有人認為是營養條件越來越好，有人說是小家庭，有人說是受測者熟悉了智商測驗模式，有人說是測試題目形態變了，各種說法都有。但是也有人把弗林效應（此一效應在工業化世界似乎已經達到頂峰）歸因於多媒體文化帶來的額外視覺及智能刺激作用。史蒂芬‧強生（Steven Johnson）在《開機》（*Everything Bad Is Good for You*）之中說得令人心服：多層次的高科技環境使我們在某些方面變得更聰明了。

不過，就算科技有益，把太多時間耗在螢幕前面終究會犧牲掉健康童年的其他元素。按二〇〇六年倫敦國王學院（King's College）發表的一項大型研究，英國十一至十二歲的兒童，在理解體積和密度方面的智能，落後一九七〇年代同齡者二至三歲，而這種智能與全面智力以及處理複雜新觀念的能力是相關的。研究者推測，部分原因可能在於現在的兒童走出戶外與沙、泥土、水遊戲的時間減少，盯著遊戲機和電視的時間增多。

因此，數位的這一代是人類有史以來胖子最多的，也就不值得奇怪。坐在那裡看超頻重播或是玩「極地風暴」（Halo）遊戲所消耗的熱量不會太多，這是不必請營養師計算也知道的。英國的兒童健康研究中心（Institute of Child Health）估計，五歲大的兒童週末看電視時間每增加一小時，成年後變成胖子的機率就提高七％。前不久一項以加拿大門諾教派社群爲對象做的研究，也有類似的發現。門諾教派的兒童每天在戶外步行、騎腳踏車、幫忙農事，不可能守著電視。研究者發現，比起主流加拿大社會的同齡孩子，他們比較強壯、比較瘦，也比較健康。主流社會的兒童即使會參加團體運動、上體育課，還是相對嫌少。在熱中科技的日本，中央教育委員會基於同樣的理由指出，基本運動技能自一九八〇年代中期起就持續下降：日本兒童在跑、跳、接、擲方面都表現得不如上一代。他們變得肌肉比較無力、反射動作比較緩慢、耐力比較差。

其他研究也顯示，運動類的遊戲能降低兒童罹患近視的機率。因爲運動遊戲中需要聚焦於距離較遠的物體，要在戶外進行，而戶外的光線較佳，遊戲者不必要做近距視覺的聚焦。

兒童如果把太多時間耗在面對著螢幕，他們與人和事物親身的眞實互動時間就變少了，而這些互動是智能發展不可或缺的。整天盯著螢幕的孩子也會缺乏足夠的時間反省與休息。睡眠不足會妨礙生理發育，也會損害專注力與記憶力。世界各地的研究都證實，現在的兒童平均每天睡眠時間比上一代少了兩小時。主要原因是，現在有很多兒童的臥室看起來很像《星艦迷航》（*Starship Enterprise*）的航艦飛行甲板，有嘈雜的電視，有遊戲主機，有電話，有電腦。有不少研究也發現，兒童在校成績不好與臥室裡裝置電子媒體有關。

科技雖然應許人人在寬頻接駁的極樂世界裡連結在一起，但科技也會阻斷人與人的接觸。我們現在要了解某人在做什麼，與其和他本人當面談，不如上他的部落格去看或是查他的線上個人資料來得快而便利。甚至我們與人處在同一個有形空間之中，也可能因爲有各種新型科技在而互不接觸。亞利桑那州鳳凰城的柯爾一家前不久買了一輛新的休旅車，裡面新科技配備一應俱全，前座有大人的行動電話座和 iPod 底座，後座有給小孩子看的電視。一家人第一次出遠門旅行，是到二百五十哩以外的大峽谷。四小時開車的路程中，一家四口沒人說一句話。媽媽茱麗說：「有新科技配備可以讓大家誰也不惹誰，不會因爲大人小孩意見不同吵成一團。可是我們變成誰也不理誰，好像坐在長途巴士上彼此不認識的旅客。氣氛很怪，讓人覺得很不舒服。」現在他們全家出遊有了一項規定，使用電子媒體每達四十分鐘，必須關掉二十分鐘。「這樣我們兩頭兼顧了，」茱麗說，「我們享受了娛樂，又可以談天。」

甚至熱烈擁護資訊科技革命的人也在說，小孩子需要的不只是ＵＳＢ（通用序列匯流排）與外面世界的連接。美國的《兒童科技評論》（*Children's Technology Review*）月刊專門分析針對青少年市場生產的新軟體和裝置，主編華倫・巴克萊特納（Warren Buckleitner）是典型的科技擁護者。多年來，他讓兩個女兒體驗所有最新型的電子產品，「新玩意她們都用遍了」，現在她們倆都和一般十幾歲的孩子一樣愛用ＭＳＮ，愛打手機聊天，愛上網遊逛。

但是紐澤西州富來明頓市的巴克萊特納家，並不是我們想像中那樣隨時隨地都在開機的地方。使用高科技都有嚴格的限度。一家人用餐的時間不准打手機也不准開電視。全家唯一能上網的電腦放在靠近廚房的地方，以便父母親在女兒使用的時候監控。

巴克萊特納認為，最新的科技產品很多是兼具娛樂與教育功能的，但是他也擔心使用過度會導致人際疏離。人類經歷數千年而演化了複雜的、精細入微的、本能的各種各樣的溝通方式，例如肢體語言、面部表情、費洛蒙（外激素），使得寬頻的達意傳情能力相形見絀。四目交接的聯繫方式如果完全由連連發送的虛擬交流取代，結果會是如何？

巴克萊特納說：「小孩子也許藉電子設備和相同水平的其他人連線了，可是他們獨自坐在房間裡的時候，不會運用自己的社會本領。在童年的生態學裡，一百年前的、現在的、一百年後的孩子，所需要的東西是一樣的，其中包括有相當分量的時間在眞實的生活情境中使用人際互動的技能。如果不能這樣，以後形成的文化將是缺乏人際潤滑的。」

已經有一些證據指向這個論點。以前就不斷有研究顯示，如果在嬰幼兒的眼前同時有多種物件和一張人的面孔出現，嬰幼兒多半會先看人臉。注視人的面孔乃是嬰幼兒學習溝通的方法。二〇〇六年在英國各小學進行的一系列實驗中，研究者發現人類的本能也許在變。多數孩子仍然會選中人的面孔而捨棄同時出現的洋娃娃房子或塑膠船、玩具火車。但是，如果是空空的一個電視螢幕和人的臉同時出現，多數六至八歲的孩子會先看著螢幕，情形和酗酒者在類似實驗中的表現一模一樣——他們的目光會先投向啤酒罐或一杯酒。研究者也發現，五歲大的孩子多數仍然偏好人的臉，可見問題並不是先天的，人腦的人際互動本能沒有變，是後天因素在從中作梗。

世界各地的教師都在說，新一代的「數位原生者」似乎比較不善表達，與同儕相處的能力也比較差。遊戲場上和線上的霸凌行爲在許多國家都有增無減。英國有一項大規樣的調查發現，十二至十九歲的青少年自稱沒有可以說知心話的好朋友，從一九八六年的不到八分之一增加到將近五分之一，同時，凡是有自尊心的青少年在自己的「我的空間」網頁裡，都有一大群「朋友」，少則數十，多則上百。

資訊科技已經把難以啓齒的話變成可以輕輕鬆鬆地說，鼓勵每個人先按了「送出」再考慮後果，實在是一種社會行爲上的優待。十幾歲的孩子和大學生利用自己的部落格發表對老師和同學的惡毒評語，等到被罵的人看見了評語來找他們算帳，他們又驚惶失措了。有的人則是掉進引火自焚的陷阱，在電子郵件、簡訊、即時通裡說了面對面時根本不敢說出口的話，然後面臨眞實生活中人際關係瓦解的困境。印地安納州波伊斯的十五歲高中學生亞當・透納說，在學校隨時可見這種尷尬場面。「事情發生後，再和對方見面的時候會很麻煩，」他說，「彼此都不提它，可是都覺得氣氛很糟。」網際網路界呼風喚雨的要人，如維基百科（Wikipedia）的創辦人吉米・威爾斯（Jimmy Wales）和發明 Wed 2.0 這個名稱的提姆・歐萊里（Tim O'Reilly），已經提出一套行爲規範，包括絕對不在線上說出「你當本人面不會說的話」。

微觀管理下的童年可能製造出來的副產品——自戀，也會因爲有了新興科技而強化嗎？這個風險當然存在。像 Bebo 這種社群網站，能把個人私生活最平庸乏味的枝節，也當作可以向全球大眾廣播的訊息。此外，RSS（Really Simple Syndication 簡稱，意指眞正簡易的內容聚合）把新聞和八卦網站上反映我們的想法的布告饋送進來，線上商店追蹤我們的花錢行爲，並且把迎合我們需要的廣告寄給我們，Google 藉著監控我們的搜尋也在這麼做。如此多管齊下，網頁內容現在已經高度個人化，高科技與其說是開向世界的一扇窗，不如說是我們自己的偏見的一間回聲室。這種情形對於兒童格外變成一種局限，因爲兒童需要廣泛接觸吸收不同的觀點。

資訊科技的革命歷時十年以來，有兩件事已經趨於明朗。第一，並不是所有的科技產品都是壞東西。例如，有許多電腦遊戲可以鍛鍊頭腦，比看電視好得多。第二，就盯著螢幕看的時間而言，量少反而是好的。

如何建立與高科技產品之間比較平衡的關係，正是大家都在努力的事。有些國家的政府已經介入，要就兒童守著螢幕的時間加以定量分配。中國的主管當局以一向的嚴厲作風禁止十八歲以下的人進入網咖。南韓（也許是全世界連線最密的地方）政府設立了兩百多所專門對付青少年「網路成癮」的諮詢中心和醫院方案。二〇〇七年間，南韓成立了「跳躍網路救援營」（Jump Up Internet Rescue School），這也許是全世界首創的網路成癮者的魔鬼訓練營，營內完全禁用電腦，入營的青少年每天要接受越野障礙訓練、要學擊鼓、要學陶藝。也有的國家是以高科技爲手段誘使青少年離開螢幕。例如，冰島的兒童電視節目《懶惰城》（*LazyTown*），這個在一百多個國家播出的節目的主角，是身穿彈性運動衣褲的運動家鬥士（Sportacus），啓發兒童想要過活動積極生活的心，成效可圈可點。他有益健康的飲食喜好，說服冰島的電影院不賣冰淇淋和爆米花而改賣嫩胡蘿蔔，國內的蔬菜出售量也因此增加了二十二%。冰島的許多兒童現在是晚上八點零八分準時就寢，因爲運動家鬥士就是在這個時間上床。《懶惰城》在世界各地都鼓動小孩子不要懶在沙發上，要到戶外去跳舞、原地跳躍擊掌、踢球、步行探索住家四周的環境。麥格納斯・謝文（Magnus Scheving）是這個節目的創作者，運動家鬥士這個人物也是由他來扮演。他說：「我們生活在高科技的世界裡，所以必須利用科技去打動兒童。電視也可以有激勵健康生活的作用。以前珍・芳達的健身錄影帶就是一個例子啊。」

甚至高科技的業者也在想辦法使小孩子不要一直坐著不動。例如任天堂的 Wii 這樣的新式遊戲主機，就要求玩的人用自己的身體動作進行螢幕上的拳擊、舞蹈、網球遊戲。有些業者使用高科技引誘小孩子到屋外，根本不在螢幕面前了。新一代的如實模擬飛行、走步、駕駛、翻滾的高科技玩具，正大舉攻入市場。目的不外乎使兒童少花一點時間在

「極速鬥車2」(Full Auto 2) 裡面駕駛電子車，多花一點時間在後院裡追逐最新型的撲翼飛機。金・喀斯敏斯基 (Gene Khasminsky) 是加拿大「互動玩具概念公司」(Interactive Toy Concepts) 的設計部主任，公司產品包括一種叫作「小蚊子」(Micro Mosquito) 的手掌大小的無線電遙控直升機。他說：「現在玩具業界都在往回拉，要讓小孩子離開他們躺著玩電玩的軟沙發。」

但是，有許多父母親覺得，要防止孩子整天坐著不動，唯一的辦法就是禁止科技。以居住在雪梨近郊的海德一家為例。家裡十二歲的女兒潔絲敏和十歲的兒子萊克蘭，以前每天有好幾小時是待在自己房間裡玩線上遊戲或是看電視。一家人隨時都在電腦上，以至於媽媽摩琳用發電子郵件的方式叫大家來吃晚餐。海德夫婦雖然擔心小孩子把太多時間耗在螢幕面前，走到戶外的時候太少，但是無論怎麼說，孩子們都不肯聽，所以只好任由他們去了。不過這一切在一夜之間改變了。那天晚上，大約九點鐘左右，摩琳發郵件叫萊克蘭下樓來整理書包，之後再回房去睡覺。可是萊克蘭沒有回覆。摩琳到樓梯口大聲喊他，仍舊沒有回應。終於，她上樓到他的房間去看，發現他趴在書桌上不動，電腦螢幕上的「國際足盟大賽」遊戲 (FIFA Soccer) 正無所適從地掠動。她腦中閃過的第一個念頭就是，萊克蘭步上了韓國那位死於馬拉松式「星際爭霸」的李勳燮的後塵了。她回憶當時的情景說：「我嚇壞了，因爲我眞的以爲他死了，他玩那個暴力遊戲玩到死了。」原來萊克蘭只是睏得睡著了。但是這件事給了海德夫婦一記當頭棒喝。第二天，一家人坐下來徹底討論家裡要怎樣處置高科技。父母親決定用一套嚴格的新規則管制各種設備的使用量。用餐的時間一律不許講手機。除非特殊日子，不准邊看電視邊吃東西。做作業的時候電腦關機，只有需要上網查資料的作業例外。海德夫婦也把原來放在小孩子臥室裡的所有高科技玩意都清出來，全部搬到地下室的遊戲區。兩個小孩大呼不平，可是爸媽的意志十分堅決。

爲了利用關機之後多出來的時間，海德夫婦在後院裝了羽毛球網，在草地上畫出羽毛球場邊線。結果大家全都愛上了羽毛球。現在一家人幾乎天天打球：父子單挑、母女交手、混合雙打，無不盡興。姐弟倆時常邊打邊談笑。

摩琳覺得，節制高科技之後，家裡的氣氛煥然一新。如今晚餐時間小孩子不再偷偷傳手機簡訊，大家可以放鬆地談話。潔絲敏和萊克蘭每天都能比較早把作業做完，在校的成績也比以前好了。他們不像以前那麼容易無精打彩而嗜睡：臥室裡少了電子此起彼落的響聲干擾，他們也可以睡得比較久。週末早上的萊克蘭不再是一睜開眼睛就伸手去抓 Xbox 主機，而是精神飽滿地起床。

小孩子們也喜歡適度關機的新生活規律。「我仍然喜歡打電腦，不過，放下它去做別的事也很好。」潔絲敏說。她弟弟也表示贊同：「我以前寧願玩 Xbox 也不要到戶外，現在覺得各有各的好。」

有些父母親的做法更激烈，把家裡變成高科技禁止入內的地帶。家住美國費城的亞歷山多・巴索，十一歲的時候就迷上了 PlayStation，從此每天有五、六小時待在自己房間裡玩，晚餐也是拿到房間裡邊玩邊吃。他的學校成績退步了。本來擅長運動的他，漸漸以 PlayStation 的足球遊戲，取代了和朋友在戶外踢足球的運動。他的體重也漸漸增加了。他的父母親很擔心，所以主動干預，可是每次要限制他玩 PlayStation，他都大發脾氣。他們規定玩的時間，亞歷山多卻不理會。他們把 PlayStation 移到客廳，他就半夜偷偷跑出來玩。終於，巴索夫婦決定一不做二不休。一天早上，乘亞歷山多上學的時間，他們把 PlayStation 主機放 eBay 上賣掉了。亞歷山多大鬧了一場，連著幾星期情緒惡劣，但是事情還是過去了。他漸漸地又找朋友一起踢球，體重回降，課業成績也進步了。如今他談起 PlayStation 就好像戒酒成功的酗酒者談起烈酒一樣。「一開始我很氣爸媽把它賣掉，很想把它找回來。不過沒有了其實也好，我現在這樣過得更好。」他說著，伸手撩了他黑色的鬈髮，看著地板想了一會兒，又說：「我還是會到朋友家去打電腦遊戲，不過我不會想在家裡也有。如果我自己家裡有 PlayStation，我說不定又會整天玩個不停。」

亞歷山多算是一個極端的例子。有些人的確是比較容易產生上癮行爲的。就多數兒童而言，家裡全面禁止高科技是太嚴格了。上上策是設定限度，低科技和高科技混合使用。可是，兩者如何平衡呢？小孩子每天面對螢幕多少小時才是適當的？很不幸，目前沒有明確答案。有些專家，包括美國兒科學院的人士，主張兩歲以下的幼兒完全不看螢幕。但是，凡是帶過幼兒的人都知道，尤其是在酷寒或多雨的氣候地區裡帶幼兒，或是幼兒之外還是小哥哥小姐姐一起的情況，完全不看電視不玩電玩是幾乎不可能的。所以有些人士並不主張這麼嚴苛。加拿大兒科學會（Canadian Pediatric Society）就建議，兩歲以下的幼兒每天不超過三十分鐘。

孩子大了以後，時間限制就比較不易明確。較大的孩子學校作業、學習、創意工作需要使用電腦的時候，應該可以自由使用，但是看電視和玩電視遊樂器之類利用螢幕娛樂的時間必須有限制。父母親最好的行事原則就是常識。假如十幾歲的孩子花在線上交際的時間比眞實生活中的還多，就是有問題了。巴克萊特納鼓勵父母親們跟著本能走，他說：「就好像你自然會知道孩子是不是糖吃得太多了，如果他花太多時間盯著螢幕，你也一樣會知道，多少是憑直覺的。」

此話聽來似乎避重就輕，其實說中了我們如今養育子女在各方面必須做到的根本：學習信賴我們的本能，然後堅定立場。

我們本來就是最了解自己的孩子的，所以，要找出使用科技的平衡點，第一步就是注意觀察他們。拔掉電子玩意的插頭之後，他們是否變得動不動就生氣、有攻擊性、倦怠、孤僻？如果是，也許正應該限制他們盯住螢幕的時間。可以先把孩子臥室裡配備的這類東西移走，或是在放長假出門旅行的時候，把電玩之類的東西全都留在家裡——乘這個時候戒除壞習慣、拓寬眼界特別容易。此外，可以約定某一天是全面關機日。或者，可以訂下適合全家的電視娛樂時間——每天兩小時大致差不多。也許不會每一招都立竿見影，但是有行動就不會是白費工夫。

孩子方面不免會有抗議和戒癮的症狀，平息這些反彈的上策就是提供替代品：運動、遊戲、就寢前讀故事、烤蛋糕點心、戶外遊戲更自由、更多帶朋友到家裡玩的機會。要讓這些替代品產生效果，父母親必須投下時間、力氣、想像力，這些都是生兒育女的人本來就甘願付出的。

爸爸媽媽們當然也要建立聯合陣線。例如，和孩子的朋友的家長說好，到彼此家裡玩的時候開機時間限定多長。家長們同時應該反省自己使用高科技的習慣。假如我們自己在電視前面一坐就是兩、三小時，或是不停地查看電子郵件、拿著手機講個沒完，孩子難道不會有樣學樣嗎？

我們都應該檢討自己喜好一心多用成癖的現象。如今的兒童受高科技產品連連轟炸的情況比我們經驗過的嚴重。按凱撒家庭基金會（Kaiser Family Foundation）二〇〇五年的調查，美國八至十八歲的青少年每天平均有六・五個小時在使用電子媒體，但是藉著一心多用可以有八・五小時的成績。也就是說，一面想著給朋友傳即時通訊，一面下載音樂，同時接收電子郵件，又看著《老大哥》（*Big Brother*）的網路監察，玩著「模擬人生」（Sims），可以在六個半小時內完成總共八個半小時的事。我們憑經驗都知道，同時處理兩三件高科技作業會既緊張又興奮。其實這樣一心兩三用的節省時間效率只是一種假象。世界各國的科學家都用最新的腦部掃描科技，研究了我們一心多用時的思考狀況，結果發現兒童一心多用未必是好事。

事實很簡單，人腦——包括資訊時代中成長的兒童的腦在內——並不擅長同時做不只一件事。當然，某些做到極熟練的行爲，例如騎腳踏車、切胡蘿蔔片，確實可以在一心想著另一件事的時候做得很好。不過研究也發現，一旦行爲要做一點改動，例如，腳踏車要向左轉，或是否添一根胡蘿蔔，就需要完全專注了。等到接下來的動作確定了——腳踏車籠頭往左或添了一根胡蘿蔔，又可以回到邊做邊想另一件事的狀態。所以這種行爲算是眞正的一心二用。

現在一般所謂的「多重任務並進」，根本不是這麼一回事，都是先後分別做的。假定你家的小孩在電腦上開了五個視窗，一面在手機上打簡訊，一面又看著電視節目，他並不是三件事並進，而是先把一件做了幾秒鐘，停下來又去做一下另一件，然後又轉到第三件上，如此來來回回換來換去。可想而知，這樣運用時間和腦力都是很沒有效率的。一下做東一下做西，所犯的錯誤和使用的時間，都多於專注做完一件再做另一件，有時候耗費的時間會是專心做完一件再做下一件的兩倍，甚至兩倍以上。現在的中學生背一課書往往需要上一代人兩倍或更多的時間，原因就在此。

密西根大學的「腦、認知、行爲實驗室」的主任大衛‧麥爾（David E. Meyer）認爲，不論用什麼方法，甚至是持續不斷播放提早學習的DVD，也改變不了一心多用是浪費時間的事實。他說：「你根本不可能同時思索所得稅申報又閱讀一篇文章，就好像你不可能同時對自己講兩樁事。假如十幾歲的孩子想要一面在電子郵件聊天線上和人對談，一面做數學習題，效率一定大減，遠不如聊天結束之後再專心做習題。也許有人認爲兩件事一起做效率很好，那是迷思。這麼複雜的事絕絕對對不可能克服人腦在一心多用時處理資訊的固有限制。這是不可能的事，就如同最厲害的賽跑能手也不可能一分鐘跑完一英里。」

如果就神經學所知的限度而論，讓兒童一心多用其實可能弄巧成拙。科學家利用功能性磁振造影（fMRI）已經辨識出，前額葉皮質有一個部位會儲存正在進行的工作的相關資訊。因此我們才能夠在中止某件工作幾秒鐘、幾分鐘，甚至幾小時之後，再回來繼續往下做。就是腦的這個部位使人能「一心好幾用」——也就是來回換著做幾件不同的事。但是腦的這個部位發育成熟比較晚，換言之，兒童比成年人更欠缺一心多用的條件。所以，所謂一心多用的數位原生新一代孩子代表人類演化的大躍進，充其量只是不實的廣告。

長期的這樣一心多用，結果不僅止於運用時間的效率低落。研究顯示，人腦需要有安靜休息的時候，以便整理觀念、記憶、經驗。人腦也必須在放鬆的狀態下，才能夠進入比較豐富的、更有創造性的思考。如果時時刻刻都有電子設備喋喋不休，怎麼可能運用思考發揮創意？探索一個題目，推敲一個論點，直到能夠分析複雜的內容與細微的差異點，都是比較緩慢的過程，如果養成電視頻道換個不停、在網上胡亂逛、連連收發即時通訊的習慣，都會養成負面影響。大學教授們越來越常抱怨，二十一世紀的學生畏懼讀整本的書，寧願看比書簡短得多的摘錄和文章。現在的大學生似乎也不耐煩不明確的話，要求非黑即白的立即答案。這種態度在面對恐怖主義和移民的課題時，會是致命傷，因爲這類議題都有多種深淺不一的灰色地帶。假如年輕的選民希望所有的議題都用簡訊般的剪輯新聞影片表述，民主政治還能恰當地運作嗎？如今的青少年都擅長搜尋資訊利用資訊，擅長分析視訊，可是，即使是最擁護資訊科技革命的人也在擔心，同時兼顧太多東西會導致青少年不易專注，也較難深入思考。Google 的無線產品部主任迪卜昌・尼沙爾（Dipchand Nishar），在不久前的一次科技之未來的研討會上，曾經發出警告說：「我們見過X世代和Y世代，現在又來了ADD（注意力不足過動，attention deficit disorder 簡寫）世代。」

要怎樣幫孩子改掉一心好幾用的習慣？美國加州的軟體工程師賽門・布雷克給十二歲大的女兒克莉絲限定做家庭作業時，可以在家裡電腦上跑的程式數目，准許她上網搜尋，但是不准在「我的空間」和朋友交換訊息。她只准三十分鐘查看一次郵件，用電腦的時候完全不准開手機。這套管制實施之後，克莉絲做功課所需的時間比之前少了將近一半，老師們都稱讚她的作業成績進步了。布雷克說：「可以明顯看出來，她丟開那些高科技之後專注力變好了。」

克莉絲起初對這些規定憤憤然。「有信件和即時通不准馬上看，開始真的很氣。可是後來就習慣了。」她說，「我自己也知道不像以前那麼容易心不在焉了。」

要界定科技在青少年生活中的位置，學校的教室當然責無旁貸。傳統的老師寫黑板一人開講的教育模式，在各種功能相互連線的世界裡已經老舊過時了。教育界有共識，認爲學校必須適應新科技。如今的兒童需要的不只是知道事實。他們必須學習如何集體解決問題，如何分辨有益的與無益的資訊，如何與其他國家的同儕聯繫並且交換想法，如何整合跨科目的思考。資訊科技在這些方面都能幫上忙。在溫哥華市上學的孩子可以利用電子郵件或網路攝影機，和經歷了海嘯天災的印尼學童討論全球暖化的問題。如果課堂上要討論奴隸問題，學生利用教室的無線網路連結抓下當今的人口走私新聞報導，使討論內容更多元。甚至高科技電玩也能在講授低科技基本學科的時候派上用場。在英格蘭布里斯托市的丘麥格納小學，提姆・賴蘭茲（Tim Rylands）用電腦遊戲「放逐者」（Exile）教授十歲和十一歲的學生英語。學生們並沒有眞正玩這個遊戲。賴蘭茲用一面白板講解遊戲中的神祕景致，帶領學生們走過雕飾的門，進入金光燦爛的房間。圖解漂亮炫目，充滿奇幻，學生們都看呆了。講解完畢之後，賴蘭茲要學生們寫出各自看到的畫面和感想。學生們立刻就拿起筆十分起勁地寫了。丘麥格納是公立學校，英語成績不時在全國競試中名列前茅。賴蘭茲也曾因爲使用新科技教老式學科而獲獎。「我不過是以異於常態的方式利用科技教基礎的東西，」他說，「我想做的是製造魔法和趣味，不要純粹只有讀書寫字。」

不過賴蘭茲也承認科技不是只射目標不傷無辜的魔術子彈。研究資訊科技影響學業成績的報告證實，科技有時候有益教學，有時候則不然。有人說這是因爲使用科技的方式不正確所致。事實卻是，數位媒體當作學習工具有其局限。許多情況下，老師本人親自講解給學生聽仍是最有效的教學法，對於年幼的學童尤其如此。曾有一項實驗是教導兩組十二個月至十五個月大的幼兒操作木偶，第一組是看錄影片學習，第二組由一位指導者現場親自教。結果，第二組才上了一次課就學會了。第一組幼兒卻把錄影片看了六遍才學會。

如今已有許多學校著手幫學生平衡科技的使用。許多學校禁止學生帶手機進教室。大學也紛紛取消講堂的無線上網功能，以免學生在該聽講的時候乘機更新自己的 Bebo 社群網頁。

學校對抗科技一頭重的另一個辦法是，把部分課程放在大自然之中教學。前文已經談過戶外幼兒園對幼兒發展多麼有益；讓小學生、初中生走到戶外其實也一樣有益。平時老待在室內的孩子，可以藉戶外上課時間鬆弛身心；戶外上課也能帶來不一樣的實地體驗。二〇〇二年間以美國十六個州一百五十所小學和初中做的研究調查發現，某些科目採用戶外教學，可以提高學生的自然課、語文、社會科、數學的分數。而且學生的行爲也有明顯的改進。有一所學校在實施戶外教學之後，學生懲戒下降了九十%。

與大自然接觸，哪怕只是一星期僅僅一小時在校園後面的菜園子裡度過，都能幫助孩子理解大地如何生長萬物、人類爲什麼應當愛護地球。接觸大自然也可以教孩子明白，雞胸肉原來並不是聚苯乙烯盤子上保鮮膜包著的那樣，而炸薯條是用泥土裡生長的馬鈴薯做成的。我們既然決心要拯救地球，就應當讓生活在高科技都市環境裡的下一代走進大自然。

台北山腰上的森林小學，便是離不開電子螢幕的社會之中的一片低科技綠洲。從森林二字可以看出，校內的學生（六至十二歲）有很大一部分的時間是在爬樹、在水塘裡挖尋、近距離觀察大自然之中度過，和蘇黎世的湖濱學校頗相似。課程和家庭作業有很多是在森林裡進行的，雖然老師有時候用錄影帶教學，學校也會每星期放一次電影，但是，電視、電視遊戲、電腦是完全禁止的。

我和幾位事先預約好的森林小學家長與學生在台北下城的一個辦公處見了面。我到達時只見學生們在跑來跑去，躲在辦公桌後面，笑著講他們創造出來的一個人物。這裡完全看不見任天堂遊樂器。森林小學的林青蘭主任告訴我，本校畢業出去的孩子受到的讚譽是：表達能力好，樂在團隊合作，喜歡學習，知道自己的優缺點，環保意識很強。因爲學生家裡都有電腦，所以對於高科技也能熟悉自如。報名申請進森林小學的人非常多。

這次見面在場的有一個名叫阿宏的九歲大的男生。他的目光明亮活潑，帶著有感染力的笑容，似乎和台北常見的兩眼直盯著掌上電玩的小孩子不是同一種人類。他說在森林小學上課覺得很好玩，「我們什麼時候想到外面去玩都可以。」我問他學校沒電腦電視不會覺得不方便嗎？他說不會，回家就可以用電腦看電視，「學校裡沒電腦也很好玩，可以學很多東西。」說完他鞠了個躬就轉身去找玩伴了。

他母親的臉上泛起微笑。「阿宏以後一輩子都要坐在螢幕前面，」她說，「何必把童年的時光也耗在上面！」

6 學校：考試的地方

教育就是你把在學校所學的都忘掉之後剩下的那些。

——愛因斯坦，科學家

不久前，是麻省理工學院發出大量信函給錄取與落榜學生之後幾星期，當時擔任招生部主任的瑪麗里・瓊斯教授在辦公室裡拆閱信件，她已經為忍受落榜者的不平抱怨做好了心理準備。有的人打電話來，說得聲淚俱下。有的人寫信來痛罵。這一天收到的抱怨信之中有一封很特別。是落榜者的父親寄來的，信紙印有他的公司名銜，上面只寫了三句話：「你們不肯錄取我兒子。他崩潰了。我們法庭上見。」

瓊斯任職將近三十年，對這種威脅已經刀槍不入，所以當晚並沒有因為擔心打官司而睡不安穩。第二天，打官司的疑慮更煙消雲散了，因為昨天那位署名「憤怒的父親」

的兒子寄來一封信，裡面只寫了兩句話：「謝謝你們把我刷下來。這是我有生以來最美好的一天。」

我們在加州帕洛阿爾托一起吃早餐的時候，瓊斯講了上面這件事。她要出席加州舉行的一個會議發表演說，講是是關於過度注重課業成績可能扼殺學校教育和學生的生命力。如果以爲受教育的目的，就是爭取高分與進入明星大學，就會衍生「憤怒的父親」這樣的後果。「情況已經嚴重到不顧孩子自己怎麼想的地步，孩子受教育變成以實現父母的願望爲目的，是爲了媽媽可以向朋友誇耀自己的女兒在學業能力性向測驗（SAT）考了高分，爲了爸爸可以告訴朋友自己的兒子進了麻省理工學院或哈佛。」她說，「受教育的目的本來應該就是受教育。是從什麼時候開始，孩子學習的熱情、發現自己眞正喜歡科目的熱情被擱在一旁？受教育的目的變成拿出亮麗的學歷表？」

世界各地的家庭、中小學、大學、智庫，也都提出這樣的疑問。在二十一世紀之始，考高分擠明星學校的學業競爭似乎比以前更兇了。學校逼幼童學會讀寫算的時間越提越早，爲了補強這三個科目，把美勞課、音樂課都省了，甚至下課時間也不放過。如今一個孩子的教育費也比以往都高。爸媽們爲了讓孩子進入明星級的公立中小學，不惜花大錢買最好學區的房子。補習班和家教業是全球都走俏的企業。中國家庭平均花在教育上的經費佔收入的三分之一。

在看重努力與力爭上游的遠東地區文化之中，把考試成績視爲攸關生死的大事早有悠久的傳統。一千多年以前的中國人就已經在威迫利誘男孩子通過科舉的重重考試，金榜題名之後自然可以名利雙收。著重死背硬記的中國教育模式傳遍東亞，學生上課時間長，放了學還要上補習班，大家都練成「考試機器」。南韓的大學聯考日是全國的大事，電視新聞在考場門口現場直播，有警察專門送考生到考場。考生媽媽們從考前一百天就開始禱告孩子上榜，不過最辛苦的還是考生自己，他們自我勉勵的口號是：「睡四小時可以上榜，睡五小時就沒希望。」

西方社會一向不曾這麼拚。父母重視子女學業成績是進入二十世紀以後的事。甚至到了一九六〇、七〇年代，許多西方社會的學校仍然主張盧梭式的自由放任，著重的是創造力、自發性、打破常規，不贊成管教、死背、考試的模式。一九八〇年代才發生了激變，英語世界的各國政府開始加重學校課業、增加考試次數，上課時數也變多了。

這樣回歸基本的轉變，部分原因在於恐怕埋頭苦幹的東亞孩子要把國際競試的錦標全都拿走了。家長的焦慮漸增，擔心經濟競爭力落後，也都是原因。現在的人偏好凡事用一套標準題目和答案來衡量，當然也是。二〇〇〇年間，經濟合作發展組織（Organization for Economic Cooperation and Develpment，簡稱ＯＥＣＤ）開始發表學生基礎素養國際研究計畫（Progamme for International Student Assessment，簡稱ＰＩＳＡ）的結果，這項計畫是使各個工業化國家大約二十五萬名十五歲的學生接受同樣的閱讀、數學、科學的測驗。學界人士雖然很不以爲然，ＰＩＳＡ的測驗結果卻有驚人的威力，登上了頭條新聞，並且使測驗得分低的國家一陣恐慌。例如丹麥，ＰＩＳＡ得分只有中等，引起國人擔心丹麥的學校太以學生的快樂爲重。英國盛行起學校公開評等，導致大家爭先恐後往排名最前面的學校裡擠。

在急於拉高學業成績的同時，有些根本問題卻被忽略了。這樣加重課業、考試、評分眞的管用嗎？小孩子這樣能變得更快樂、更健康、更聰明嗎？這樣的教育能造就更優秀的工作者與公民嗎？分數高就表示學問好嗎？世界各地的家長和教育者給以上這些問題的回答都是否定的。

這倒不是說現在的正規教育不如以前了。正規教育多少世紀以來都是毀譽參半。莎士比亞（Shakespeare）就曾經說過，小男孩「上學像蝸牛爬著去一般不情願」。把坐在教室裡聽講說成荒誕甚或有害，也有很長的歷史。馬克・吐溫（Mark Twain）曾經挖苦地說：「我從來不讓學校的教學干擾我受教育。」數十年以來，不斷有人批評學校未能恰當地教導學生，把意識形態放在學習前面，任水準下滑。至於教師們，也一直在抱怨自己的工作環境條件。

但是如今的學校教育確實出了問題。教育經費即使激增，世界各地的學校卻沒有造就同樣多的通曉知識的、善於表達的、有創造力的、守紀律的、有品德的、渴望學習的人。許多人都以悲觀態度預言學校教育的未來，瓊斯的評論卻是一針見血。

我們就事論事。作弊行爲在學校裡顯然日趨嚴重。成績最好的學生作弊又格外常見，因爲他們是競爭壓力最大的一群。不久前就加拿大的大學生做過一項調查，將近四分之三的受調者承認曾在高中的作業中嚴重作弊。美國加州蒙塔威斯塔（Monta Vista）的一所明星高中所做的不記名意見調查顯示，承認在隨堂測驗、小考、期末考作弊的學生人數，到二〇〇六年已達到一九九六年的兩倍。世界各地的學生作弊行爲，從爸媽幫忙寫作業，到從網上剽竊與考試時傳簡訊，五花八門什麼樣的都有。二〇〇七年間，牛津大學和劍橋大學的學務人員披露，有些申請入學者連填寫申請表都從網上抄。例如，有一欄要塡爲什麼想進化學系，有兩百三十四名申請者敍述的志願緣起，都是抄襲「八歲時把我自己的睡衣燒了一個洞」的故事，一字不差。一旦擠入明星大學，學生們繼續尋覓得到高分的竅門。現在已有數十個網站提供學生所需的作業報告，所有題目包辦，由頂尖的學生代筆，每篇價格從幾百美元的一般報告到上萬美元的論文不等。除了剽竊造假之外，不少學生使用普衛醒錠（ProVigil）和安德勞（Adderall）之類的興奮劑提神，導致競爭的立足點不公平。世界棋藝協會（World Chess Federation）已經規定參賽者要通過興奮劑利他能的檢驗。將來會不會規定學生進入考場之前先驗尿？

克萊兒・賈法羅（Claire Cafaro）是紐澤西州富裕城市瑞吉伍德（Ridgewood）一所高中的訓導員。她已經看到爲爭分數罔顧道德的現象。「以前，學生作弊被逮到之後，接到我們通知的家長都會表示孩子應受懲戒，並且願意和校方合力改正這種問題。」她說，「現在家長如果接到這種通知，會要求我們拿出驗DNA的證據，要我們說明學校用的是什麼安檢模式，要不然就是要我們去和他們的律師談。」

教室一旦變成贏者全拿的戰場，學生之間的友誼也會變淡。聯合國兒童基金會（U

NICEF）二〇〇七年發布的工業化國家兒童狀況調查報告中，研究者詢問十一、十三、十五歲的孩子是否感到「孤單」，是否覺得同儕「很好心，肯幫忙」。結果，英、日、美等重視學業競爭與考試的國家得分都是最低的，這難道是巧合？

不惜代價要成功的學校文化，對於各個階層的孩子都造成傷害。競爭雖然能夠激勵好學向上之心，可是如果標準提得太高，如果只有滿分才算好，競爭就會帶來反效果。蒙塔威斯塔的一名功課甚好的學生的感歎，說出了永遠不夠好的切身之痛：「以前的日子都只是記憶了……以前我不必用只睡四小時證明給爸爸媽媽看我是眞的在用功，以前我不必每門課都拿最高分，或是得到某某名校的推甄資格，爸爸媽媽仍然會認爲我很棒。」至於不可能或不想拚命爭取每科得到最高分的學生，可能會灰心喪志。另一位加州的高中生說：「我清早三點鐘就起床做我知道得不到高分的作業，我參加了我根本不會成爲選手的運動，我和朋友的聯絡全都斷了。以後情況是不是越來越糟？我最害怕的就是以後只會走下坡路了。」這種絕望在遠東地區表現得最強烈，青少年輟學或自殺的數目激增。以生活壓力特別大的香港爲例，十三至十九歲的學生將近三分之一有過自殺的念頭。亞洲各國普遍有被疏離的孩子轉向霸凌行爲與犯罪的事例。南韓本來是以年輕人懂禮貌守紀律自豪的國家，面對五%青少年加入暴力幫派的統計數字，政府於二〇〇五年設置了專門處理這個問題的任務小組。

所謂增加考試與課業量乃是造就新一代適應二十一世紀生活的心智的上策，漸漸不是大家都認同的論點了。還記得國王學院的研究報告嗎？按此，英國小孩子因爲在戶外嬉鬧的時間太少，所以使認知發展減緩了。別的學者認爲，部分咎責也在於我們太在乎多讀多考拿多分。國王學院的教育學教授菲立普‧艾狄（Philip Adey）說：「因爲太偏重基本科目──讀與寫，又把考試看得重於一切，反而降低了認知能力的刺激，學生們只學到教材內容，卻不大能運用思考。」

以考試爲重的教育方針，當然會左右教室裡的作風。老師們會爲了配合考試而教學，從而輕忽學生眞正學習、發揮想像、解決問題的能力。一百五十年前，英國老師的薪資多寡要按學生在督學巡查時的應答表現而定。因此校方要求加強死背，而且鼓勵表現差的學生在督學到訪的日子逃學。如今學校的名聲和資金太倚重考試成績，全世界從事教育的人都有類似的行徑，甚至猶有過之。華盛頓州斯波坎（Spokane）的一位四年級老師把升級的數學競試答案先透露給學生，並且准許部分學生在考試中互通有無。據調查此案的人員說，有一名學生連「老師」的英文拼寫都搞錯了。英格蘭也有一位小學校長幫學生在自然科與數學的基測中作弊而被逮。日本不久前的一件震驚全國的醜聞是，有上百所學校准許學生爲了準備大學聯考的功課而不上正課。

此外，考試制度畢竟有其缺點。考試最能勝任的是測定考生的考試能力有多強。然而，所謂的「新經濟」需要的人才眞是這樣的嗎？在未來世界裡眞正能得心應手的人，不是將規定背熟專門提供標準答案的人，而是思考敏捷、思路跨越學門界線、爲了喜歡探索答案而鑽研問題、終生不畏學習挑戰的人。將來再想出像Google這樣的妙點子、發明石油替代燃料、掃除非洲的貧窮，都要靠這種人。問題是，無休止的壓力與考試會磨損孩子的創造力，這樣逼出來的孩子不願冒險、怕出錯、只肯做學校獎勵爸媽誇讚的事。我一位朋友的十七歲兒子是倫敦一所私立學校的學生，他在家裡要求父母親不要跟他談學校課程以外的任何文學、歷史、美術。「他怕這些會妨害他的考試，」他爸爸說，「我雖然佩服他這麼在乎課業，可是也覺得教育的視野會變成這麼狹窄是可悲的事。」沒頭沒腦的填鴨也剝奪了發展情緒智商（EQ）的時間。EQ是處理人際關係的能力。在現代的職場裡，少不了大團隊的意見溝通整理，這時候EQ的重要性不會亞於IQ。

前文說過，學齡前的教育避免考試與競爭、鼓勵群體合作、實行以孩子爲中心的學習是有顯著效益的。學齡以後的教育也是如此。二〇〇六年發表的一項重要研究，追蹤觀察了威斯康辛州的大量樣本，都是報名參加密爾瓦基市一所蒙特梭利學校抽籤的孩子，比較了中籤錄取的孩子與沒有中籤而進入主流學校的孩子。由於兩組孩子都願意報名參加抽籤，可見家長對孩子都抱有類似的期望。

研究追蹤到樣本十二歲的時候，發現兩組孩子的算術、閱讀、拼寫及標點文法的成績大致不相上下。但是蒙特梭利背景的孩子在作文的表現上遙遙領先，創意比主流幼兒園出身的孩子豐富，句子也寫得比較複雜。蒙特梭利兒童也比較懂得處理社會衝突，比較能覺得自己在學校是受到尊重而有人支持的。多倫多的一位蒙特梭利老師說：「如果針對應付考試而教，就會教出會考試的孩子。不要一心記掛著考試，才會教出健全的人。」

太過注重考試成績也會磨掉學習的樂趣。已經有數十項研究證實，學生越被督促去追逐高分和獎狀，學習的興趣越低落。東亞的學生能在數學與科學考試中拿最高分，學習這些科目的樂趣卻是最低的。是不是因爲拿高分的壓力抵消了興趣，所以東亞學生畢業後投入研究的比較少，馳名世界的科學家、數學家相對較少？日本這樣的國家在諾貝爾獎各個科目得獎的人都少，也是因爲這樣嗎？在考試壓力的督促下，英格蘭的十歲學童在國際閱讀能力評比中高居第三名，但是在喜好課外閱讀的表現上卻敬陪末座。我們似乎忘記了柏拉圖的教誨：教育的關鍵在於「使孩子希望知道他們必須知道的事物」。

我爲了想要了解人們面對教育的態度如何改變，以及什麼樣的學校制度才能成功，所以來了一次環遊世界之旅。我的第一個目的地是芬蘭。這個位於歐洲北緣上的國家有五百萬人口，教育似乎已經達到了理想境界。PISA的評試之中，芬蘭學生在各個類別，不分數學、讀寫、自然科，得分不是第一就是第二。芬蘭是國民大學畢業比例最高的，而且經濟繁榮，有許多像諾基亞（Nokia）這樣的高科技公司。二〇〇七年的聯合國教科文組織報告中，芬蘭兒童的快樂評分高居已開發國家的第三名。

這些條件都導致芬蘭成爲教育觀察者心目中的聖地。每年都有來自大約五十個國家的一千五百多位代表想要一窺「芬蘭奇蹟」的祕訣。來的人也的確不會空手而回。可以學到的第一點是，及早起步加緊鞭策的教育模式可以有很牢靠的替代方案。芬蘭小孩子和別國的同儕不同，他們只在滿了六歲即將七足歲的時候才正式入學。他們在家或幼兒園度過的童年早期裡，遊戲就是第一要務。等到他們終於進了小學，每天上課時間短，有長假，有充分的時間上音樂、美術、體育等課程。

芬蘭的教育力求減少競爭。個別學校的成績雖然有記錄，卻不會公布。學生十三歲以前沒有課業成績單，除非家長主動要求發給。老師只就學生的表現寫下評語，學生從很小的時候起就常常做瑞吉歐學校式的自我評價。芬蘭沒有進階先修課程（AP）和能力分班，小學和初中都是能力參差不齊的學生一起上課。家庭作業按國際標準看來也是少的。芬蘭還有一個罕見的現象：沒有功文課程。補教在芬蘭等於是不存在的。芬蘭的家長相信學校上的課業量就夠了。赫爾辛基一位瀟脫的爸爸說：「如果我送小孩子去補習，就好像買了一棟全新的房子還在年年換新屋頂。反正小孩子出了校門就以遠離課業爲妙，能有時間休息或遊戲，或者就做單純的小孩子，總是比較好的。」

在芬蘭可以學到的第二點是，教師的行業受人尊敬是對各方都有利的事。進入師範學校在芬蘭是競爭激烈的，科班出身的老師要受五年專業訓練。多數芬蘭家長相信本國的老師能夠勝任。芬蘭的教育當局也能自制，不硬性規定全國的課業。學校在大致的全國性課程原則內有很大的自定課表餘裕。ＰＩＳＡ的研究結論之一就是，表現最好的學校，不分公私立，通當都有自定課程與預算的大權。

最顯著不同於其他國家的，也許是芬蘭教育不重視考試。芬蘭孩子除了高中課程的終結考試，以外並沒有其他標準化的考試。老師都採用隨堂考，個別學校也會用測驗追蹤學生的進度，但是爲入學基測而補習在芬蘭是聞所未聞，就如同熱浪不可能在冬季來襲。說來倒也諷刺，最不強調競爭和考試、最不喜歡補習和家教的這個國家，卻一貫在PISA的競試中領先世界各國。

多米士・萊納（Domisch Rainer）是一位在芬蘭居住將近三十年的德國教育專家。他認爲，之所以會有這種弔詭，是因爲芬蘭教育體制以孩子的需求優先，不以只熱中目標的家長和官僚的好惡爲重。萊納說：「這裡的孩子不會被當作桶子往裡灌東西——一星期灌進五課、十課、十五課之後，再用不斷的考試測量。我們不能強迫孩子配合制度或時間表或大人的虛榮心而加速成長，我們必須明白怎樣做才最利於孩子學習。許多國家都把這一點忘了。」

我爲了要觀察這個理念如何實踐，就從赫爾辛基往北走，到了芬蘭第四大城凡達（Vantaa），去參觀該市的維爾多拉小學（Viertola）。這個社區的居民是附近一座飛機場的專業人員和服務工作者，以及來自東歐和非洲的移民。

校長貝卡・凱希南（Pekka Kaasinen）在校門口迎接我。他穿著紅色的短袖襯衫，涼鞋搭配著黑短襪，整潔、有朝氣、和藹可親，脖子上掛了一串鑰匙，整個人令我想起學生時代的一位體育老師。我們走進磚造的校舍，經過鞋櫃排列整齊的教室。芬蘭孩子進教室是要脫鞋的，和在家裡一樣。

凱希南校長對於只拚課業成績的教育方式頗不以爲然。他認爲學校的第一要務就是培養好學的熱忱，不是在考試中拿高分。「競爭對於有些人有益，對於有些人則不然，所以競爭最好不要太多。」他說，「反正老師很淸楚學生做得到什麼、做不到什麼，所以考不考試沒多大關係。」他認爲，能力分班會打擊能力較差的孩子和發展較慢的孩子的士氣。維爾多拉的老師會給表現較弱的孩子多一點輔導，給表現較強的孩子比較重的課業量，在同一個班裡也是這樣。如此因材施教可以使學生專注，從而減少家長和教職員的困擾。維爾多拉全校有四百七十名學生，只有兩名在使用利他能。凱希南校長說：「因爲我們照顧到每一名學生，所以整體成效很好。關鍵是讓能力有別的孩子在同一班，畢竟外面的社會就是這樣的。」經濟合作發展組織的研究報告證明這是對的：不採行能力分班的國家表現好的學生比較多。

和校長談過之後，我去觀摩了六年級的一堂英文課。教室是傳統式的，課桌椅一行行排好，教室前方掛著黑板，有一扇窗面對著操場。一面牆壁上貼著學生上星期習作字彙時寫的俳句。教室裡的氛圍自在，有紀律也隨性，老師雖然是主導者，卻不居高臨下。我沒看見誰拿出教科書，因為這堂課是由學生朗讀討論自己的作文，題目是「我最喜歡的地方」。師生談話是英語和芬蘭語夾雜的。一名女生描述了她家避暑小屋附近的「糾結的灌木叢」。一名男生說他心中想的是一個「一切都安靜開闊的地方」，「我最好的想法都從那兒來。」

下課時，我和一些留在教室裡的學生做了訪談。目光銳利、垂著長髮的派屈克說，他不久前看到一部有關世界各地兒童的紀錄影片，看到其他國家的孩子承受那麼大的課業壓力，他嚇了一跳。「所以我覺得我們在芬蘭是很幸運的，不必一天到晚想著考試和分數。」他說：「我們不會和別人競爭，只和自己競爭。這樣學習是最好的。」

同班的賈利意見相同。「假如上學都是在比賽輸贏，大家會很累，會覺得沒有趣。」他說，「我曉得我自己覺得有趣的時候學習成績最好。」

芬蘭的教育制度倒也不是人人稱好的。有人說問題出在要求差的學生太高，對能力強的學生督促不夠。有人說應該更加強培養創造力和解決疑難的能力。有人說芬蘭老師太偏好一個人寫黑板講課的教學方式。說來倒也很奇怪，芬蘭人明明熱中科技，卻遲遲不把教室與科技連線。

更奇怪的是，成績斐然的芬蘭學校教育也漸漸被受到別國教育影響的那種家長施壓了。維爾多拉比較資深的老師注意到這方面的改變。他們說，現在的家長比以前更喜歡自作主張，他會打聽孩子的成績評等，要求特別管理自家的孩子，遊說校方多做成績評估、多一點家庭作業、多上一點語文課。有的家長呼籲政府效法英國，公布各個學校的評等。維爾多拉的教職員爲學校的未來感到憂慮。一位老師說：「我們芬蘭的教育制度並不是沒有缺點，但是這個制度很有效。與其試圖藉抄襲別國的錯誤來改進它，不如對功能良好的這個制度抱持信心。」

目前芬蘭仍居於帶領者的地位，不至於跟在別人後面走。芬蘭教育制度的一些大原則——少考試、少競爭壓力、少作業——正在世界各地攻城掠地。要求甚高的國際高中學歷認證（IB，對一百二十四個國家五十萬名以上的學生辦理），近年來已經把考試範圍減少。威爾斯已經廢止了七歲兒童的標準化考試，並且將十一歲與十四歲的標準化考試改爲非強制性的。英格蘭的初、高中學生自二〇〇九年起二、三年級的考試次數將減少三分之一。美國公立學校仍主張標準化考試，私立中小學和大學在考核學生時，已經不再以考試成績爲重。

甚至以製造「考試機器」著稱的國家，也漸漸不相信考試是評比學生的唯一標準了。南韓、中國等東亞國家的家長紛紛把子弟送到課業壓力比較輕的西方國家去受教育。國家教育政策也有了改變。新加坡的中等學校現在錄取學生不是只看標準化考試的分數，而是以個別志趣性向爲準。新加坡官員在討論要把考試精英教育轉向才能精英教育制度。教育部長沙曼·山穆加拉南（Tharman Shanmugaratnam）說：「我們如果只固守國家考試爲評量孩子的唯一標準，雖然這樣做透明而且單純，卻可能窄化我們對於才能的界定，也會窄化我們對於成功的定義。從一個講求效率的制度轉變成重視選擇的制度，會產生一些模糊之處。我認爲這模糊是好的；可以使個別特性、定義不那麼界線分明，沒有誰是屬於哪一種標籤，沒有誰被劃入固定的能力等級。每個人都有一些需要善加培植的才能。」所謂管理好了的孩子將成爲過去，以後兒童就只做兒童。

日本的改革更進一步，改革的經驗也凸顯了放輕鬆看教育的利與弊。日本近年來一直試圖減輕學校的課業分量，二〇〇二年的「輕鬆教育」(yutori kyoiku) 革命才是眞正跨出了一大步。它把上課時間縮短了將近三分之一，包括取消星期六上課，並且把教材也減少了。輕鬆教育也納入了通識課，宗旨是教導學生運用不同科門的知識解決疑問。改革的目的很淸楚：給日本兒童更多時間和空間，從而成長爲有多方面興趣與學習熱忱的人。

「輕鬆」方針的實施卻經歷了一番波折。取消星期六上課就遭到許多家長反對，因爲他們沒時間也不願意多照顧小孩子一天。有人說小孩子的學業成績可能因而退步。日本學生的讀寫與科學成績在國際上的排名下降，更證明這種疑慮不假。許多家長把小孩子轉到私立學校。也有些家長送孩子進補習班補上星期六的課。由於焦慮的爸媽們施壓，加上其他原因，許多公立學校自行拉長了上課時間，南韓政府於二〇〇三年決定取消星期六上課，也曾遭遇類似的反彈。

輕鬆教育其實是有其益處的。日本教育部做的研究調查顯示，減少教科書爲主的作業與同班競爭以後，學生培養出爲考試讀書以外的學習興趣。許多父母親說，輕鬆上課能促進孩子批判思考的能力，孩子也能更深入地讀教材。有些學生確實有了比較多的空閒時間，因此可以多休息、多出外活動、多與家人共處。甚至學業成績也有進步的跡象。最近做的能力性向測驗發現，五至九年級的二十三門學科成績都提高了（七年級的社會學科和數學也都進步了）。

日本學校教育之後的走向，一時還難料。二〇〇七年間，首相安倍晉三提議上課時數增加十%，因爲日本兒童必須更加努力。但是他同時主張必須限制作業量與學校裡的競爭。他這樣兩邊都不得罪，證實世界各地的父母親和政治人物都感受著緊繃壓力：大家都知道鞭策學業應有限度，可是又不得不把孩子越逼越緊。

日本能不能找到兩邊兼顧的平衡點，我們拭目以待。不過輕鬆教育的精神正在東亞傳播，其他國家也在尋覓教室減壓之道。南韓已經鬆弛了原有的教育制度，爲的是培養創造力、鼓勵拓廣學習範圍、避免大學入學偏重考試分數。東亞各國都有主張無壓力教育的私立學校興起。

甚至一些最重視成績的學校也借重了輕鬆教育的理念。例如南韓的明哲領導才能學校（Minjok Leadership Academy，又譯作民族史觀高等學校），這是領袖人才的培訓所，學生穿韓服，從早上七點到傍晚六點半只可以說英語，要學習傳統樂器，必須精通跆拳道或射箭。校長是前教育部長李敦熙，在這個儒家思想的堡壘裡仍然推行了新作爲：考試無人監考，學生有學生會組織。爲什麼這樣做？李校長說：「因爲我希望發現的是有才華的年輕人，不是爸爸媽媽製造出來的天才。」他說出的輕鬆教育宗旨，不久前在南韓還是離經叛道的邪說：「學校盡全力幫助學生樂在學習……不要讓他們受了壓力才讀書。」

明哲高校的學生欣然接受這種改變。身材瘦高的朴東生今年十七歲，希望以後能成爲韓國的李察・布藍森（Richard Branson）。他認爲學業壓力是一把雙刃的劍。「有一點壓力是好的。可是如果老是在沈重的壓力下學習，那就不是眞正的學習，」他說，「你覺得用功讀書是爲了自己，不是爲了老師或父母親，你才可能盡全力用功。」

我與瓊斯女士在帕洛阿爾托碰面的那次會議就充滿這種感想。主辦會議的團體叫作SOS，是Stressed Out Students（壓垮的學生）的簡寫。帕羅阿多有一些學校與SOS合作減輕學生的負擔，方法包括減少家庭作業、減少測驗次數、重新安排考試時間，以免學生在放假日也不得休閒，以及其他改革。那次會議後，我前往撒拉托嘉（Saratoga），去參觀那裡一所改革更徹底的學校。

加州是人間樂土的美譽，就是從撒拉托嘉這樣的城市而來。這裡的住宅房子大，許多後院都有游泳池，街道兩旁都有濃蔭的樹木。撒拉托嘉高中是平房建築，校舍圍著一個中庭，中庭栽種了巨大的加州紅杉，樹蔭下聚攏著一些藍色的金屬製野餐桌。校外的停車場上都是亮而新的賓士、奧迪、四輪傳動高級車。然而這裡不是懶散富家子女的才藝禮儀學校。撒拉托嘉高中是成績傲人的課業壓力鍋，在全美國的SAT測驗成績上數一數二，畢業生幾乎全數進入大學，其中不少是進入常春藤名校。撒中最著名的校友是電影人史蒂芬・史匹柏（Steven Spielberg），在校期間算不上明星學生，據他描述，他在這裡過的是「人間地獄」的日子。

那還是一九六〇年代的事。到了一九九〇年代，課業壓力大到不只是史匹柏這種特立獨行的學生受不了。學生出現壓力引起的疾病，有的人每天靠服藥才能夠把課上完。考試的分數仍然很高，但是少了頂尖學生應具備的一些不那麼容易衡量出來的東西。一位老師說：「姑且說是沒有了創造力的火花或快樂吧，這從孩子們的臉上就看得出來。」

撒中爲了舒緩壓力，於二〇〇五至〇六年的這個學年採行了長時段排課，也就是把每堂五十分鐘的課改爲九十分鐘，每天上課時數不變。這樣排課使每天要上的科目減少，早上加了課間休息時段。每堂課時間拉長可以使步調放慢，學生不會趕得馬不停蹄，而且可以比較深入地探討教材內容。

北美洲各地的學校都採行了長時段排課，卻也有很多人士表示反對。有人說這樣會來不及把教材學完，有人說同一科目不能天天上課會有中斷的感覺。有些研究報告指出，長時段排課不能提高學業成績。但是有些學校確實因而受益，撒拉托嘉高中就是一個。

撒中的老師大多數贊成這樣排課。教物理與化學的珍妮．賈西亞（Jenny Garcia）老師認爲，這樣使師生都覺得比較放鬆，因此效益也提高了。「我們做老師的能有比較多的時間來批改作業，學生也有比較多的時間舒壓，可以更專注。」她說，「我發現自己罵學生的時候大爲減少，每堂上課的『開場』時間縮短，可以比較快地進入情況，學生眞正在學習的時間也多了。」

人文學科方面，老師們發現學生的學習方式變得比較多面，也更有創造性。英文老師傑森．弗藍德（Jason Friend）說：「因爲步調不像以前逼得那麼緊，課堂上的討論大有進步，不再是只做表面工夫。我們現在都可以比較深入地談，看得出來學生比以前的興致高多了。」

教美國史與電影的金・安扎隆（Kim Andzalone）老師表示，每堂課時間拉長以後，她比較容易解除老師在講台上的威嚴，讓學生自由表達。「我們討論的內容更多更寬廣。學生知道有比較寬裕的時間消化教材、提問題、吸收觀念，不必從頭到尾坐著聽講。」她說。安扎隆老師前不久安排了一次以存廢蓄奴制度爲題的模擬辯論會。贊成蓄奴的一方說，十九世紀的「領工資的奴隸」處境比美國南方棉花農莊的眞正奴隸更苦，論點頗有道理。安老師說：「學生的思路令人驚歎。只要給他們充裕的時間，他們就能想出不錯的點子。」

調查顯示，撤中的學生對於新的排課制多數感到滿意。成績沒有退步，壓力卻減輕了。有四分之一的學生表示睡眠的時間增加了。我自己做的察訪證實調查屬實。午休時間我問了就讀高三的珍妮，她說自己每天的生活節奏改善了。「我覺得不再是以前那樣好像在別人的跑步機上拚命跑的老鼠，」她說，「上課的收穫比以前多了。」她的朋友蘇珊表示同意：「我今年表現比去年好了，因爲功課不那麼趕了。」

李察用運動競賽比喻長時段排課的優點，說得很有道理：「這和踢足球打籃球一樣，要有壓力才會發揮出全部潛能。時間的壓力和別人的期望都有這個作用。可是如果壓力沒完沒了，老是在跟時間賽跑，熱情就沒有了。會頻頻出錯，發揮不出自己的潛力。」

當然，撒拉托嘉高中依舊是競爭激烈的學校。長時段排課可以爲日常課程舒壓，但是學生仍然有課業成績和進入著名大學的壓力。課表上的小變動改變不了這個事實。高二生約翰說：「我們大多數人還是背負著期望，要成爲班上最好的。期望來自父母、社會，甚至我們自己。很多同學從頭到尾想的仍然只是『怎樣才能進常春藤名校』。」

這是盤據在許多有遠大志願的孩子和父母親心上的問題，因爲這個問題沒有簡單明瞭的答案。許多國家的大學入學申請都變成好像沒有定規可循。從小學到高中畢業德、智、體成績一流的人，也可能進不了自己夢寐以求的大學。二〇〇六年申請進入普林斯頓的高中畢業生中，擁有代表畢業生致辭殊榮的模範生有五分之四被打了回票。第二年，紐約的一位高三生從爭奪「理想」大學入學資格的激戰最前線，寄給我以下這封電子郵件：「我覺得現在大學的**花招**多得過了頭。大家發了瘋似的要參加每個社團，要參加所有的活動。今年的結果證明其實並沒有必中的魔術方程式。傑出學生代表被打了回票，比較懶惰的反而是申請什麼學校都被錄取。這種事誰也不敢說有幾分把握了。我認爲大家應該省點事，只做自己喜歡做的就好。這樣才能夠發展可以帶著去上大學的眞本事，不論去的大學是不是常春藤名校。」美國各地的高中教師和輔導人員都在說，有越來越多的學生不再只把目光放在校名上，他們現在要找的是最適合自己的大學，不是讓父母覺得體面的大學了。

但是做到這一點並不容易。因爲現代親職大功告成的最佳證明，就是把孩子送進明星大學。最能令做父母的得意的事，莫過於向親友宣布：我家孩子九月就要進牛津或是耶魯了。做子女的從小就明白這回事。西雅圖一位托兒所人員不久前問幼兒們「怎麼樣最快樂」，一名才四歲的小男孩立刻舉手大聲回答：「上哈佛大學！」

明星大學的確能給孩子鍍金、給父母爭面子。但是，爲了上明星大學投資那麼多心力和金錢，是否全都值得？也許未必，名聲響亮的大學裡，教授往往把重心放在研究和著作上，教課退居其次。而且上課時學生人數可能非常多。許多規模比較小的好大學可以提供一流的教育。二〇〇五年版的《大學如何影響學生》(*How College Affects Students*)中，分別任教於賓州大學與愛荷華大學的派屈克・特倫吉尼（Patrick Terenzini）與厄尼斯特・巴斯卡瑞拉（Ernest Pascarella）兩位教授認爲，所謂上了明星大學「可以影響學習、認知、智能發展，以及大部分的心理社會上的改變、有原則的道德推理能力發展、心態與價值觀的轉變」，都是無甚證據的。換言之，孩子一旦到了進大學的年齡，上什麼大學都一樣，對於大學畢業以後的表現影響不大。

賺錢的多寡也不受影響嗎？一流大學的學位難道不是爭取高薪謀得佳職的保證？在南韓或其他比較固執的文化中也許確實如此，但是在其他地方似乎越來越不是這樣了。在劍橋、康乃爾之類的名校裡，和掌握未來影響未來的人物同窗，固然有其益處，可是，現代的經濟架構裡隨時可能換工作，又不斷有新的行業產生，個人表現就比昔日同窗的關係網重要了。從最近的調查可以看出，「財星」五百大企業的前五十名之中，只有七家的執行長是常春藤名校大學部畢業。是不是執行長人才，不是名校的校園決定，重要的是進入名校的這個人。安德魯麥倫基金會（Andrew Mellon Foundation）的史黛西·戴爾（Stacy Dale）與普林斯頓大學經濟學家亞倫·柯魯格（Alan Krueger）曾經合作完成一項著名的研究。這個研究的結論是，預測一個學生日後是否成爲高收入者的主要指標，是他是否曾經申請名校，而不是他是否被名校錄取。戴爾說：「我們基本上認爲，會去申請進入名校表示這個人有雄心，所以不論進哪個學校，將來都會有不錯的成就。」注意了，只要是有雄心大志的人，「不論進哪個學校」都可以有所成就。這表示，我們的教育體制和我們身爲父母的目標，不應該是設法把孩子送進排行榜上的頂尖大學。我們的目標應該是培養有想像力、有紀律、有活動力、熱愛學習與生命的孩子。

高中教育也許同樣不宜迷信名校招牌。墨爾本市二〇〇六年的一項研究，可以讓擔心子女不進明星級私立中小學就注定一生庸碌的父母們鬆一口氣了。澳洲的研究者發現，公立綜合中學畢業的學生，大一的表現比私立中學和明星中學畢業生要好。英國和其他國家的研究也顯示，公立學校畢業生在大學教育上的表現比較好。原因各家說法不一。其一是，公立學校比較不會揠苗助長與亦步亦趨地微觀管理，學生能養成大學生涯與職場上必須具備的自律與自我激勵。

許多父母親爲了避免高壓與考個沒完的教育模式，乾脆不讓孩子上學。如今全世界都有在家教育的情形。統計數字雖不全面，可知西方社會如今已有上百萬的兒童是在家裡就學（有人說這根本不能算就學）。自一九九九年至今，英格蘭的在家受教育的兒童數目增長了兩倍。父母親選擇在家自己教的原因不一，有的是基於宗教信仰，有的是爲安全考量，但是有許多是因爲不堪學校的考試、進度、目標的霸道束縛。

約翰・柏克與妻子瑪格麗特就是爲了反對這種霸道。他們的兒子尚恩本來就讀曼徹斯特一所公立學校，成績還不錯，可是柏克夫婦受不了學校把考試看得比什麼都重要。於是，瑪格麗特在二〇〇一年間辭掉了超市經理的職務，回家自己來教尚恩。柏克夫婦和多數在家教育者一樣，很多時候是讓孩子來主導。例如，尚恩在社區公園看見火車呼嘯而過，看得很專注，瑪格麗特就帶著尚恩查火車的歷史。這引起了尚恩對於工業革命的興趣，一家三口又到本市美術館去看透納描繪工業革命時代的畫作。尚恩說起自己「中小學」的日子都是值得回憶的。「我記得隨時提出疑問又去找答案的那種亢奮，」他說，「我從親身經驗學到，自主地跟著好奇心走是健康的。」

柏克夫婦的在家教育並不是一帆風順的。剛開始他們也陷入在家教育的一個弔詭：為了給孩子自由斷然這麼做之後，可能反而讓孩子處處受到父母的管束。瑪格麗特說：「我明明是為了幫尚恩擺脫打分數的文化，才不讓他去學校的，結果卻發現自己時常在心裡給他打分數，因為我們老是在一起，讓他受教育的責任突然落到我肩膀上。」有些在家教育者始終未能完全克服這一關，但是有許多人克服了，柏克夫婦也做到了。「後來，我教自己放手，我們才找到了平衡點。」瑪格麗特說。

研究已經證實，在家教育可以養成孩子主動自發、喜歡學習、懂得應對進退，這樣的人正是可以在大學上課環境和「新經濟」中有所發揮的人。尙恩目前就讀英國某一流大學的商學院，剛剛得到在一所生技公司暑期工讀的職位。「在家接受教育不會隨時隨地在和別人比優劣，所以不用擔心自己會不會犯錯或出醜。」他說，「所以就會有自信去冒險，去嘗試自己的想法。」

爸爸媽媽們可以從在家教育得到一些借鏡。我們在前文說過，小孩子眞正需要父母提供的是時間和鼓勵。這並不是說，父母該把家變成學業訓練營一樣，時時刻刻審查教學潛能。其實就只是多和孩子對談，培養孩子對周遭事物的好奇心。簡單的小事往往是效果最好的。例如，全家一起到市立科學博物館去看蝴蝶展，或是聆聽鄰居老人家述說自己小時候的生活情況。不斷有研究證明，和孩子閒談就能幫孩子建立自信、豐富孩子的語彙、鍛鍊孩子的表達能力。在孩子就寢前給他讀故事書，培養閱讀習慣的功效遠遠超過用「智慧泰迪熊」下載的故事。

不過，就大多數的父母而言，給孩子找個好學校還是比放在家裡自己教來得理想，因此有必要問淸楚：具備哪些條件才是好學校？我們大多數人可以看得出來怎樣的學校算是好學校。好學校裡的學生會爲了興趣而讀書，不會只爲交作業和考試而讀。他們會在下課鈴響了之後繼續討論上課講的內容。他們回家時會主動和父母說一天上課做了什麼。他們敢質疑老師在課堂上說的話，不會把老師說的一切當作聖經似地抄成筆記。好學校裡的學生進教室時精神抖擻，不會像蝸牛爬似地不情願。

世界各國都有證據告訴我們，好學校的這些特質不能用考試分數衡量，也不能用加緊課業量和競爭來造成。這倒不是說壓力和考試都一無是處。研究顯示，弱勢家庭背景的孩子在學校的調教和課業鞭策下可以受益，因爲他往往從小就欠缺這類督促。其實就算是家境好的、父母有明確教育計畫的孩子，也一樣需要秩序、紀律、方向導引。考試可以給心智有益的專注鍛鍊，孩子大一點以後尤其可以藉考試強化專注力。甚至死背式的學習也有一定的益處。否則，不死背怎能記住九九乘法表和外語的不規則動詞變化？最好的學校知道用什麼方法教學生既能學好基本科目，又能享有自由。

這可不是件容易的事，但是有越來越多的學校在往這個方向努力。我這次教育觀光的最後一站是公立的聖約翰學校暨社區學院（St. John's School and Community College）。這所學校位於英格蘭的小城馬勃羅（Marlborough），一千五百名十一至十八歲的學生來自各種不同的社會背景。二〇〇一年間，校長派屈克・海瑟伍德（Patrick Hazlewood）認爲，不能再讓只重考試和進度的教學逼死學生和老師，所以斷然廢除了國家統一課程表。現在學生學習只有一個主題卻包納所有傳統科目在內的課程單元。例如「旅行」這個單元，學生可以學到數學科的速度問題、自然科的飛機影響環境的問題、英文科的保羅・索魯（Paul Theroux）與比爾・布萊森（Bill Bryson）的遊記。每一步發展都是爲了提高校方所說的五種「勝任能力」：處理資訊、處理改變、人際互動、世界公民、學會怎樣去學習。考試盡量減至最少。

聖約翰學校改變方針的一個最重要的部分——和瑞吉歐幼兒園相似，就是讓學生主導。老師會注意上課內容應該包括哪些觀念，除此之外，要如何探討是由學生自己決定，並且由學生在探討過程中自定課程。這樣做的結果是一種徹底的革命，可能也爲二十一世紀的其他學校指出一條可行之路。傳統式的學校教育所依據的觀念是，學生可以按照一套最適合老師和教育部官僚的方法受到教導、啓發、評量。聖約翰學校把這範式整個反了過來。海瑟伍德校長說：「對我們而言，學生的需要和學習行爲要擺在第一位。我們最終的目的是把學生從一個接受考試的人轉變成一個終生學習的人。」有些老師覺得這種轉向是個大難題，但多數是舉雙手贊成。凱西・波拉德（Kathy Pollard）是有三十七年工藝科教學經驗的老師（十五年是在聖約翰度過），她說：「看見學生重新發現學習之樂，教人歡喜得無以復加。我當初想做老師爲的就是這個。」

新的教學方法顯然成效頗佳。聖約翰學校雖然不按照國家統一課程上課，學生參加標準化考試的成績卻很好，分數全面提高了十％到十五％。學校的辯論代表隊不久前在全英錦標賽中進入決賽，擠下了著名的私立學校馬勃羅學院（Marlborough College）。教育督察形容聖約翰是「傑出」學校，學生是有自信的學習者，個人與團隊都能表現優秀。霸凌與違反校規的行爲大致已經看不到了，注意力不足過動者的比率也非常低。現在已經有全國各地的家庭爲了讓孩子進聖約翰而遷到馬勃羅來。英國境內有大約四百五十所學校以聖約翰爲榜樣進行改革。二〇〇七年間，英格蘭公布統一課程表瘦身的方案，以便老師有更多爲學生量身打造學習方法的自主權。

我造訪聖約翰學校是在暮春的一個陰霾飄小雨的早上。校舍是戰後樣式的磚與水泥造的灰暗方形建築。但學校裡的氛圍卻是充滿陽光的，陣陣熱切的交談活動聲，是世界各地的許多學校沒有的。這裡的學生不是在聽到上課鈴之後才拖著勉強的腳步進教室，他們一簇簇站在教室外面，等不及要趕快上課。有時候老師晚一點到還會被學生抱怨。

我和學生們一同等上課鈴響的時候，聽到三名學生在談上一堂課講到的內容。其中一位說：「只要資本主義經濟存在，我想全球暖化是停不下來的。」她的朋友卻說：「我看不至於。消費者的力量可以發生很大影響。公平交易協定的產品暢銷就是鐵證。」另外一位點頭說：「明天上課也許應該再辯論這一點。」

我觀摩的是一堂六、七年級的英文課。教室看來相當傳統，一排排桌椅面向著前方，課題釘在牆壁上，但是上課方式完全不傳統。學生們才開始進行的課程單元題目是「森林」，所以正在計畫到附近一處樹林實地去看。四名學生在教室的最前端做整理，其他人分成幾組，各負責一部分的計畫，包括畫定走的路線、列出同學們此行要學習的事物清單、擬寫一封向父母說明遠足宗旨的信等等。老師退居一旁，不時給一些提醒或建議。但基本上是學生們在主導全局。

負責寫信的這一組已經將信稿修改一次。湯姆的口氣很像一位編輯：「這樣不行。要寫得更有說服力，更能引起家長共鳴。」這話是什麼意思？

「好比信一開頭就用大人比較習慣的嚴肅名詞，例如『教育功用』之類的，不要說『我們想要』什麼的。」一旁的愛瑪說：「我們也應該把到森林去做什麼寫得再詳細一點。」我看到他們列出來的事項已經包括辨認鳥種和植物、丈量樹木高度、搬運莎翁名劇《仲夏夜之夢》(*A Midsummer Night's Dream*) 的某一景。

兩排課桌椅後面的規劃路線的一組學生正圍在一起看一張地圖。他們用手指和一把尺量出距離，再計算需要多少時間能走到。喬希注意到路線要經過交通繁忙的A4公路，就走到寫信的那一組去告訴他們。

「我們要告訴家長要走過A4公路，」他說，「說不定可以請一位家長來帶我們。」湯姆沈思了一會兒。「這個要寫在開頭還是最後呢？」他問，「我看寫在最後好了。免得一開頭就說他們會擔心。」其他人贊同之後，又一起想要怎樣寫比較妥當。

下了課以後，我隨便找了幾名七年級生閒談。他們每一個人都說到校來學習是多麼有意思，我簡直要懷疑是師長和他們套過招。然而，和他們相處幾分鐘後就知道這是眞心話。從別的學校轉到聖約翰來的學生，因爲終於擺脫沒完沒了的考試和拚死拚活的競爭，顯得尤其高興。「以前我們爲了考試要花一個多月的時間溫書，」愛娜說，「壓力大得要命，又累又煩。」

喬伊承認，少許壓力和一點點的友誼性競爭可以激發潛力。他說：「我們要編一個森林求生守則，算是森林課程單元的家庭作業。我自己的這個部分我做得非常努力，因爲我想做到最好。」愛娜笑著說：「我的部分也做得非常努力，因爲我也想做到最好。」即便兩個人都這麼說，競爭在聖約翰學校並不是目的，主要原因之一是很多作業都是團隊合作完成。「我以前的學校競爭太激烈了，考試溫書都是自己一個人，因爲大家都只顧自己，誰也不管別人。」喬伊說，「在這裡比以前好多了，因爲不必一天到晚想著要考高分把別人都打敗，大家可以互相幫忙，都可以專心去學自己有興趣的東西。」

前一陣子，七年級的課是關於古希臘人的。這個題目引起與古羅馬的比較，老師就找來一名十二年級生給大家講了一堂拉丁文。喬伊非常拜服。「我好喜歡，眞的很想以後去學拉丁文，」他說：「我希望學會說拉丁文，還要念關於古羅馬人的書。」他和另幾名同學打算下個學年組成一個拉丁文社。

這次教育觀光帶給我們的教訓是什麼？第一，並沒有所謂任何時地都適用的理想學校公式。芬蘭的教育體制未必能移植到義大利或加拿大或南韓，因爲那是芬蘭文化的體現。不同國家的學校本來就不會一樣，甚至同一國家之內的不同社區也會有不一樣的學校。但是，有些基本原則顯然是放諸四海皆準的：考試太多、課業太重、競爭太兇都會造成反效果，孩子如果能有充分時間和自由去探討他們有興趣而且能激發想像力的題目，學習效果就是最好的；一個課題如果能同時涉及多個科門，可以促成更多面的學習；遊戲和樂趣是教育的根本要件；受過優良專業訓練的老師應可勝任教職，不必解釋與量化自己的每一個動作；學校應有更多權力自訂課程表。我們面對教育時的態度應該與處理童年的其他面向一樣，要退一步，學習順其自然，不要強求。

許多父母親現在負擔不起，或根本找不到，符合上述所有條件的學校。所以政治人物應該加把勁，為二十一世紀好好整頓一下教育。他們要拿出改革的勇氣和靈感，不妨到聖約翰學校和學生共處一天。也許在這所學校能聽到最振奮人心的消息就是，學生出了教室以後的學習熱忱不減。我聽到他們談家庭作業，都有濃濃的興致。可以自選的作業無一不是眞正鼓勵發揮想像的，而且可以有幾天甚至超過一週的時間從容完成。例如數學作業，不會是一頁頁的紙上習題，可能是回家量出每個房間的長寬，再按比例縮小畫成平面圖。又如，讀過英王亨利八世（Henry VIII）與歷任皇后的故事之後，用古代八卦報章的語氣寫出感想。

「這些做起來都很好玩，因爲我們的家庭作業不會太多，做作業的時候眞的可以再復習一遍上課講的東西。」艾德說，「而且做作業可以發揮創意。」

愛娜點頭說：「我們的家庭作業其實很像課外嗜好。」

我簡直不敢相信，這是十二歲的初中生說的話嗎？他們都在讚許家庭作業呢。顯而易見，聖約翰學校走的路是對的。

7 家庭作業：戴莫克里斯之劍

我欣賞的老師除了會給家庭作業，還會教你帶點東西回家去思考。

——莉莉・湯姆琳（Lily Tomlin），喜劇演員

這件事說來像是學生的幻想。一位數學老師指定了暑假必須做的作業，全班發出哀嚎，然後就有一名學生決定要給老師一點顏色看。他的反抗行動不是把老師的車子輪胎扎破，或是用一捲衛生紙在老師住處扯開繞來繞去的搗亂，他找了律師正式控告了老師。

這件事卻不是幻想。二〇〇五年間，美國威斯康辛州青田市的惠特瑙高中的學生皮爾・拉森（Peer Larson）一狀告上法院，指控數學老師規定三個微積分作業毀了他的暑假。「休假的時候本來就不應該有工作，」拉森解釋他狀告老師的理由，「暑假應該是隨我自己高興支配的時間，不是上學的時間就不應該有學校的功課盯在後面。」他提告的

時候才十七歲，他的父親一路支持他到底。「這些高中生都只是小孩子，可是，逼他們每一科考高分的壓力卻越來越重，」拉森爸爸說：「到放暑假的時候，他們應該喘一口氣了。」

拉森父子成了風雲人物。媒體記者搶著要訪問他們，青田市的青少年穿起印著他倆照片的T恤。惠特瑙高中覺得這一點也不好玩。校方說他們打這場官司是白費時間和金錢，因爲老師本來就有隨時指定作業的權利。後來，主審法官也有同感，所以全案以不起訴終結。

拉森父子爲家庭作業控告老師，是做得過分了。但是他們的行動挑起了美國和美國以外許多人都有的感受。怎麼說呢？因爲每個孩子都曉得被家庭作業逼迫是什麼滋味，家長們當然也曉得。並不是人人都進得了聖約翰這樣的學校。艾略特・馬許是加州帕洛阿爾托的一名十一歲的學生，他說：「在學校要努力用功，回到家也要努力用功，好像功課永遠做不完。我還會做噩夢，夢到家庭作業沒做完。」

我的兒子比他小三歲，現在家庭作業卻已經好像我們全家的戴莫克里斯（Damocles）之劍一樣，永遠懸在頭頂。爲了讓他趕在規定的期限做好，我們連外出休閒的時間都要縮短。有時候他趕作業連早餐都沒時間吃，或者晚上拖到很遲才睡。有時候他會爲了趕作業而哭。這類狀況以後只會越來越嚴重。等到孩子再大一點，做父母的可能每天晚上得花三、四小時督促孩子的功課——甚至親自幫孩子做。《時代》（*Time*）雜誌最近一期的封面故事，說中了世界各地無數家庭的心聲，標題是〈作業侵蝕我家——小孩慌張，大人緊張〉（The Homework Ate My Family—Kids Are Dazed, Parents Are Stressed）。

對家庭作業不滿不是現在才有的。自從一百多年前公眾教育開始推行，家庭作業就是爭論的題目。早期批評者說，讓孩子做家庭作業，離開了教會和父母的教誨，會養成不順從的習性。也有人說，家庭作業會佔據遊戲時間，會打亂家庭生活。在一八九〇年代，一位美國的戰場英雄（也是兩個孩子的父親）指摘家庭作業是「造成神經耗竭與不安的手段，對身心都極爲有害」。幾年後，《女士家庭雜誌》（*Ladies' Home Journal*）說家庭作業是「父母支配下的國家罪行」。大西洋對岸的表現更爲激烈。一九一一年間，學生罷課行動傳遍上百所英國學校，六十二個城鎮的學生遊行抗議，要求上課時間縮短、廢止家庭作業。

一旦學界人士也質疑家庭作業的教育功用，主管當局就拿出行動來。到了二十世紀初期，美國的都市公立學區有三分之二把家庭作業限量或完全廢除。家庭作業在第二次世界大戰以後起死回生，是因爲恐怕蘇聯的資優神童領先太多。到了一九六〇、七〇年代，家庭作業在西方社會的地位又衰落了。一九八〇年代中期再度重振，部分原因在於恐怕埋頭苦幹的亞洲人不聲不響地超越西方國家的孩子。目前的統計數字呈現的狀況不一。有些調查報告說，美國兒童的平均家庭作業量已經比一九八〇年代初期增加五十%。有些調查卻說是略有減少。不論是增是減，從統計數字不易看出學校之間的差異。大致可以確定，富裕地區的家庭作業是顯著加重的，因爲這裡的學校更重視競爭文化。另一方面的改變是，連最低年級的學生現在也有家庭作業。英國自一九九〇年代中期起規定，五歲的孩子每週應有一小時的家庭作業。

爲什麼會這樣？原因之一是，政治人物認爲做家庭作業有助於提升學業水平，或至少可以提高考試分數。許多老師也覺得給了家庭作業是盡職的表現。此外，家長的焦慮也不無影響。一方面是爲了考試成績和升學之路盤算，一方面則希望孩子放學後不會在外面惹麻煩，有些家長會不斷要求老師再增加功課。許多高成就家庭把家庭作業當作地位象徵和安全閥。家長向別人傾訴孩子每天晚上做作業之苦，證明孩子上的是眞正的好學校。因爲家庭作家是教室以外的作業，二十一世紀的家長們因而有掌管大局的機會，可以從頭到尾監督孩子的功課，甚至把孩子的作業當成自己的事。三年級的孩子交的作業會有平面設計家的水準，往往是因爲他媽媽是平面設計公司的老闆，作業本來就出於媽媽之手。美加地區有一些富裕學區裡，學生到校以後，家裡才把做好的作業送來。

家住慕尼黑市的格麗塔・麥茲格時常要幫十歲大的兒子打點作業，把他做錯的地方改正，把他遺漏的地方補齊。「我知道他能自己做作業，可是有時候我還是得幫他改錯字，把最後幾題算術寫完。」她說，「我模仿他的筆跡眞的很像呢。」

我們雖然樂意幫孩子做數學習題，或是犧牲星期日幫孩子寫讀書報告，但即便在努力寫的時候，仍不禁暗暗自問：這樣做眞的有益嗎？

如果要簡答這個問題，還是前面說過的那一句話：目前無人確知。關於家庭作業對學生課業表現有何影響的研究，結果並不一致。一項針對六千名美國學生做的研究發現，如果從十一歲時開始每晚多做三十分鐘的數學作業，到十五、十六歲時的成績會比同儕好。但是，賓州大學兩位教授做了另一項研究，比較了五十個國家四年級、八年級、十二年級的數學和自然學科成績，得到的結果相反。他們說：「情況似乎是，哪個國家的老師給的作業越多，那個國家的學生表現就越差。」

如果是就低年級的孩子而論，家庭作業的功用最成問題。國際間的研究顯示，家庭作業對於十一歲以下的學童的課業成績影響極小，或沒有任何影響。達倫大學（Durham University）的課程評估管理中心（Curriculum, Evaluation and Management Centre）的主任彼德・丁姆斯（Peter Tymms）說：「學童六、七歲的時候吸收資訊容易得多，比較大一點的孩子的學習卻需要用功，所以家庭作業眞正有用是在後來。」

有些人贊成完全取消家庭作業。他們的論點是，家庭作業太重可能把家裡搞得充滿火藥味，從而產生反效果，使小孩子不願上學。他們也引用研究證據，說玩運動遊戲、園藝，甚至做家務，對兒童的益處都是大於每天下午和傍晚一頭栽進作業裡。前文談過，全世界兒童近視增多被歸咎於盯著螢幕看的時間太長。現在又有人說，近視眼激增是因爲學生把太多時間花在室內的課本和作業上，到戶外陽光下活動的時間太少。以色列有一項以十四至十八歲的男學生做的研究，發現偏重學習宗教經典的學校裡有近視眼的學生佔八十％，公立學校只有三十％。

甚至最熱烈贊成家庭作業的人士，現在也承認其中存在報酬遞減的問題。許多人主張每天最大作業量以每高一個年級多十分鐘爲原則。換言之，四年級的學生每天至多四十分鐘，高中生爲兩小時。這比現今許多拚成績的學校給學生的功課都輕多了。

專家們也在思考何種作業才是最有效用的。多數人建議把寫個不停的習題測驗卷收起來（這些多屬是非、選擇、填空之類），改用可以鼓勵學生多思考多發揮想像的作業。例如，設計用來測驗同學的數學題，研究家中該怎樣減碳，設計寵物海報或自己喜愛玩具的海報。

專家們說的話能有實際的影響嗎？當然有。不堪作業重壓的學生和家長叫苦的聲音越來越大，加上《家庭作業迷思：我們的孩子爲什麼要承受太多惡》（*The Homework Myth: Why Our Kids Get Too Much of a Bad Thing*）之類的書整理出來的證據越來越多，世界各國的學校紛紛開始將家庭作業減量，或是徹底改造。美國的許多學區重新規劃了限定家庭作業量的原則。南澳洲有些學校爲了讓學生有較多閒暇和父母親、朋友一起度過，索性完全禁止家庭作業。印度的中央中等教育局（Central Board of Secondary Education）也禁止小一、小二學生的家庭作業。英國的一些小學取消了算術與習字的作業簿，家庭作業改爲參觀博物館或烤製麵包。亞洲各國都有名校在減輕家庭作業量或完全取消。北京亞運村第二幼兒園的師長爲此承受了家長們要求課後作業加量的壓力。園長馮淑蘭說：「有時候我們必須苦口婆心地告訴家長什麼才是對小孩子最合適的。我跟他們說，單純的與孩子共處是很重要的。我跟他們說，小孩子過得快樂是很重要的。」

我爲了要了解這類措施對孩子們影響如何，就實地察看了家庭作業戰爭前線的一些學校。第一所是香港的漢基國際學校（Chinese International School），這是從幼兒園到高中的學校，學生從四歲到十八歲，共一千四百零六人。以前這裡的老師給的家庭作業都是一次比一次多。對於高收入的、外僑的家長們而言，孩子厚重的書包可以證明學校做事是認眞的。但是，就在五年前，大家都看得出來，很多學生已經不堪負荷，天天做功課到深夜，第二天再無精打彩地上課。因此學校大力整頓了家庭作業的政策，嚴格規定每一科作業的最高時數。這項改變本來是針對初、高中部的學生，後來又普及到小學部。許多學生的家庭作業都減少到原來的三十%。

漢基國際學校也不贊成家教與補習，除非學生眞正有趕不上課業的問題。每次家長與老師晤談，老師都要重申孩子必須有擺脫教科書的自由時間。副校長丹尼爾・華克（Daniel Walker）說：「我們要抵消一般人以爲做功課越久越努力就一定有越好的成績的想法。家庭作業的效用有一定的限度，過重了就會造成學生的生活失衡。」

並不是所有的家長也這麼認爲。有些家長仍然在遊說校方加重作業量，或是把放學走出校門的孩子直接送到附近的家教班。不過學校裡已經有了文化上的轉向。不久前，高二學生抱怨作業量不知不覺又加重了，這在五年以前是不可能有的行爲。華克副校長說：「他們說得沒錯，的確有點失控了，所以我們又往回減了。我們不希望學生負擔太重，爲了寫作業到三更半夜都不能就寢。」

重質不重量的安排果然奏效。漢基現在是香港考試成績和大學錄取率最高的國際學校之一。學生顯然也比以前從容，也便願意抽出時間參與一些不必趴在書桌上的活動。學校大辦公室旁的公告欄列出各式各樣的課外活動：跆拳道、網球、帆船、體操、室內足球、烹飪、乒乓球、田徑、文學社。笑容滑稽的十五歲男生魏大偉說：「打壁球的時候想到在別的學校的那些朋友還在做作業，我就會覺得很得意。尤其是，我考試的成績也不賴，就更得意了。」

上午課間休息時間的漢基學校操場上滿是正在活動的學生。有些男生在玩足球，一些女生在跳房子、玩老鷹抓小雞。叫聲笑聲順著開闊的樓梯傳到樓上。華克副校長含笑看著下面的人群說：「他們現在的生活樂趣比以前多了，當然比那些功課做不完的高壓力學校學生快樂。」他覺得學生現在比以前更能虛心受教，思想開闊，願意擺脫父母期望的束縛，能選擇自己的生涯之路。

漢基學校甚至因爲限制作業量而成了一種楷模。中國大陸的學校特別前來考察。香港的許多家長——包括華人和西方人——把漢基視爲理想的學校，因爲學校重視學生在教室外應有的自由時間和空間。現在漢基的招生候補名單一年比一年長。華克說：「總而言之，是教學政策改變的結果在說話。」

別的學校另有其他方法應對家庭作業的問題。卡基菲爾德（Cargifield）是蘇格蘭愛丁堡的著名私立學校，位於愛丁堡市外起伏的樹林地區，招收三歲到十三歲的學生。二〇〇四年校方取消指定的家庭作業，曾經造成頭條新聞。這樣做的用意是讓學生（以及家長）不再受對學習無甚助益的作業拖累，讓學生有更多時間放輕鬆、高興地玩。

卡基菲爾德並不是偷懶怠惰者的天堂。平時的放學時間可能遲至傍晚六點鐘，學生爲考試準備功課期間，老師也會留在學校裡提供協助。取消家庭作業是爲了鼓勵學生自己掌握放學以後的私下學習。但後果是功課重量減輕，報償則是與香港漢基學校相同。

自從取消正式家庭作業以來，數學與自然科的考試分數提高了二十%。學生們也有更多的時間來放輕鬆，加入課餘社團（棋藝、足球、獨木舟等等）的人數大增。卡基菲爾德的校長約翰·埃爾德（John Elder）說：「這主要關係著學生可以在年紀小的時候過得快活，不要在這個時期覺得每天都有做不完的事。我們應該樂在生活。童年時代過去了就不能重來。」

漢基和卡基菲爾德都是高檔的私立學校。公立學校如果削減家庭作業，也會有同樣的效益嗎？我爲了要一探究竟，回到加拿大愛德蒙頓造訪了我的母校維農巴福特初中（Vernon Barford）。一九八〇年代初我做學生的時候，沒人提過取消家庭作業的話。我們回家有作業要做，但是大部分時候是在校外打球運動，或是瞎混。到了二〇〇六年，維農巴福特走到了家庭作業的死胡同。每天早上都有一列學生從校長室出來等著午後留校受罰，其中也有課業甲等的學生，都是因爲沒有把老師交下來的工藝做完。維農巴福特的老資格數學教師茱蒂·侯克瑟瑪（Judy Hoeksema）說：「我們都曾經誤以爲多給家庭作業可以養成以後的良好讀書習慣。但是後來大家都明白，加重作業沒有多大用處。」

二〇〇六年夏天，學校師長們開會商討對策。爲了改掉讓學生做家庭作業是理所當然的舊習慣，大家擬了一些每次規定作業之前應當考慮的問題：這作業能促進學習激發想像嗎？作業量合理嗎？別的老師今天給了多少作業？此外，老師也開始允許學生在幾種作業之中做選擇，甚至鼓勵學生自己去想些可供全班討論解決的問題。

結果，平均作業量減爲先前的一半。初三學生每天寫作業時間現在是四十五分鐘，初一、初二是三十分鐘。家長可以要求作業加量，但是並沒有人要求，只有一些人私下表示這樣一點作業是不夠的。老師們都歡迎新的規定，因爲這樣他們有更充裕的時間準備要教的課，設計更有創造性的家庭作業。學生成績平均提高了四％，以學校原有的高水平而言是非常大幅的增加。校長史蒂芬・林區（Stephen Lynch）說：「我本來以爲成績不可能再進步了，結果卻又再提高了。」學校產生的改變還不僅止於課業成績的層面。現在學校的氛圍也和以前不一樣了，學生、師長、家長之間的關係不像先前那麼緊繃，學生的學習興趣顯然也比以前濃厚了。

初二學生麥克很高興作業負擔能減輕。「我和媽媽不像以前那樣常常爲做功課的事吵起來。」他說。他利用多出來的空間和朋友去玩滑板。「現在學校生活和學校以外的生活比較能平衡了。我現在週末也比較少到朋友家去過夜了。」

許多學生表示，家庭作業不再是一大堆選擇塡空的習題，可以鼓勵發揮創意。十四歲的摩根說到初三社會學的作業就興高采烈。老師教同學們根據俄羅斯革命的事實畫一套連環漫畫。「一定要把來龍去脈都弄淸楚了，才可能把它濃縮成漫畫。」摩根說，「這樣把學過的東西徹底消化之後，印象就變得很深，以後會想到，『對了，我記得曾經把那一課畫成漫畫，現在又可以變個方式用它來解答這個問題』。」

我們從這裡學到什麼教訓？第一，家庭作業未必是有害無益的，對初中以上的學生尤其可能有其益處。如林區校長所說：「有時候必須是獨自在家裡花腦筋做功課的時候，才眞正理解自己所學的。」不過作業不能太多，分量恰到好處，不至於排擠了休息、遊戲、社交的時間，才能夠發揮應有的效用。家庭作業不能只是爲了給學生找點事做、讓師長家長覺得安心，必須是有明確目的的。家長面對孩子的家庭作業時應該鬆手；也就是說，必要時從旁輔導，但不可以自己拿起筆幫孩子寫，並且把孩子寫錯的地方擦掉重寫。

權衡作業量除了提高課業學習效益，更重要的是藉此思考童年的眞正意義。如果我們希望童年是遊戲、自在、驚歎的時代，就不應該讓它被家庭作業佔據。我們自己最快樂的童年記憶是什麼？我敢打賭不會是寫數學習題抄課文的時候。我自己的是下午和朋友在門前的道路上打直排輪曲棍球、在車庫門上砸出傑克遜・帕洛克（Jackson Pollock）抽象畫般密密麻麻的網球印子。或者是拿著扭曲的掛衣架與木片做成的橡皮筋槍，在後院玩打仗遊戲。或是用樂高積木和彈珠改良設計出的迷宮遊戲。當年和我一起度過那些下午的同學，許多至今仍是朋友。至於那個時候做過什麼家庭作業，我們全都忘光了。

佔用孩子課餘時間的，當然不只是家庭作業。學生的生活方程式的另一項目就是補教。補習班和家教自一九九〇年代起興旺成爲全球化的企業。我在加拿大成長的一九七〇年代以及八〇年代早期，接受補教的學生寥寥無幾，而且都是功課上有問題的人，有補教也不會聲張。如今，加拿大的學生四分之一有補教，調查結果顯示，許多西方國家也有類似情形。在紐約的曼哈頓區，專攻學測的補習老師的價碼高達一小時一千美元，而且是候補生最高分的人才有資格受教。有志申請美國大學的孩子，從十一歲起就可以找專業顧問輔導。有一家顧問公司包上哈佛或耶魯的要價是兩萬一千美元。東亞地區的補教更普遍。南韓的家長花在補教上的錢多達國家教育預算的一半。香港的補習班名師是家喻戶曉的人物，大街上巴士上都看得到他們的廣告。有一位名師不久前拍了一支電視廣告，裝扮成中國古時候的大俠。功文理念是日本一位父親在一九五〇年代首創，如今已經發展成跨國企業，爲全世界四百萬名兒童服務，現在可以利用網路攝影機在網際網路上接受補習老師指導。許多網路老師可能是坐在印度的電腦終端機面前授課，正如其他工業外包給低收入經濟體一般無二。

補教業的盛況主要是拜家長之賜。有些家長是爲了彌補學校正課的缺點，也有些只是爲了讓自己的孩子領先別人。一旦有相當多的人家找上補教，其他人就會承受難以抗拒的社會壓力，結果就是跟進。加拿大的教育業專家潔妮絲・奧里尼（Janice Aurini）表示，補習已經列爲現代家長越來越複雜的職務內容的一項了。「這已經是優質家長的基本功之一，除了要送孩子去學鋼琴、打網球、踢足球之外，還得給孩子找個補習老師。」她說，「不過，這樣也就是假定孩子的一切都得交給別人打理了。」

孩子如果在學校課業上遭遇困難，有專業人士從旁幫一點小忙，當然是再理想不過。讓每個孩子都得到這種幫忙難道不好麼？這個問題和家庭作業的問題一樣，不是一句回答就能交代的。越來越多的研究顯示，補教也擺脫不了報酬遞減律。新加坡一項二〇〇五年的研究發現，許多成就期望高的家庭的孩子現在是負荷過重的，而事實是「補習家教可能有反效果，與國人的觀念相反」。南韓也有相似的研究發現，由家教指導事先預習要上的課程，根本不會提高成績。研究者指出，熱愛學習才是學業成績較優的可靠指標，家教補習不是。我們憑常識就知道，澆熄學習熱情的方法之一，就是把大部分課餘時間耗在補習班裡。

我去會見台北森林小學家長和學生的途中，曾與一群正要去上家教班的小三學生共乘電梯。他們都一言不發低著頭，忍著呵欠，背上壓著沈重的書包。一個小女生倚著電梯壁，閉上眼睛。電梯停住時她一震睜開眼睛。這群孩子好像走向行刑台的囚犯，垂頭喪氣排成單行進入了家教班，腳步還眞有點像蝸牛在爬。

有些研究當然也證實——家長憑經驗知道——家教補習對某些考試是有助益的。這不值得意外，因爲補教老師通常就是按照能使學生考試進步多少分來評量的。但是前文也說過，如果判斷學生表現優劣只憑考試分數，可能排擠了更有意義的學習模式。例如功文學習系統，主要是靠死背硬記。台灣官方曾經推行學習數學比較寬廣的思考方法，補教老師卻教學生用巧招和捷徑計算出正確答案。

因此我們又要回到前文提過的問題：教育的目的究竟何在？如果只是爲了爭取考試

最高分，那麼補教老師當然就十分重要了。但如果目的是鼓勵學生用自發的本能探索多采多姿的生活、培養學生的積極求知欲、幫助他們步上求學之路，那麼就與補教老師無甚關係了。補習可能剝奪孩子靠自己學懂新知識時的挑戰——以及欣喜，也可能模糊學校教育的弱點，而造成學生的競爭立足點不平等。

縱然是這樣，要阻擋補教這個龐然巨物並不容易。台灣和南韓的官方措施要抑制補教猖獗，卻遭到家長的抗議。因爲有太多學校提供的教育是低於標準的，考試分數又一直極受重視，在這種情況下，期盼家長排斥補教是不切實際的。

不過這不是無解的難題。只要我們能漸漸不把考試看得那麼重要，補教就不至於是不可或缺的一環。現在已經有更多學校是和香港漢基國際學校一樣，除了緊急的情況外反對借助補教。幾天前我的一位朋友在倫敦出席了私立中學教師的一個會議，全體與會者都呼籲家長把補教盡量減少或完全不用。老師們說：「教你們的孩子是老師的事，放學以後讓孩子喘口氣吧。」

這個訊息已經開始受到家長的支持。家住舊金山的葛羅麗・尼斯登曾經爲就讀初中的女兒愛碧請了家教，專教初中代數。但是愛碧一旦弄懂了代數，尼斯登便辭去家教。

她自己也是一位老師，認爲請家教是課業有困難時不得已的對策，但是錯在學校未能盡責，錯不在學生。

「如果我們的孩子放學以後的時間都得耗在書本上，就是教育系統出了問題，也許是整體社會出了問題。」尼斯登說，「一天只有這麼多個小時，小孩子必須有停工的時候。」問題是，我們如今這樣忙個不停的、時程排得滿滿的文化不容許有停工時間。假如孩子眞有沒在看書本的時候，我們又忍不住想送他去參加某種課餘活動，甚至參加兩種、三種……

8 課外活動：各就各位，預備，放鬆！

「天哪，天哪，我要來不及了！」

——白兔，《愛麗絲夢遊仙境》(*Alice's Adventures in Wonderland*)

瑞吉伍德是那種令人聯想到「美國夢」的地方。它位於紐澤西州北部的樹林區，環境清幽，市民兩萬五千，都是富裕人家。他們都在曼哈頓從事高薪要職，卻也不忘享受辛苦工作的成果。一棟棟漂亮的大房子都有開闊的庭院，院子裡有鞦韆，有彈簧跳床。寬廣的街道兩旁滿是橡樹、山茱萸、楓樹。往來的車輛都是豪華轎車和閃亮的越野休旅車。有的車上貼著本市的貼紙：「瑞吉伍德夠跩！」

如果走近一點看，這幅風景畫就顯得不那麼悠閒自得了。在學校門口、餐館桌上、超市的停車場裡，都聽得見瑞吉伍德人發出同樣的怨言：我們雖然住在二十一世紀的伊甸園裡，卻忙得沒時間享受它。

許多家庭從早到晚追著每日行程表。家長在上班與顧家之間拚命擠出交朋友、談愛情的時間，甚至難得好好睡飽一晚。孩子們也一樣忙，把學校課業沒佔據的時間塞滿各種課餘活動。瑞吉伍德有些十歲大的孩子忙到需要用掌上型電腦盯緊接連不斷的活動約會。乘前往會員游泳池或馬術俱樂部的途中，在車上吃晚餐或做作業，是這裡的學生常有的事。有一位瑞吉伍德媽媽每天晚上把更新的全家日程表，以電子郵件寄給先生和兩個兒子。另一位把時程表貼在大門上和載運全家人的汽車擋風玻璃的遮陽板下面。因爲要做的事太多，可調配的時間太緊，所以連送幼兒去赴玩伴之約都要大費周章。我特別喜歡的《紐約客》（*New Yorker*）漫畫呈現過像瑞吉伍德這樣的地方。圖中兩個正在等校車的小女孩手上都拿著個人行程規劃袖珍電腦，其中一個說：「好吧，我把芭蕾舞上課時間挪後一小時，體操課另外排時間，取消鋼琴課。你呢，把小提琴課改到星期四，足球不要練了，這樣我們就可以在十六號星期三下午三點一刻到三點四十五分一起玩了。」

不過瑞吉伍德人不甘願一直這麼受忙不停的時程表支配。一開始是少數幾位媽媽在廚房桌旁一起喝咖啡的時候發出抱怨，後來聲援的人多了，演變成一個小規模的自發運動。二〇〇二年間，瑞吉伍德人發起一年一度的「各就各位，預備，放鬆！」這項運動的目的，是讓這個每件事跑在最前面的城市在一年中的這一天全體放鬆：學校老師不給家庭作業，小孩子的課餘活動取消，家長提早下班回家。這是為了擺脫時程表的箝制；為了讓孩子們休息或遊戲或做白日夢發呆；為了讓一家人有共處的時間——不是開車送孩子去練球或練琴的途中那種共處。

瑞吉伍德有上百戶人家放下時程規劃表，參加了「各就各位，預備，放鬆！」這個運動傳到北美各地的市鎮，有些並不是和瑞吉伍德一樣富裕，卻也響應了大家放鬆的理念。紐約州的西德尼位於瑞吉伍德西北方一百三十哩，是個藍領階級的城鎮。當地的教育董事會決定每星期三下午四點半以後不安排任何課外活動，也不舉行會議，讓大家都有一個輕鬆的下午。二〇〇七年間，魁北克西北部的森林礦業小城阿摩斯舉行了第一次無活動日，這是以瑞吉伍德「各就各位，預備，放鬆！」為榜樣的。瑪莎・馬拉是幫忙當地一所精神保健機構規劃整個行動的人，也是三個孩子的母親。她說：「現在大家漸漸明白，大人和小孩子的生活如果都把節目排得滿滿的，大家一樣受罪。安排得有條有理的活動固然對孩子有益，但是不能多到忙都忙不過來。」

這種憂慮並不是新近才產生的。早在二十世紀初期就有人警告，給孩子安排太多才藝培養課程可能害多於益。暢銷小說家兼親職教育大師陶樂絲·康菲爾德·費雪（Dorothy Canfield Fisher）曾在一九一四年間說過，美國的父母親們「用壓力箝制孩子，榨取僅餘的零碎時間，逼他們去學會大人覺得有益的才藝」，從而剝奪了童年的「天賜的自發性」。一九三一年間，加拿大的癌症研究先驅露斯·法蘭柯（Ruth Frankel）指出，「現代的兒童的每一天被安排成規定好了的節目表，他們溫馴地上完一個個指定的課程，學習著美術、音樂、法語、舞蹈……直到幾乎一分鐘的空閒也不剩。」她擔心時程排得太滿的孩子會被折磨得筋疲力竭，從而「鑽到黑暗的電影院裡逃避厭倦感」。

同樣的憂慮在過去三十年達到白熱化。《蕭瑟的童顏》（*The Hurried Child*）、《望子成龍症候群》（*The Overscheduled Child*）之類的書籍，都是圖書館親職類書架上必備的。甚至兒童讀物也在討論這個問題。例如《貝倫史坦熊熊與太多壓力》（*The Berenstain Bears and Too Much Pressure*），故事中熊熊姐弟因爲參加了太多課餘活動，弄得全家老少熊熊都神經緊張得要崩潰。這些當然都是各界普遍憂心童年走樣所引起的抒發。可是許多兒童——尤其是中產階級家庭的兒童——似乎時程過緊的情形有增無減。密西根大學社會研究中心（Institute for Social Research）有一項時常被引用的研究結果，即是一九七〇年代晚期到一九九七年間的美國兒童平均每週被剝奪十二小時課餘閒暇。佔用這些時間的大都是大人安排的運動項目和其他活動。如今申請麻省理工學院的高中畢業生自述中，列出的課外活動專長平均多達十二項。從比較研究可以證明，美國中小學生屬於全世界活動時程表最密集之列，不過不在此列的國家也正在朝這個目標推進。

爲什麼現在會有這麼多孩子忙成這樣？原因之一是就業的母親人數增多。以前母親都待在家裡的時代，讓孩子在家裡和戶外附近玩耍是可以放心的。一旦婦女進入職場，大家庭也解體，就不得不另覓他法來解決小孩沒人照顧的問題。課餘活動正好符合這個需要：活動不但有人監督，而且可以培養孩子的才藝。不過，給孩子排滿課餘活動未必全都是因爲找不到人照顧。許多全職媽媽也會這樣做，部分原因是自我防衛：因爲別人家的孩子都在上安親班、才藝班、課外活動，沒有活動時程表的孩子根本找不到玩伴。如今這樣各人自掃門前雪的社會裡，有組織的活動往往是結識其他家長的方便之路——甚至是唯一的路。而且有些才藝班設計得好像一走進去就身不由己往下陷。例如，你給四歲的女兒報名進了每週上課一次的舞蹈班，不知怎的，變成隔日晚上練舞，接著又要到外縣市去參加比賽了。與其表示異議把氣氛弄得很尷尬，我們寧願說服自己這是孩子本來就需要的，甚至孩子說了不喜歡我們也不理會。前幾天我目睹一位媽媽帶著三歲的女兒從我家附近的托兒所出來，女兒邊哭邊抗議：「我不要去看芭蕾舞，我要回家去玩。」

無休止的課餘活動顯然也是防止孩子惹麻煩的一個好方法。畢竟，正在練曲棍球或上舞蹈課的人不可能吸食大麻或偷嘗禁果。擔心孩子乘大人不在場的時候胡來，是古今中外父母親皆然的，一六一六年出版的清教徒手冊《基督徒父母的職責》（*Office of Christian Parents*）就曾提出警告，孩子若有太多可以自己支配的時間，就有變成「懶散……邪惡卑劣的人、騙子、盜賊、好吃懶做、毫無用處之人」的風險。維多利亞時代贊成童工制的人說，整天在工廠做工可防止孩子搗蛋學壞。到了厭惡風險而一切以孩子爲中心的二十一世紀，防止孩子出事——包括防止孩子犯下「虛度光陰」的現代大罪——的焦慮更甚於以往，用課餘活動佔滿時間當然是一個上策。

當然，課外活動的盛況不是單單靠焦慮的大人一力促成。孩子們自己也貢獻了不少推力。小孩子希望成爲活躍的人，想要和朋友一起，想和大家一樣——而分秒必爭的文化裡大家都在忙個不停。麥特・寇瓦斯基家住芝加哥，是父母唯一的孩子。他滿了十一歲以後，就開始埋怨爸媽一次只准他參加一種課外活動。因爲他的朋友都穿梭在幾個社團之間，他覺得自己很不如人。於是他百般要求爸媽，把課餘時間排滿了各式活動。現在十四歲的他，每週有二十多個小時耗在參加三種運動隊伍和話劇社上。「我參加的每一項課外活動我都喜歡，但是有時候覺得太忙了，連睡覺的時間都不夠。」他說，「可是我不能怪我爸媽，因爲這是我自找的。」

課外活動並不是壞事，反之，眞正豐富快樂的童年是少不了課外活動的。許多孩子，尤其是較低收入家庭的孩子，確實可以從參加課外活動而受益。忙碌的課外活動時程使許多孩子不亦樂乎，中學生尤其樂此不疲。但是，課外活動也和家庭作業、新式科技以及現代童年的許多其他配件一樣，不能跳脫報酬遞減的法則，過多時會產生反效果。有不少孩子顯然已經成了過猶不及的受害者。

果眞是這樣嗎？有些學界人士說，所謂的課外活動負荷超重而累垮的孩子，乃是傳播媒體的神話。設在美國的兒童發展研究學會（Society for Research in Child Development）於二〇〇六年間做成一項有關課後活動之影響的研究，曾在育兒論壇造成大地震。按研究者檢視二千一百二十三名五歲到十八歲的美國兒少的資料而做的結論，活動時程超量的孩子少之又少。引發更多爭議的另一個結論是，課外活動最忙碌的孩子在校成績好、與父母關係融洽，而且較不會染上飲酒、吸菸、嗑藥的惡習。媒體於是做了一個乾脆的結論。《波士頓環球報》(*Boston Globe*) 用的頭條標題是「活動越多越好」。

如果仔細看過這篇研究，就知道並沒有這麼一句話。主持研究的耶魯大學心理學助理教授約瑟・馬侯尼 (Joseph Mahoney) 說話慎重得多。「這並不表示參與此類活動的孩子應該受驅策而投入更多，」他說，「這並不是說全家共度的時間不重要，並不是說停下來休息的時間不重要。」

我們也有理由對於他的研究結果不予照單全收。馬侯尼本來就是大力提倡課後活動的人。按他提出的警告，如果大家都在說學生的課外活動太多，政治人物可能以此為藉口刪減課外活動的經費。有批評者指出，他使用的數據是別人研究另外的題目所收集的，他沒有把參加課外活動者用在往返行程上的時間也計算在內，他對於不方便的數據加以掩飾——例如過量課外活動排擠家人共處時光也會助長未成年飲酒。馬侯尼與研究團隊也從未問過孩子本人，是否因為活動排得太多而感到疲乏或緊張。

此外，有越來越多的其他證據顯示有很多孩子已經忙不過來了。馬侯尼研究報告出爐前幾個星期，著名兒童保健網站 KidsHealth.org 發表了一項美國做的研究調查，顯示九至十三歲的受調者有四十一%說，大部分時候感到緊張壓力，原因在於要做的事太多了。有大約八十%希望能有多一點空閒時間，美國兒科學院二〇〇六年的一則報告指出，馬不停蹄參加課外活動的孩子有可能罹患與緊張壓力相關的疾病。

最重要的一點也許是，馬侯尼的研究完全漠視全世界的家長、孩子、老師、醫生都有的親身經歷。許多家庭爲了配合課外活動排得滿滿的孩子，已經把家人共處的閒暇犧牲了。美國各州都市啓用攝影機監控駕駛闖紅燈以來，逮到的違規者排行第一的不是駕駛改裝車的青少年，而是趕著送小孩去上課外活動的媽媽們。

《不平等的童年：階級、種族，家庭生活》（*Unequal Childhoods: Class, Race and Family Life*）的作者安奈特・拉羅（Annette Lareau）在爲寫書搜集資料期間發現，富裕家庭的活動超負荷兒童比低收入家庭的同儕容易疲勞，也比較容易厭煩，而且較不可能自主地遊戲。自一九八〇年代初就在瑞吉伍德擔任兒科醫師的韋恩・楊谷斯（Wayne Yankus），估計他現在的病患有六十五%是不堪緊張時程表的受害者。他說，這種病人的症狀包括頭痛、睡眠障礙、腸胃不適，都是壓力、晚餐時間太遲、疲憊引起的。「十五年前難得看見十歲的疲勞病患，現在是家常便飯了。」他最近聘請了一位治療師，每週到他的診所一天，和家長討論刪減時程表之必要。

時程排得太滿的另一個壞處是，沒有停下來思考反省的時間，小孩子大人皆然。因爲要做的事一件接一件，所以只顧眼前最急迫的事，例如：「我的護脛在哪裡？快拿來，不然我練足球要遲到了。」因爲要做的事都安排定了，所以不會自己想點子或自己安排娛樂。家住瑞吉伍德的羅麗・山普森深知這是什麼滋味。她把女兒梅根的生活從小就安排得緊緊湊湊，並且親自接送所有活動。等到小梅根三歲的麥可出生，羅麗自知沒那麼多精力給他比照梅根的周密照顧了，所以麥可是在自主時間較多的情況下成長。現在姐弟倆一個十四歲，一個十一歲，作風完全兩樣。「梅根常在傍晚時跑到我們夫妻倆的房間來，問我們她是不是該看一本書。她弟弟從不來問，要看書就自己去看了。」羅麗說，「梅根支配她自己的時間總是要問我們的意見，麥可都是自己弄自己的。」

如果自己支配的時間太少，在別人安排好的活動上做出好成績——例如運動錦標、舞蹈獎章、音樂獎學金——可能成爲獲得認可的主要途徑。一位家住瑞吉伍德的中學生說自己好像一張「會走路的成績單」。她說：「我總是覺得自己要把會的本領全部報出來，別人才會看得起我。」的確也有許多小孩子到頭來是爲了討爸媽歡心，才報名參加課外活動，或者只是爲了成績單拿出來好看。另一位瑞吉伍德的中學生說，「我有很多朋友參加球隊或是社團或是做志工，不是因爲自己有興趣，而是因爲申請大學的時候這些資歷可以加分。」

忙得團團轉的課外活動也可能使一家人困在惡性循環裡脫不了身。父母親會對於孩子課外活動既耗時間又要花錢感到無奈而抱怨（英國的爸媽們每年花在孩子課餘嗜好上的錢，多達一百二十億英鎊，其中有半數的活動是進行不到五週就半途而廢），孩子則是對於父母的抱怨感到委屈。別的活動太多，促進家人情感的一些沒有時程安排的簡單的事——放鬆地聊天、摟抱依偎、一同用餐、彼此不必說話地作伴——就沒時間做了。作家拉羅也發現，活動時程排得太擠的家庭裡，手足之間起爭執吵架的時候會比較多。楊谷斯在瑞吉伍德的許多家庭中也都看到有這種欠缺親密關係的情形。「遇到下雪天，活動取消了，每個人都驚惶失措，因爲他們突然被困在家裡，必須面對彼此。」他說，「他們沒有時程表上的事可做，就連日子也不知道該怎麼過了。」

逢到「各就各位，預備，放鬆！」的這一天，並不是整個瑞吉伍德都停工小歇。有些居民認爲這樣做很愚蠢，也有人認爲這是自以爲了不起。已經安排好的與鄰近學區的運動比賽不會取消，學校也不一定嚴格遵守不做家庭作業的口號，高中尤其不會。瑞吉伍德人卻覺得這一天的感覺很不一樣。由於趕著接送孩子而闖紅燈的媽媽少了，交通不像平日那麼亂。人們不再是見面只點個頭就指著手錶趕赴下個約，有可能停下來閒談幾句了。有許多家庭覺得，「各就各位，預備，放鬆！」的行動點醒了他們，二〇〇六年參加行動的人，有三分之一在事後把過重的時程表瘦身減輕了。

以吉文斯一家爲例。三個小孩本來都有忙不完的課外活動，連吃飯、睡覺、談話的時間都不夠。媽媽珍妮覺得快要不堪負荷，連慢跑也常常改爲繞著超市跑，爲的是可以節省幾分鐘時間。但是她總認爲自己有責任讓大家盡全力投入課外活動。「只要聽到有什麼活動，我就想讓孩子去試試，就怕是自己做得不夠，才讓小孩子有空閒時間。」她說，「我想給孩子最好的，但是內心深處還存著一絲幻想——雖然我不願意承認，就是小孩子可能在某一方面出類拔萃，可能因爲參加了某個課外活動班發掘出他的天才。」

我告訴她我也曾經想過我兒子將來可能成爲大畫家，她聽了大笑。「你也一樣吧。就是從這種想頭開始，」她說，「不知不覺就讓小孩子參加了各式各樣的才藝班。」

吉文斯家的孩子因此樣樣都得學。美術、西班牙語、足球、網曲棍球、壘球、排球、籃球、棒球、網球、童軍、讀書會，都報名參加了。每逢週末，爸媽兩人分頭送三個孩子趕場。小孩子閒在家裡的時間很短，而且動不動就吵架發脾氣。「各就各位，預備，放鬆！」來得正是時候，第一天晚上，全家一起烹調了墨西哥飯菜，還做了巧克力小點心。然後他們把聖誕節買來未拆封就一直放在高架上的遊藝棋戲「卡都」(Cadoo) 拿下來大家一起玩，結果大家歡笑不斷。「大家都大夢初醒，」珍妮說，「知道不必按時程表趕場是這麼一身輕的感覺。」

經過「各就各位，預備，放鬆！」的這一晚，吉文斯夫婦大刀闊斧刪減了孩子的活動項目，只保留他們眞正熱愛的。如今，十六歲的凱撒琳只參加美術、西班牙語、讀書會三項。十四歲的克里斯參加籃球隊和棒球隊。十二歲的羅絲喜歡的是足球、網球、網曲棍球。全家人的神經不再緊繃，三個小孩自從課外活動減量以來，課業成績都進步了。「來玩卡都」現在變成吉文斯一家相邀共聚的暗號。「大人小孩現在都比以前從容了，彼此感情也比以前親密。」珍妮說，「我們現在吃晚餐大都是全員到齊，彼此也更有話可談。」

瑞吉伍德的其他家庭也有跳出這種漩渦的相同體驗。有一位母親忍了很久終於鼓起勇氣，把一天到晚掛念著舞蹈課的十三歲女兒從舞蹈教室帶回家，這個舞蹈教室不准學生缺課，連家裡有要事請假也不准。結果這位女兒的反應是問媽媽：「你怎麼等到現在才讓我退班？」卡森家的小孩本來都是同時參與五、六種課外活動，現在也減爲兩、三種。十一歲的琴姆現在只練網球和排球，另外參加了話劇社。「這樣夠多了，」她說，「現在我有時間放輕鬆什麼都不做，覺得好多了，尤其是週末不像以前那樣趕場，眞的很高興。」

「各就各位，預備，放鬆！」教丁達爾夫婦換一種態度來處理孩子的暑假。因爲夫妻兩人都要上班，所以必須給分別爲九歲和十一歲的兩個孩子安排各種活動。但是，幾次節目過多的暑期疲勞轟炸之後，他們知道有問題。現在他們給孩子報名的夏令營不是每天從早到晚排滿節目的，而且晚上和週末可以休息或是找朋友，或是回家。十一歲的傑夫很滿意。「這次暑假太棒了，」他說，「有很多好玩的活動，我不會覺得無聊，可是也不會太累。」

瑞吉伍德居民也藉「各就各位，預備，放鬆！」帶動了其他新風氣。例如，每星期三是「自由遊戲日」，只要天氣好，就有大約八十名四歲至七歲的孩子在當地的小學操場上玩。他們跳方格、捉迷藏、拔河、編故事、拋球、唱歌、摔角，笑鬧聲響徹校園，聽著就令人精神一振。許多家長覺得眼界大開。「我從來沒想到要這樣做，就這樣隨他們自己去玩，」一位媽媽說，「我老是覺得自己應該給小孩子做好規劃，其實是不必的。」

自由遊戲日是不需要事前規劃的活動時間，這個時間卻需要刻意安排出來。說來很荒謬，甚至有點可悲。但是在我們現在生活的大環境裡，這也許是許多家庭必須走的第一步。顯而易見，「各就各位，預備，放鬆！」行動反映出一種更寬廣的重新思考。南韓前總統兼諾貝爾和平獎得主金大中就曾經說過，有必要「讓青少年擺脫課外活動的困擾」。著名的大學也表達了同樣的訊息。麻省理工學院調整申請入學的格式——不偏重課外活動項目多寡而重視申請者眞正的興趣所在，已經有了成效。按瓊斯主任估計，二〇〇七至〇八學年的錄取新生中，有七十名是按舊制不予考慮的。「每年錄取新生有一千名，所以七十人不算多，不過這已經是個起步。」她說，「這是在宣示，麻省理工學院要的是人才，不是課外活動大玩家。」

哈佛大學也叮囑新生進校門不要帶著活動過量的時程表。前大學部教務長哈利・路易斯（Harry Lewis）在學校官網上，發表一封公開信提醒學生，爲了從大學生涯以及人生得到更多的收穫，應當減少課外活動，多專注在自己眞正熱愛的學門上：「如果能給自己一些閒暇、一些娛樂調劑、一些獨處的時間，不讓太多活動佔據所有時間，而抽不出空想一想自己爲什麼做正在做的事，你就比較可能持續投注在一個領域有出色表現所必需的心力。」路易斯也把矛頭指向多做準沒錯的說法，他不認爲成績單上累積的項目越多越好。「如果純粹是爲了興趣而參加某項課外活動，不是爲了磨練領導才能以便畢業後謀職時多一項漂亮條件，那麼參加活動會更有益於平衡生活。沒有安排活動的時間裡，和室友親朋的人際互動，對日後人生的影響可能大於課堂上學習的內容。」這封信的標題是「放慢你的腳步：事半功倍度過哈佛生涯」(Slow Down: Getting More Out of Harvard by Doing Less)，等於正面挑戰時下多就是好的教育文化。

其他國家的人不約而同響應了這種呼籲。德國柏林市的凱斯勒夫婦有兩個小孩，麥克斯七歲，美雅九歲。兩人的課外活動項目本來包括小提琴、鋼琴、足球、網球、劍術、排球、跆拳道、羽毛球、英語。轉捩點是媽媽漢娜覺得是過量的課外活動影響了這對姐弟的情緒，所以兩人老是在爭吵。「我小時候有很多和兄弟姐妹共度的閒暇，大家感情很好，到現在還是很親。」漢娜說，「可是看看美雅和麥克斯的活動時程，忙得連見面的時間也沒有，怎麼培養姐弟情呢？」

漢娜決定把兩個孩子的課外活動減量爲每人三項。結果姐弟倆對於刪掉的項目毫不留戀，凱斯勒家中也開始有了手足和睦的氣氛。「我和弟弟現在處得比以前好了，」美雅說，「兩個人一起有很多好玩的事。」麥克斯眼睛往上一翻做個鬼臉，美雅狠狠瞪他一眼，兩人好像又要吵起來，結果卻笑成一團。漢娜得意地說：「我絕對不要像以前那樣忙來忙去了。」

有些父母親自己曾經深受其害，所以不願意太早就送孩子去參加課外活動學才藝。新加坡的吳大偉是位金融投資分析師，雖然已經做了爸爸，卻一直忘不掉從小被父母逼著學鋼琴和小提琴的壓力。他是有音樂天分的，兩種樂器都通過了高級檢定。可是他以前總覺得音樂是必須做的例行工作，爲了音樂必須放下玩具，也必須犧牲和朋友一起玩的時間。他一個人的上課、練習、聽音樂會的時程表，是全家人最重要的大事。自從他從家裡搬出來，二十多年都沒摸過鋼琴和小提琴。「音樂本來是非常美的，我卻因爲以前被逼得太緊而喪失了彈奏樂器的興趣。」他說，「我不希望孩子重蹈我的覆轍。」他從女兒南西很小的時候，就常常播放古典音樂給她聽，並且帶她去聽音樂會。但是他不急著送她去學琴。南西在七歲的時候，表現出對音樂的興趣以後，吳先生才買了一架鋼琴放在客廳裡，又找了一位只強調樂趣而不以通過檢定爲重的鋼琴老師。三年下來，現在十歲的南西有空閒的時候就坐到鋼琴前面去，早餐時間還時常彈幾段貝多芬給爸媽聽。她的興趣甚至影響了爸爸，現在吳先生也不時去彈一下。「南西喜歡彈曲子練琴，我想這是因爲水到渠成，沒有人在逼她。」吳先生說，「我們不會把她的學琴、練琴、聽音樂會的時程表當作全家生活的第一要務，大家都很自在。」

可是，萬一這麼遲才學琴耽誤了南西成爲音樂神童的時機，豈不要悔之晚矣？吳先生倒不擔心這一點。他知道眞正的天才是不會被埋沒的。例如指揮家兼作曲家伯恩斯坦（Leonard Bernstein）是十歲時才開始彈鋼琴。「假如南西將來成爲演奏名家，那當然很好，」吳先生說，「如果沒有成爲音樂家也無妨，至少她是懷著喜歡彈琴樂在音樂的熱情成長的。」

許多家庭在刪減孩子課外活動項目以後，變成一同用餐的時候增多了。節奏快而時程緊的文化中，邊辦公邊用餐、邊看電視或電腦邊用餐、邊走邊吃、坐在汽車裡解決一餐，都是常態，全家人一起用餐反而是難得一見的。曾有一項研究發現，英國有五分之一的家庭從來不在一起用餐。諷刺的是，一般指稱課外活動——包括家庭作業——的種種裨益，有許多其實只藉家人一同用餐這麼簡單的行爲，就可以達成。許多國家都有研究證實，經常和全家人一起用餐的兒童在學校表現優良的可能性較高，心理健康較佳，飲食營養比較均衡，未成年發生性行爲或嗑藥飲酒的比率也比較低。哈佛大學一項研究認爲，全家一同用餐對於語言發展的正面影響，甚至大於家人一同念故事書。另外有一項調查發現，美國的全國獎學金模範生（National Merit Scholars）的唯一共同指標，不分種族與社會階級，就是經常全家共進晚餐。不過，這裡所說的是親子互相問候、詳細討論想法、述說彼此見聞的晚餐，不是大家眼睛盯著電視，除了「把醬油遞給我」之外不說其他的晚餐。

一家人聚在一起吃一頓飯爲什麼會有這麼多益處？如果就營養均衡而論，答案自然顯而易見。讓一個九歲大的男孩子吃蔬菜，是和爸媽一同用餐的時候容易，還是隨他在自己房間的電腦前面一個人吃的時候容易？此外，在餐桌上融洽地交談也可以教孩子體會自己受關愛是無條件的，不是因爲成績好。這樣的親子交流可以讓小孩子學習言談、傾聽、講理、妥協，這些能力都是高EQ必要的元素。當然全家人一同進餐並非都是一團和氣的，有些是極端痛苦難堪的。玩累了的幼兒、生悶氣的中學生、情緒緊繃的父母親圍著一張餐桌而坐，氣氛絕對好不起來。但是話說回來，應對衝突本來也是人生的功課。

總之，全家一同進餐已經是新興的風氣。二〇〇四年開播的電視節目《幫你做晚飯》（*Fixing Dinner*），內容就是家人如何一起烹煮並且享用晚餐，吸引了數以百萬計的加拿大、美國、澳洲觀眾。消費者團體明特爾（Mintel）二〇〇五年的調查報告顯示，英國人全家一同進餐的數目在攀升。美國人繼「家人擺第一」（Putting Family First）與「國定家庭夜」（National Family Night）等行動展開以後，也紛紛身體力行。例如明尼亞波里斯（Minneapolis）的柏欽斯基一家，說定了每週至少四天全家一起晚餐，同時也把小孩子的課外活動刪減了。分別就讀初、高中的三個孩子每人減少一項活動之後，睡眠時間比先前充裕，在校成績也都進步了。柏欽斯基一家的感情也比以前融洽了。十五歲的安琪拉說：「晚餐是我們藉談天共處給親情加溫的時間。不像以前那樣忙個不停，會覺得很自在。」

有人說，像柏欽斯基一家這樣增加親子共聚減少課外活動，出發點並不正確，不是爲了重視親情而促進親情，是因爲有研究說這樣可以提高課業成績。這樣說也許有幾分屬實。的確有些家庭是看到別人都往這個方向走才跟進，但是，能這麼做總比課外活動負荷過重要好些。有不少家長即便開始的動機不對，但是做了之後就會爲了正確的理由持續下去。安琪拉的爸爸說：「不論當初的動機是什麼，做了沒多久就會明白，課外活動減量的最寶貴收穫，就是得到更多家人共處的時間和做自己的時間。父母親有兩個人共處的時間也很重要。」

小孩子課外活動太多的確會加重父母親的負擔。如果一家人的生活完全以小孩子爲重心，如果父母親連自己的時間都沒有，做爲家庭基石的夫妻關係可能破裂，結果就是大人小孩都受害。抱怨小孩子侵擾成人的時間，是自古就有的事。凡是曾經和眼睛耳朵全放在小孩子身上的爸媽同桌吃過飯的人，大概都能體諒十八世紀的詹姆斯・鮑斯威爾（James Boswell）抱怨晚宴被兩個幼兒破壞無遺的心情：「他們嬉戲吵鬧，把所有人的聲音都壓下去。藍敦（Langton）及其夫人卻渾然不察，得意地親吻自己的孩子，除了小孩子說的話，其他一律充耳不聞。」這種場景現在隨處可見。我們都有過帶著嬰幼兒與別人同桌的經驗，大人在這種時候要聊上幾句都是很費力的事。孩子的課外活動如果排得太滿，父母這種被嬰幼兒絆住的時間就會拉長。如今走到哪兒都聽見爸媽們在說，因爲孩子的課外活動太忙，大人既沒有單獨相處的時間，也沒時間和朋友聚會。

班傑明．羅傑斯和妻子莎莉就是一個例子。他們在紐約布魯克林區開了一家外膾公司，兩個孩子還小的時候，他們每星期都相約外出，把孩子交給臨時保母照顧。後來小孩子的活動節目越來越多，他們就無暇自顧了，每週一次的約會變成隔週一次，繼而變成每月一次。現在十四歲的潔姬和十二歲的麥可，當時分別都參加了四、五種課外活動。「有一天我看看自己的掌上電腦，發現我先生和我已經有一年多沒有兩個人一起出門了，」莎莉說，「除了一起去參加家長會。可是那不能算是夫妻倆外出。」這對於夫妻關係有很大的負面影響，兩人漸漸有了疏離而常起爭執。「我們倆的生活完全是藉孩子支撐，只有小孩子是我們的共同點。」班傑明說，「我們的婚姻正在漸漸的耗竭。」看見處境相同的朋友走上離婚之途，羅傑斯夫婦決定找出自己的對策。

學校放暑假的第一天，全家圍著廚房的桌子坐下來，決議全家的作息不能再以小孩子爲中心，必須立刻給爸媽挪出自己的空間來。麥可的曲棍球活動要喊停。「反正我本來就不是多愛打曲棍球。」麥可說。潔姬的排球活動換到不必經常趕場的另一隊。小孩子活動減量空出來的時間，要擔保父母親每週至少有一個晚上可以外出享受兩人世界。

現在羅傑斯夫婦的感情好多了。「我們花了太多心力要給孩子最好的，結果卻傷害了我們的婚姻。」莎莉說，「犧牲孩子的課外活動比起離婚來算不了什麼。」兩個孩子都歡迎爸媽的決定。潔姬說：「爸媽不像以前那樣大驚小怪愛發火了。我們感覺得出來，他們兩個人比以前親密了。現在全家人不再忙來忙去，眞的很好。」

麥可表示有同感。但是他還有一個不是爲全家著想的獲利。「知道不再忙來忙去的最大好處是什麼嗎？」他問，並且拿起 iPod 往自己的房間走，「就是有時間睡大覺。」

面對小孩子的課外活動時應該做的調整，不只是項目多寡而已。另一個該調整的是求勝心態。處在現今競爭過度的時代，父母親對孩子的期望無限上漲，不論孩子參與的是鋼琴、陶藝，都被當作奪冠的大戰。一位母親不久前對我說，她曾經整夜躺在床上計畫，怎樣可以使兒子在童子軍活動中贏得最多的獎章。

至於運動項目的爭勝更不在話下。運動項目是最普遍的課外活動，也是競爭最火爆，麻煩最多的。

9 運動項目：玩眞的

眞正重要的是孩子玩球，是玩球和孩子本人。

——奇哥．布亞格（Chico Buarque），歌手兼作曲者

克里斯多夫．弗維奧（Christophe Fauviau）是一兒一女的父親，曾經擔任直升機飛行員。他眞心期盼孩子在網球方面出人頭地，給他們買最上乘的配備，花錢請私人網球教練，並且到場觀看孩子的每一場比賽。兒女在法國青少年網球壇的排名漸漸上升之際，他也跟著他們巡迴歐洲各地，在比賽時爲他們壓陣。然而，不久之後，他這份望子女成龍鳳的心走火入魔了。他開始偷偷將一種會引起睏倦的抗焦慮藥物特美它（Temesta）攙入孩子比賽對手的飲水，兩個孩子都不知道他在做虧心事暗助他們。這種事進行了將近三年，至少有二十名對手因爲有睏倦感和視力模糊而敗給弗維奧的子女。他的詭計終於

敗露，是因爲一位被他下藥的選手賽後開車返家時出車禍身亡。二〇〇六年間，這位惡魔網球球星爸被判了八年徒刑。

這件事在世界各地都成了頭條新聞，許多社論都展開心態檢討。弗維奧的敗德行爲被當作警世故事，提醒爲人父母者不可在子女的運動項目上陷入太深。一位法國的評論者說：「這個案例足以爲現代父母親的前車之鑑，如果我們執迷不悟，依舊把孩子的每件事都看得攸關生死，遲早會步上弗維奧的後塵。」

這話說得也許太嚴重了些，但是，父母親涉入孩子運動比賽（不論是後勤上或情緒上）的程度超過以往，乃是不爭的事實。青少年運動比賽在十九世紀始於校園，在第二次世界大戰以後眞正風行。加入一個本地的運動隊伍（通常是由隊員家長擔任教練），在許多國家成爲戰後嬰兒潮這一代的成年禮。但是參與的孩子們都是非正式地比賽玩玩，而且是利用閒暇時間玩，主要也是因爲閒暇的時間很多。場地可能是一處空地或大街上，一群人先說定了比賽規則，然後分邊成隊，推一個人當裁判，大家就玩起來。參加者沒有制服，不會讓技術遜的人坐冷板凳，不用戰術盤講解，沒有大人坐鎭指揮。我的童少年期大部分時間在玩曲棍球、足球、橄欖球、棒球、網球中度過，沒見過大人到場。新一代成年人把期望子女比自己強的潮流帶進青少年運動比賽，競爭才一發不可收拾。因爲學校注重體育遠不及智育，青少年運動便轉入「民間」，落進弗維奧這樣的人的掌控。

且看這一變的後果吧。許多國家的兒童的運動比賽現在就像袖珍的職業運動，有組織完備的聯盟，有運動員的成績記錄，有專業教練，還有不惜一切代價獲勝的精神。幼兒還包著尿布就開始上體育培訓班，四歲大的時候就旅行到外縣市參加四歲級的比賽。許多隊伍現在都是全年都有比賽，比職業運動員的球季還要長。父母親們爲了幫孩子拉高隊伍水平，會砸大錢請名教練，給孩子僱私人訓練老師。據一項調查發現，美國的家長們每年花在孩子運動訓練上的錢多達四十億美元。

這麼積極倒也未必是壞事。有組織的運動比賽對兒童可以有很大益處，可以吸引他們放下 Xbox 和其他的引誘，可以提供操練的機會，可以教他們關於團隊合作、紀律、勝負得失的重要意義。私人教練可以磨練投、擲、接、揮的技巧。問題出在許多教練和家長不曉得適可而止，如何約束失控的大人，現在是每年一度的國際少年運動會議（International Youth Sports Congress）不斷提出討論的題目。

不論走到世界哪個地方，都會看見爸爸媽媽們爲使隊伍選拔、比賽戰術、訓練方式對自家孩子有利，而和教練吵架鬥狠。甚至大學的體育部門也必須應接憤怒家長的來電，解釋他們的子弟爲什麼不能打中場位置，或是他們的女兒爲什麼還沒當上排球隊長。「每次祕書告訴我有家長打電話來了，我的心就往下沈，」美國一所大學的籃球教練說，「我曉得又有人要罵我有眼無珠，看不出他的兒子是麥可·喬丹（Michael Jordan）的接班人。」

許多家長都是比賽場地邊線上令人頭痛的角色。學校運動會的競賽項目哪怕只是拿湯匙盛著雞蛋賽跑，或是套著袋子跳，都有家長在場邊叫罵加油。小孩子漏接球、一球沒投中籃、傳球一次失誤，就挨家長一頓罵，是世界各地都有的事。我在一九八〇年代擔任足球賽裁判時，偶爾聽到觀眾席傳來的不服氣的嘲諷，現在變成持續不斷的尖刻叫罵。

道格拉斯·阿布藍（Douglas Abrams）是密蘇里大學（University of Missouri）的法律教授，也有多年擔任少年冰上曲棍球教練的經驗。他爲了要引起大家對這個問題的重視，每天發出一封電子郵件公告，內容是報章雜誌文章記述的世界各地的大人們的劣行惡狀。且看最近發生的一些實例：英國的教會坪村中舉行十六歲以下橄欖球賽，結束時有二十多位家長打群架，所以報警處理。美國北卡羅萊納州一位媽媽因爲撲向少年籃球賽的官員將其臉部和頸部抓傷，被判終生不得進入少年籃賽現場。美國費城的一位父親因為不滿六歲的兒子在足球賽中上場時間太少，持槍恐嚇足球教練。因為熱烈過度的家長造成的威脅嚴重，所以有些青少年運動聯盟的裁判現在會攜帶手機上場，以便遭到攻擊時求救。也有一些裁判要求比賽結束時由安全人員保護離場。蘇格蘭愛丁堡的少年足球賽觀眾行為太惡劣，所以聯盟方面現在都找不到足夠的裁判。

為什麼會變成這樣？也許是因為運動項目比課業成績和其他課外活動，更容易挑起競爭的衝動。也可能是因為有些家長迫切期望孩子得到體育獎學金，以便抵消節節攀升的大學學費負擔。根本的原因卻是，我們有太多人是在透過孩子體驗運動勝績。孩子以某項運動為樂已經不夠了，他還必須成為明星運動員，贏得錦標，登上報紙的地方版。弗維奧下藥案的審判過程中，檢察官形容被告是「把子女當作自己成功幻想目標的一名成人」。弗維奧自己也在庭上說：「我覺得別人好像永遠是按我子女的表現來評判我。」明尼蘇達大學的運動心理學教授黛安．魏斯畢翁史塔（Diane Wiese-Bjornstal）認為，許多父母親漸漸期望子女帶來圓滿的運動經驗。「這裡面有一種贏了才對得起我的心態。」她說，「許多父母親把孩子當成商品與投資，覺得孩子欠他們的，為了他們應該爭取到上場時間、獎學金、身分地位。這是藉孩子實踐好勝的親職行爲。」換言之，青少年運動不再是小孩子的事，而是大人的事了。

情形和童年的其他部分——學業、玩具等等——是一樣的，大人的考量一旦擺在第一位，小孩子就全盤皆輸了。許多小孩子因爲拚命要做明星運動員或達到父母的期望，不惜服用危害自己健康的藥物提神。一項研究發現，美國高中生使用促蛋白合成類固醇的人數現在已經增至一九九三年的三倍。使用藥物強化體能、速度、耐力的案例中，年齡最小的只有十一歲。爲求勝利而不擇手段的觀念也滲透到教室裡。根據美國的「約瑟夫遜倫理研究所」(Josephson Institute of Ethics) 的一項發現，青年運動員在課業上作弊的人數有增加。研究結論是，「多數的孩子覺得，運動對於課業作弊是鼓勵多於阻止的。」

運動過量釀成兒童嚴重運動傷害的病例也在增加。肩部生長板受傷與背部拉傷而就醫的案例，年齡最小的僅八歲。我們不妨看一下布狄亞・辛 (Budhia Singh) 的例子，他從三歲起就參加長跑比賽，成爲全世界最年幼的馬拉松選手，優勝成績在世界各地成爲頭條新聞，還拍攝了三個電視廣告，得到「印度阿甘」的封號。但是揠苗助長的惡果不久就出現了。二〇〇六年間，醫生發現他營養不良、貧血、血壓高、心臟負荷過重，要他停止賽跑。

過早投入單一運動項目和過早開始課業學習一樣，都會有不良後果。賽弗里亞諾·巴萊斯特羅（Severiano Ballesteros）因爲少年時代受傷後訓練太努力，整個高爾夫球生涯都受背痛之苦。父母親卻相信專家所說的，練了一萬小時的功就可以精通一項運動，所以等不及要孩子練滿那個時數。教練們也積極贊成及早專精化，因爲可以佔到競爭上的優勢，體操和滑水界尤其鼓勵這麼做。問題卻是，早期各項運動都參與，多方測試體能之後再決定專攻某一項，才是對孩子更有益的。多數研究運動科學的人士，都不贊成小孩子在滿十三歲以前專攻一個項目。紐澤西州藍姆吉的「精英運動成績研究中心」（Elite Athletic Performance）的青少年培訓計畫主任托米·巴弗拉（Tommi Paavola）說：「運動員基礎未打好之前，就把體能活動的項目縮減，可能對孩子的長遠發展有害，也會扼殺稍晚才會表現出來的潛能。我們往往在沒有培養運動員之前就製造比賽能手。」

過早專精化的風氣也可能埋沒發展起步比較晚的孩子。大家耳熟能詳的運動天才，如老虎·伍茲（Tiger Woods）和威廉斯（Williams）姐妹，都是望子女成龍鳳的父母一心一意培植，甚至犧牲自己，把他們一路送上世界運動金字塔的塔頂。這樣的運動神童變成超級巨星的故事之所以爲世人稱道，正是因爲他們都是不尋常的特例。我們看見的是高爾夫名將魏聖美，卻看不到有數以百計年齡和她相仿的青少年，不堪密集訓練比賽半途而廢。另一位網球神童珍妮佛・卡普里亞蒂（Jennifer Capriati），在成爲世界頂尖明星之後做出在商店行竊之舉。值得注意的是，運動神童們仰望的老虎・伍茲並不是一夕之間爆紅的。他十六歲時參加了一次美國職業高爾夫巡迴賽（PGA Tour），十七、十八歲時參加三次，十九歲四次，二十歲三次，到二十一歲才正式成爲職業選手。他的父親厄爾・伍茲（Earl Woods）拿定主意，在這方面不要操之過急。「我守住一個原則，絕對不推他去做超出他能力的事，何必讓他受那種罪？」

道理很簡單，早熟的運動天才並不擔保未來就是運動明星。我在這方面有切身經驗。我學走路特別早，滿七個月之後就開始走，幾星期後又學會拍球。我爸爸以爲這個兒子以後可能成爲球王比利（Pelé）第二，結果我在足球場上只是普通角色。問題在於，每個孩子的發展步調不同，要等到過了青春期才能確知分曉。小學時期在運動場上落人之後的人，有可能在高中時代變成出色的四分衛。九歲時號稱足球神童的人，可能到十五歲時連候補都排不上。許多運動明星按現今青少年運動聯盟的標準都是大器晚成的。例如，傑克・尼克勞斯（Jack Nicklaus）第一次踏進高爾夫球場時已經是高中生。兵工廠隊（Arsenal）的神童蒂奧・華考特（Theo Walcott）十一歲才開始參加足球比賽。麥可・喬丹高中時被校隊刷下來，是大家都知道的軼聞，幾年後——他長得更高更壯以後，他便成爲世界公認的最佳球員。

蕾娜・奈柏格（Lena Nyberg）是瑞典的一位兒童權益調查員，她的兒子最近就遇上類似的難題。他從小就喜歡玩多種不同的運動，十二歲時決定專注在足球這一個項目上。不料，斯德哥爾摩的所有足球隊都說他超齡了。蕾娜說：「五歲就得開始搞一個運動項目，十歲就要變成專家，社會用這樣的觀點處理童年是完全錯誤的。」

《就讓孩子去玩吧》（*Just Let the Kids Play*）的作者巴布・貝吉羅（Bob Bigelow），曾經是NBA的職業球員。他擔心，如今這樣把盡早給青少年運動員排名看得比什麼都重要，可能會把很多有潛力的運動員淘汰掉。他自己在十四歲的時候還是個笨手笨腳的瘦竹竿。「如果處在今天的環境，我絕對不可能成爲職業籃球員，因爲我的父母親會批評我的球技太差。」他說，「現在的爸爸媽媽自以爲很懂體育活動，其實不然。不知道有多少明日之星在小學時代就被外行人刷下來。」

假如孩子被大人判爲可造之材，選秀成功之後，又往往要接受大人訂下的拚命爭勝的玩法。針對兒童隨性的運動所做的研究顯示，兒童在意的是遊戲比賽順利進行，以及兩隊實力平均。在有組織的運動聯盟中，成人多半會把隊伍名額塞得滿滿的，給明星球員特別長的上場時間，許多父母親把得分比數看得比運動本身還重要，正如學校裡重視考試分數甚於學習。難怪青少年運動教練有時候把隊員當成寫了賣身契的人，掌握其一切行動。前不久，紐約一個高中網曲棍球教練因爲一名球員跑去參加教會靜修把她除名了。太注重運動員的個人記錄也會使運動的趣味大減。十四歲的陳莎麗是北京的一名羽毛球員。她的每場比賽父親都要到場壓陣，賽完回家途中還要訓誡當天犯了哪些錯誤，並且把她的比賽成績貼在家裡的冰箱門上。「只要有一場球沒打好，我就會難受一個禮拜，因爲每天早餐時就看見冰箱門上的比數。」她說，「我其實根本不是世界級的，我爸爸還是一心一意要培養我將來成爲奧運選手。」

太重視運動得分也和太重視考試分數一樣，會造成本末倒置。加拿大卡加利的一位曲棍球教練，談到他帶的十歲級隊伍中最擅長帶動攻勢的一名球員，突然出現進入對方防守區內就不肯傳球的舉動。在他奪過隊友手上的球自己攻進球門之後，教練問了他爲什麼這樣做。他說是因爲爸爸說：「我現在每攻進一次就給我加五塊錢的零用錢。」

這當然並不表示重視得分是壞事。競爭行爲可以使孩子們感到興奮，能激勵他們更努力，同時也能教他們體會勝負的意義。然而，如果一切只爲了比賽的結果，比賽完畢時的第一個問題永遠是：「輸了還是贏了」，那麼運動比賽的其他意義就被排擠不見了。太偏重競爭會迫使孩子只顧鍛鍊所長，不能均衡發展。如今的運動聯盟都把比賽排得滿滿的，根本沒有時間學好基礎。我們以爲適合職業運動員的方式也適用於我們的子女，所以就把孩子扔到成人規格的球場上，看著他們想要表現卻跑來跑去碰不到球。「十九歲到三十四歲的頂尖運動員的例行訓練，放到八歲大的孩子身上會如何？」貝吉羅說，「那就好像要算術還沒學會的小學生學代數，沒有打好算術基礎哪能學代數呢？運動方面也是一樣，要從基本的慢慢開始。小孩子就是小孩子，不能把他們當作袖珍的職業選手。」

運動場上求勝、刷新記錄的不斷壓力，和教室裡的壓力一樣，會抑制創造力。小孩子自己的遊戲中沒有所謂犯錯之說，只有換個玩法試試看。但是，一旦大人牽扯進來，玩法就有了對的和錯的之分。如果場邊有教練或家長指著計分板大吼不要隨便冒險，踢足球的孩子比較不敢嘗試羅納爾多（Ronaldo）式的踏步轉身，打曲棍球的孩子比較不敢貿然來一個希德尼・克勞斯比（Sidney Crosby）式的背後傳球，打籃球的孩子也不敢隨便做文斯・卡特（Vince Carter）式的單手跳投。紐約洋基棒球隊的前任經理巴克・舍瓦特（Buck Showalter）認爲，中美洲的孩子打棒球比較放得開而瀟灑，不像美國孩子那麼完全聽教練的指揮。其他運動項目的星探也發現類似的趨向。約翰・卡特萊特（John Cartwright）曾經是職業足球員，投入英國青少年足球發展已有多年。他認爲，現在那些一路打進職業隊的孩子技巧不如以前的人，因爲他們受教練指導的時間太多，自己和朋友踢著玩的時間太少。「我們小時候玩足球，不需要有場地、球門柱、裝備，也不找人教我們，」他說，「我們把外套一脫，穿著皮鞋就胡亂踢起來，邊踢邊學怎麼帶球怎麼傳球。所有的足球巨星應該都有過這樣的經驗。史都克街上的史丹利・馬修斯（Stanley Matthews），在巴西鐵道旁塵土飛揚的街道上長大的黑珍珠比利，布宜諾斯艾利斯貧民區的馬拉杜納（Maradona），都一樣。英國的街頭足球早已消失。取而代之的是效果不彰的另一套方法。」

當然，多數的小孩不可能長大後成爲職業運動員。爲他們著想，我們會希望培養他們對運動終生不減的熱愛。可是現在的狀況正相反。美國的研究顯示，小學時參加過少年運動項目的孩子，有七十%在十三歲的時候中止，到十五歲時停止的人更多。接受研究調查的孩子提出的理由是太累，提不起勁，以及教練和爸媽們造成的壓力鍋氛圍太掃興了。

即使是頂尖的運動明星，也是在玩得樂在其中的時候表現得最好。運動比賽的成功、贏得獎牌、刷新記錄、讓觀眾起立歡呼，都是從遊戲競爭帶來的單純而童稚的刺激開始。以巴西的足球爲例吧。雖然多數明星球員很早就進入私人球團接受訓練，開始都是以學習技巧爲主，輸贏在次。許多孩子都是將滿十三歲，才開始參與每隊十一人的標準球場比賽。他們也有很多時候是在街旁、海灘上自己磨練技巧，沒有教練和家長在旁邊監督。正式的比賽中，有時候也能看見他們那種孩子般的衝勁流露。巴西作曲家奇哥・布亞格曾經把小孩子不受大人管束、催促、叫罵干擾時踢球的美妙有力，做了總結：「眞正重要的是孩子玩球，是玩球和孩子本人。」

可悲的是，我們一心只想著要培養明星運動員，卻扼殺了爲了好玩而玩的藝術。現在如果把組織架構、勝負記錄、聯盟的名次表拿掉，就什麼也不剩了。不久前，俄亥俄州克利夫蘭有一場兒童足球賽，兩個七歲級的球隊全員到齊，愉快的週六下午活動萬事俱備：才修剪好了的草地，藍天，大群小孩子興奮地等著看球。可惜裁判臨時不能來了。結果兩隊球員的家長竟然拒絕出賽，各自拉著孩子上車揚長而去。

讓大人們靠後站一點，把少年運動交還給孩子們自己去玩，可能嗎？答案是肯定的。世界各地的運動聯盟、家長、明星運動員、政治人物，都找出把「孩子和玩球」放在優先地位的辦法。美國棒球界的傳奇人物小卡爾・瑞普肯（Cal Ripken Jr.）現正發起改變青少年運動文化的行動，積極宣示「大家切記青少年運動是孩子自己的事，不是大人的事」。他勸告家長，在孩子的運動比賽結束時，必須自問的第一句話是：「我的孩子玩得高興嗎？」北美各地的少年運動聯盟也基於這個出發點制定法規，要求爸媽們簽署保持良好風度的契約。許多城市現在都訂有「沈默星期六」和「沈默星期日」，家長和教練在這些日子裡說話不可以大聲，只准用耳語。澳洲的橄欖球賽有「觀戰不語」的規定，場外看比賽的人只能喊加油，不准叫罵。英國的行動團體「把比賽還給我們」（Give Us Back Our Game），於二〇〇七年發起收回青少年足球的行動，不讓專橫的教練與家長一意孤行。行動的提議之一是，應舉行每隊四人由小孩子自己擔任裁判的球賽。蘭開夏已經有許多十二歲以下的足球比賽採用較小的球場，而且沒有越位規則。這些行動的成果就是，場外叫罵減少，小孩子在場上玩球的時間多了。青少年運動聯盟也著手處理負荷超量的問題。英格蘭與威爾斯板球理事會（The England and Wales Cricket Board）已經限定了十八歲以下的運動員單日一輪投球數目。二〇〇七年間，國際少棒聯盟（Little League Baseball International）也限定了投手每場比賽的投球數。

甚至鬥志最猛的家長們也在學習放輕鬆。在巴塞隆納擔任律師的文森特・拉慕斯本來就是這種猛家長，十一歲的兒子米蓋爾的每場足球賽他必到，擔任最積極的場外指導。比賽進行的大部分時候他都在喊：「到罰球區去！傳球！幫那個人擋一下！退回去！」賽完回家的途中，他會在車上仔細剖析整場得失，按十分爲滿分給兒子打當天的分數。米蓋爾體格好，動作敏捷，左腳特別厲害，踢足球是可以勝任愉快的，可是有一天他宣布不想踢了。「我嚇了一跳，」拉慕斯說，「我質問他爲什麼，父子倆大吵了一場，米蓋爾還哭了。結果他說出眞正的原因：他受不了我這麼緊迫盯人。」

於是拉慕斯決定放手。現在他還是會到場觀戰，但是已經把評語減到最少。賽後回家的途中，他也不再給米蓋爾打分數，有時候父子倆在車上談的是足球賽以外的話題。拉慕斯發現自己不再是整個星期的心情都受兒子在球場上的表現影響了，這令他既意外又覺得鬆了一口氣。更重要的是，米蓋爾重新燃起對足球的興趣，而且覺得自己的球技有進步。「我在場上現在只想到好好踢球，不會擔心等一下我爸爸又會嚷什麼了。」他說，「眞的好輕鬆。」

大西洋另一端的一位爸爸把這樣的想法變成了公眾行動。丹尼・伯恩斯坦（Danny Bernstein）住在紐約的史卡斯岱爾，這是距離曼哈頓一小時火車車程的北郊富豪區，居民多爲大企業主管，把辦公室裡那種贏者全拿的精神也帶回家裡來。許多家裡都把培養孩子的競爭優勢放在第一位。我抵達史卡斯岱爾的這一天，當地的雜誌《威徹斯特家庭》（*Westchester Family*）刊出的封面故事標題是：「焦慮時代的親職行爲」（Parenting in the Age of Anxiety）。

伯恩斯坦是個瘦高個子，外表看來比他的實際年齡四十歲要年輕。他和許多天生是運動員材料的人一樣，能量好似彈簧，可以突然躍起或急速衝刺。現在他已經是兩個孩子的爸爸，公餘之暇會以足球和籃球消遣。但是他也發現，史卡斯岱爾的小孩子不像他自己和朋友們年少時那樣玩運動遊戲了。住宅後院和學校操場上都難得一見隨便玩玩的足球賽，前院的單個籃球架看來也甚少有人用它。多數的小孩子參加的都是積極的家長們安排的運動項目。伯恩斯坦爲了要調整這種失衡，辭去家族成衣企業的經理職位，成立了一家叫作「後院運動」(Backyard Sports) 的公司，宗旨就是找回孩子和玩球的單純樂趣。

伯恩斯坦並不是傻瓜。一個大人爲了幫孩子擺脫大人的控制而成立一家公司，說來不免有些諷刺的味道。「我知道這是弔詭，可是我們已經走到必須爲小孩子規劃自由的地步。」他說，「我們可能會理解自由遊戲的價值，以及孩子在有人監督有架構的環境中彼此學習之重要。也許他們一旦發現在這裡多麼有意思，就會重新開始在自家的後院玩起來。」他也知道，現在的父母親雖然口口聲聲說青少年運動應該以興趣爲重，卻期望從中得到很多別的益處。伯恩斯坦說：「所以我們仍然得把青少年運動說成是達到某些目的的手段。除了強調趣味，我們還是得告訴家長，我們也要教導孩子建立自信、球技，說小孩子可以學習使用戰術、組織團隊、競爭，這些都是孩子面對外在世界的成功條件。」

我想看看這「有規劃的自由」如何運作，就實地參觀了他的一個週日上午籃球練習班。場地不是某一家人的後院，而是學校的體育館。館內壁上掛滿了運動明星的照片：貝克漢、關穎珊、大小威廉斯、布列特・費弗爾 (Brett Favre)。門口掛的標語牌上寫著：

「玩得高興就是贏家！」儘管伯恩斯坦的本意是幫小孩子擺脫大人的干擾，仍有好幾位家長坐在觀眾席的最高一層盯著看。

練習一開始，十多位七、八歲的孩子在籃球場中央集合。伯恩斯坦蹲著對他們說：「誰在自己家的後院玩過球？我是說只有你自己和朋友一起玩，沒有大人在旁邊教你們怎麼玩。有誰這樣玩過？」有幾個孩子點頭，其餘的都沒有表情。伯恩斯坦又說：「現在大家想像這裡就是自己家的後院。我們就來玩一下吧。」

「後院運動」的基本精神之一是拒絕來自父母親——以及孩子們——的要求，不要太早就實行分邊競爭。伯恩斯坦把重點放在基本動作上，鼓勵每個孩子按自己的步調練習。孩子們雙手拋球、從兩腿中間傳球、原地拍球。他們練習一手拖球單腳站穩，然後運球再停止。伯恩斯坦沒有教他們用標準籃框練習投籃，只在籃架下面裝上呼拉圈給他們練投。如果家長已經在想自己的孩子在「天空體育」（Sky Sports）精彩剪輯中的英姿，會覺得這種練法是浪費時間，可是孩子們顯然樂在其中。他們依次輪流在籃下單手跳投。有一個小男孩開始投不中，試了幾次終於投入籃圈。伯恩斯坦大喊：「成功了！」別的孩子紛紛跟他拍掌。一個表現不錯的孩子對他說：「投得漂亮！」體育館裡說話笑聲不斷，觀眾席上的家長們保持沈默。

練習課的高潮是投籃比賽。孩子們分成兩組，看哪一邊投進呼拉圈的數目多。伯恩斯坦把兩組投中數加起來，總共十四球，於是他問大家能不能破這個記錄，孩子們欣然接受挑戰，結果達到十七球的「全隊」總分。全場一片歡呼。

練習課結束後，伯恩斯坦問有誰要說說看今天學到了什麼。每個孩子都舉起手來表示有話要說。結果他們一個個表演了在九十分鐘練習課裡學會的動作或技巧。之後，伯恩斯坦宣布剩下的時間自由活動。孩子們跑來跑去，運球、投籃，十幾個籃球砸在地板上的聲音也蓋不住歡樂的笑與喊。

場外的家長並不是一律支持這樣的練習課。一位父親說，「『後院運動』的想法固然好，史卡斯岱爾的家長卻太好競爭，不大可能贊成這麼做。「他們嘴上會說運動就是爲了孩子能好好地玩，可是，到了緊要關頭，到了要奪錦標要組隊伍的時候，那些話就丟到腦後去了。」他說，「家長們太認眞了，不可能放手讓孩子這樣玩下去。」

有的家長是熱烈支持的。擔任股票經紀人的麥可・菲立普斯陪著女兒一起來上練習課。他自己也是兒童足球和網曲棍球教練，很熟悉逼連球還接不穩的孩子參加比賽的那種壓力。「這眞的令人耳目一新，」他說，「看得出來小孩子玩得很高興，他們也在學習球技，可是不必分兩隊賽得你死我活，那樣對他們是沒有益處的。我在這兒確實學到了東西，我自己帶球隊也可以用得上。」

莎莉・溫頓也有同感。她的兒子就是試了好幾次才投進籃圈的那個，練習課結束以後，這小男孩興奮地跑過來問她，可不可以留下來等著上下一節練習。「眞的好酷啊！」他說，隨即跑回場上的球陣人聲裡。莎莉大感意外。「我從來沒看過他這麼積極呢。」她說，「通常帶他運動一完畢他就要回家。」

已經有一百多戶給孩子報名參加「後院運動」，從四歲到十四歲的孩子都有。可見已經蔚爲風潮了。擔任史卡斯岱爾運動協會董事已十年的海琳・戈史坦，也是三個孩子的媽媽，分別爲十歲，十三歲、十七歲的三個兒子都喜歡運動。海琳覺察到家長的態度正在開始轉變。「大家都說受夠了趕場、選秀、哪家孩子比哪家好那一套。」她說，「他們對這些都煩不勝煩，年輕的爸爸媽媽們根本騰不出時間來忙這些。」史卡斯岱爾已經有一些運動項目的聯盟把選拔兒童的年齡提高了。

即便如此，伯恩斯坦這樣的改革鬥士走得仍然很辛苦。如果家長們並不因此開始給孩子足夠的時間和空間，在院子裡或公園裡運動遊戲，「後院運動」等於沒有多大功用。必須家長的心態發生結構上的改變，全家的作息和科技也配合改變，才是真正奏效了。我於星期日到史卡斯岱爾，天氣晴朗乾爽，公園和棒球場卻空無一人，小孩子不是去上才藝班就是窩在戶內。伯恩斯坦眼前的第一要務，也許是說服家長們相信，把「好玩」和「自由地玩」放在第一位，其實有可能培養出優秀的運動員。「成人的世界在乎的只有競爭與得勝，較量誰比誰強。可是這一套不能搬到小孩子的世界來。」他說，「要教他們相信，孩子是在運動中覺得好玩的時候才真正有所發展，這是需要花上一段時間的。」

這個寓教於樂的原理，在多倫多的少年冰上曲棍球隊「洪巴谷鯊魚」（Humbar Valley Sharks）的行動中實現。麥克・麥卡隆（Mike McCarron）於二〇〇二年接下這個隊伍，他是一位律師，也是隊員家長。當時他就決定要打破舊有的模式。一般常例是讓明星隊員多多上場，麥卡隆卻規定，每名隊員，不論實力強弱如何，上場的時間都一樣長。進攻或罰球的時候是誰在場上就由誰負責，不會臨陣換人。即使在第三節落後一分的情況下，隊員上場的順序也不會改。此外，他禁止做個人功過記錄，隊員和家長都不可以斤斤計較誰在哪一場得了幾分、犯了什麼失誤。雖然有些男孩子在場裡場外都表現大將之風，「鯊魚」並沒有正式的隊長。他們入隊的信條是：團隊第一，喜歡打球與學習球技比勝利更重要。這也是正面駁斥了許多青少年運動爭勝重於一切的心態。「很多家長都以爲運動的目的就是求勝利。在小孩子心目中，訂下目標達成目標的時候，勝利才是重要的。」麥卡隆說，「應該放在第一位的是打球和喜歡打，分數輸贏就順其自然了。」

這樣的態度帶來了好結果。「鯊魚」的隊員雖然不是體格最壯速度最快的，團隊精神、進攻時的合作默契，都受到對手隊伍的家長們稱讚。隊員們平時很努力地訓練球技，但是比賽時仍可以自由試用新的戰術或動作，犯錯也沒關係，不必擔心挨罰或坐板凳。現年十三歲的湯瑪斯．史克爾吉，已經在「鯊魚」打了兩年的後衛，興趣越來越濃。「沒有人一天到晚說你打得好或不好，不必一直擔心得分沒有，所以有了失誤也不必緊張兮兮。」他說，「我整個換了一個態度，這樣打球可以學到的東西非常多，我的球技一直在進步。」

反諷的是，「鯊魚」因爲固守了反對過度競爭的立場，反而寫下了最積極的曲棍球家長也要叫好的成績。三年來，這個隊伍只輸過一場固定的球季賽，巡迴賽贏了超過二十場，其中包括連場的北美錦標賽。以一個把輸贏看成次要的隊伍而言，這是非常好的成績了。

「鯊魚」如果是敗績連連，家長們也照樣支持麥卡隆的方法嗎？很難說。但是，擺在眼前的事實是，孩子和玩球第一的行事原則的確使隊員們越打越有勁。

史克爾吉和多數隊友都在打完少年冰上曲棍球之後，進入青少年的冰球聯盟了。他們都懷念以前在「鯊魚」的日子。

「現在和以前是不一樣的，」他說，「不要把輸贏看得比什麼都重要，打起來才更有意思。」

我們如果肯耐心傾聽，就會發現各方傳來的都是這個訊息。要比賽競爭也沒關係，但是不能犧牲了運動本身的趣味。小孩子希望我們分享他們在運動遊戲中的高低潮，但是不希望我們把整樁事接管過去。畢竟運動的最純正本質是在於孩子和玩球。

我們只要看見過自己的孩子在球場上追著球跑，就知道必須用多大的自制力才能夠身體力行上述的訊息，不讓自己變成在球場外面又嚷又罵的瘋子。這是紀律問題。大人要自律，也管教小孩子有紀律，現在我們正該恢復紀律應有的顯學地位。

10 紀律：不行就是不行

假如你的小孩從來沒恨過你，你就不算是做過父母親。

——蓓蒂・戴維絲（Bette Davis），演員

我從史卡斯岱爾的運動場回家後不久，遇上了另一種爲孩子而產生的焦慮。場景是倫敦一個富裕區的社區活動中心。室內牆上貼著疫苗注射和兒童美術班的海報，一角有個老式的咖啡機在慢慢咕嘟著。六位年紀三十多、四十歲的母親到這兒參加親職研討會。六位都是職業婦女，其中多數是在職場上發號施令的人。這天下午的主題是：如何對孩子說不。

她們採取「匿名戒酒協會」（Alcoholics Anonymous）聚會的模式，每個人輪流說出自己最近的挫折經驗。第一位發言的媽媽說：「前幾天送我兒子上學時，他非要帶著掌

上遊戲機不可，我實在很不願意讓他帶去，可是又很怕他在校門口當眾和我吵起來。」

其他人都點頭表示同情與了解。另一位懷著身孕的媽媽接著說：「我五歲大的兒子晚上不肯去睡覺，我和我先生簡直沒轍。他總是拖著不上樓，弄到很晚的時候在樓下就睡著了。」

這正是現代童年的又一個弔詭。我們一方面盡所有能力教育孩子、培植孩子、保護孩子，到了該管教的時候，該約束孩子、拒絕孩子無理要求的時候，我們卻硬不起來。

在澳洲雪梨開設家庭治療診所的瓊・華克，親眼得見這一代父母親的這種轉變：「我看過很多案例都是受過高等教育的、有專業能力的父母親不知道該怎樣對孩子說不，也看到七歲大的孩子在家做主，父母全聽他的。」

父母爲這種狀況抱怨訴苦，也不是現代才有的。公元前二八〇〇年的亞述字版上就有碑文說：「我們的大地這些時日已經墮落……子女不再服從父母，顯見世界的末日近了。」一五三〇年代德國烏姆的一位康拉德・桑姆（Conrad Sam）也發出了同樣的哀歎：「現在的孩子教養不良。父母親不但允許他們逞一切自私欲求，甚至把他們往這條路上引。」二十世紀的育兒專家一向都在說，父母親要愼防心軟。

這個警告在過去三十年中變成了事實。世界各國的報紙上諮詢解難專欄，都是一封封不能夠或不願意管教孩子的父母親寫來的求救信。《超級保母》之類的電視節目呈現的，都是把父母整得一籌莫展的寵溺小孩。這是人類有史以來頭一遭，許多家庭裡佔上風的是子女了。

這是否意味著現在做子女的行為比過去還要糟？一時很難說，但是有一些令人擔心的徵兆可循。有一項大規模的研究發現，現在的十五歲英國人可能說謊、偷竊、不服從權威代表的機率，是一九七四年十五歲英國人的兩倍以上。二〇〇四年的「公共議程」(Public Agenda) 報告中，美國的教師有將近八十%表示，學生警告過他們不可以管得太嚴或侵犯其權利，否則父母會告進法院。二〇〇六年間，英國的慈善事業「兒童庇護」(Kidscape) 說新一代的遊戲場禍害——中產階級的霸凌者——是縱容的父母造就的。「這些孩子來自嚴重溺愛他們的家庭，在學校裡言行就像天王老子，以為所有人都該以他們為中心，別的孩子也該像他們的家人一樣對他們百依百順。」兒童庇護的理事長米雪‧艾略特 (Michele Elliott) 說，「他們認為所有的老師和同學都該聽他們的，否則就去欺負其他孩子。」日本自一九八〇年代就有專指霸凌行為的用語 ijime（いじめ）。

我們怎會走到這一步？因素之一是，現代人習慣把孩子當成寶。父母親的第一條守則似乎就是：盡可能隨時告訴孩子他是十全十美的。我們會充滿憐愛之情地稱讚孩子，你眞聰明，你好漂亮，你太了不起了，你要做什麼一定都會成功。有些幼兒園裡教唱的《兩隻老虎》這首歌，連歌詞都改成：「看我多棒，看我多棒。我眞棒，我眞棒。」孩子亂畫的圖都要貼在冰箱門上，得的獎狀都要掛在客廳裡，名次成績考好了，一定會在致親友的賀年卡上帶一筆。現在哪個家裡沒有記錄孩子成長所有細節的漂亮剪貼簿？花錢請專業錄影師拍攝剪輯家庭錄影集的大有人在。這樣做的目的都是要創造一幅完美的童年肖像，只留下光鮮亮麗的部分，顚簸的、惹麻煩的部分都剪掉。

我以爲人父者可以體會這種心情。我們每個人都想讓美好的事物留在記憶裡。我們也都希望自己的孩子快樂、自我感覺良好。我們很多人接受了「自信是成功的跳板」的觀念，相信孩子如果從小就自認是一顆明星，將來就會成爲明星。

可是，這種觀念眞的有理嗎？前不久做的一萬五千多個案例研究的審核結果證實，自視甚高並不會提高學業成績或拓展生涯前景，也不會戒除酒癮或約束暴力行爲。有自信當然是個優點，但是，受稱讚過了頭的孩子可能變成患得患失，往往可能爲了維護自尊而貶損同儕，也比較容易把父母師長的認可看得比受同儕肯定更重要。這種孩子不會主動去開創，而是焦慮地袖手等待事情照他的意思發展。一個人如果不論做什麼都被捧到天上，他就會相信自己聽到的話是眞的——我不應該遇到挫折，每個人都喜歡我，因爲我太優秀了，所以我本來就該事事順遂。這種自戀在《美國偶像》（*American Idol*）這種選秀比賽上，也許不無助益——雖然也可能弄巧成拙，在眞實生活中是不管用的。人力資源的經理們都在哀歎，許多才出校門的人覺得守時、尊重他人、配合團隊工作都是辛苦的事。他們想要不費力氣得到豐厚酬勞，如果覺得別人對他不夠好，就想辭職不幹。在經濟繁榮的時候，這種態度也許無甚大害。萬一遇上景氣不佳，恐怕就不妙了。

已經有越來越多的證據顯示，把孩子捧得太高會使他們不願意冒險、不願意實驗、不願意堅持把一件困難的事做下去、不願意犯錯並且從錯誤中學習，因爲任何可能失敗的事都會使父母失望，從而有損孩子自認最優秀的顏面。二〇〇六年間，美國加州競爭激烈的蒙塔維斯塔高中（Monta Vista）開始出版每月通訊，學生可在通訊上匿名發表感想，創刊號的主題竟然就是「焦慮與恐懼」。許多投稿者都坦承，被人誇成十全十美、要什麼都唾手可得，會產生麻痺效果。以下是具有代表性的一篇學生投訴：「我恐懼失敗。

別人老是說我要做什麼都沒問題，凡是我決心要做的事沒有不能成功的。這種想法雖然很棒，卻把我嚇壞了。我哥哥是那種具備樣樣『潛力』的人，可是他放著潛力不肯發揮。我想是因爲他覺得寧可假裝懶得試，也不願意遭到失敗。這種心態完全傳染給我了。我發覺自己總是在質疑自己有沒有能力做到，總是趁難關還沒出現之前就放棄，因爲我不敢想像自己沒達到別人期望的時候，別人會有什麼反應。我不想因爲自己失敗而感到丟臉……我發現自己一直在順著這種思路往下滑，越來越容易試也不試一下就索性放棄。我很擔心以後會變成什麼事都沒勇氣做的一事無成的人。」另一名學生投書中說：「各位同學一定都認爲沒有人會想要失敗。但是，如果不想失敗的心理嚴重到成爲病態怎麼辦?萬一害怕失敗到了根本不敢試的地步怎麼辦?大家都希望你表現更好，你卻令他們失望了……也許我就裝作提不起興趣的樣子，或許就拿懶得動當作怕失敗的藉口。」

研究結果明顯證實,只誇獎孩子的能力（例如「你太聰明啦」）可能造成長遠以後的反效果。孩子比較容易在遭遇困難的時候認輸，因爲他認爲已經走到天資的極限，再試也無益。反之，如果常常誇獎孩子付出的努力（例如「你能鍥而不捨很了不起」），孩子在遭到逆境時有一個可變因素：他可以再努力一點。

把孩子抬得太高的另一個壞處是，很難對他們說不。我們如果已經把孩子誇成德智模範的神童，如果一向把孩子的快樂放在第一位，那麼我們怎能不事事順著孩子的意願呢？

我們的「彼得潘」文化把童心視爲人間至寶，卻打擊了成人權威的觀念。現在大家都覺得，變老——連帶包括長大——是很不光彩的事。家庭裡越來越不講究樹立權威，整個文化越來越走向縱容，以童心未泯自許的新派爸爸媽媽會覺得，管制孩子是招人厭惡的行徑。我自己就是「自在也讓別人自在」的這一代的一員，此刻寫出「紀律」一詞都覺得有點不好意思。紀律二字該怎麼講？怎樣才能做到？爲了紀律就該犧牲自由和享樂嗎？

我們即使心中渴望孩子聽話，卻有許多原因使我們無力去執行這種願望。我們也許是因爲工作雜事太繁忙，而累得沒有管教孩子的力氣。我自己家裡就是這種狀況，催促孩子按時就寢乃是周而復始的徒勞。內人和我用帶著幾分哀求的語氣在樓梯口說：「該關燈上床睡覺了！」兩個孩子在樓上應道：「再等十分鐘！」我們只好無奈地說：「好啦，十分鐘。」可是十分鐘後不過是把剛才的對白再演一次，又要再等十分鐘。

我們很多人因爲自認陪伴孩子的時間不夠多，給孩子的壓力太重，經常對孩子管東管西，所以基於內疚而寧願放孩子一馬。此外，我們希望和孩子的關係比我們和自己父母的關係親密，我們也希望家庭生活一片和樂，而最易破壞親密和樂氣氛的，莫過於對孩子說「不行」或是「不可以去」。

哈佛大學兒童心理學家丹·金德倫（Dan Kindlon）也是《其實我們給得太多》（*Too Much of a Good Thing: Raising Children of Character in an Indulgent Age*）的作者。他說：「一般人未必以自己的配偶或工作爲傲，孩子卻是他們的人生最得意的部分。他們不希望讓孩子跟自己吵架而破壞這種感覺。他們不願意傷孩子的心。他們不想感覺內疚，他們想要讓孩子事事如意。現在的人太疼孩子了——也許比以往任何時代都有過之。因爲太疼就顧不得管教了。我們自己把扔在地板上的毛巾撿起來，不是比強迫孩子放下電玩來撿它要省事得多嗎？」

《青春少年：親職者須知》（*Teenagers: What Every Parent Has to Know*）的作者羅布·帕爾森（Rod Parsons）也有同感。「問題不在我們不夠愛孩子，而是在我們愛得過了頭。」他說，「我們把能給他們的全部雙手奉上：個人指導的老師、旅行度假、定做的不會磨腳的滑雪鞋。做父母的非但不教想去夜店玩的孩子『利用週末打工自己賺錢』，反而掏出錢給孩子，還問孩子可不可以讓老爸老媽一起去。這種做法也許看來很討喜，卻是不對的。身爲父母親，就不能害怕做得罪孩子的事。」

成人不願意對孩子行使權威的態度，也延伸到家庭以外。所謂保護與管教社區內的兒童是所有大人的責任的觀念——按非洲俗諺的說法是「養育一個孩子是全村人的事」，現在似乎變成不合時宜了。在「自掃門前雪」的文化裡，做父母的只顧得了自己家的事。我們看見別人家的孩子隨地亂丟垃圾或是損毀公車候車亭，都不會上前去制止，因爲恐怕他會罵人或甚至拔出小刀來，也害怕他的父母親跑來找我們理論。

小孩子和大人之間這種新的均勢也不全然是壞事。把家庭生活中的權威專制移除，確實可以拉近親子的關係，也使大人擺脫了以往長輩的嚴肅刻板印象。這是改變的好處。但是親子關係的均勢不能矯枉過正了。大人必須像大人，孩子才能夠眞正做孩子。這倒不是說，我們該恢復維多利亞時代那種母親的威儀，或是一九五〇年代那種父親的一板一眼。我的意思是說，父母有些時候應該行使大人的權威。

我們應該記住，幾乎所有的兒童專家都認爲，規則和界限對孩子成長有益。費城的天普大學心理學教授勞倫斯・史坦柏格（Laurence Steinberg），也是《搞定你小孩——數到三也沒用的時候》（*The Ten Basic Principles of Good Parenting*）的作者，他指出：「小孩子的行爲需要設限，因爲他們在一定的架構內會覺得比較舒服而有安全感。我們自己是大人，不喜歡別人告訴我們什麼可以做或不可以做。小孩子並不會這樣。」有界限約束可以教孩子知道自己有什麼長處或弱點，也教他們爲踏入建立在規則和妥協基礎上的世界預作準備。如果一切不設限，孩子將無從學習如何應對失望、如何接受滿足。

不過，改變的風向似乎已經來了。紀律恢復了受重視的地位。類似《有錢沒錢教個孩子會理財》（*Silver Spoon Kids*）、《不——所有年齡的孩子爲什麼都該聽到，父母可以怎麼說不》（*No—Why Kids of All Ages Need to Hear It and Ways Parents Can Say It*）這種書籍，不斷在世界各地發表印行。各式各樣的電視節目、研討會、網站都在教爸爸媽媽如何說不。《超級保母》現象尤其少不了紀律這一塊，所以主持人喬・弗洛斯特（Jo Frost）與每週家庭會面時，都打扮得像一位嚴格的女舍監。

許多父母親開始把這些意見付諸實行。這通常意味父母親少花時間討好孩子，試圖做孩子的好朋友，多花一點時間來訂好家裡的規矩。甚至帶頭做壞女孩的瑪丹娜（Madonna）也自豪地說起如何管教小孩。她在最近一期的《哈潑與女王》（*Harpers & Queen*）中儼然是「紀律奉行者」了，對女兒嚴格執行關於雜務、家庭作業、整理臥室的規定。「我女兒的壞習慣是臥室裡丟了滿地東西。我的規定就是，扔在地上的衣服如果不撿起來，你放學回家時這些衣服就沒了。」瑪丹娜說，「羅拉必須把房間整理好、把床鋪整齊、把衣服都掛好，我才把沒收的衣服還她。」

一般百姓的家庭也開始在推行紀律。俄亥俄州克利夫蘭的馬歇爾夫婦覺得忍無可忍不得不說不，是發現十二歲的兒子狄倫在家族喪禮上講手機的時候。「我們本來已經放棄管束他一天到晚講手機了，可是，看見他在追思禮拜上和朋友講手機，我突然就下了決定。」狄倫的媽媽凱西說，「我想，這樣實在不像話，我們一定要把規矩說個清楚。」於是她和先生一起擬妥了狄倫必須遵守的約束：爸媽要他關掉手機、關掉電視、關掉電腦的時候必須照做，每星期倒一次垃圾，換下來的衣服要拿到樓下洗衣籃去放，不可以隨手亂丟。假如他違反約定，爸媽就不幫他付手機的電話費。起初狄倫嘀咕抱怨這樣太嚴厲了，幾星期後，怨言也停止了。如今狄倫遵守著規定，親子相處反而比以前融洽得多。「我們的關係會有起伏，也會發生爭執。不過人生本來就是這樣，對不對？」凱西說，

「不必拚命配合狄倫的要求，我覺得這樣好多了。」

蘇格蘭愛丁堡的克萊普頓一家，也因為七歲的雙胞胎女兒愛麗絲和摩萊格的緣故，經歷了一次相同的轉變。她們的母親瑪姬說：「以前的確凡事得聽她們的。」瑪姬自己的工作忙碌，她和丈夫都不希望家人相聚的時間因為有爭執而掃興。「我承認，」她說，「我們倆對孩子讓步，因為我們想維持氣氛和樂，就選擇了不費力的做法，順著她們，息事寧人。」夫妻倆雖然都覺得不正視管教的問題是不對的，雖然孩子的爺爺奶奶都說這是沒大沒小，他們仍然甘之如飴。結果來了當頭棒喝，愛麗絲和摩萊格的校長通知他們，這對雙胞胎在學校對老師無禮，會欺凌同學。「我嚇了一大跳，」瑪姬說，「我開始想像兩個女兒變成《超級保母》裡面那種頑劣小孩的模樣。」克萊普頓夫婦痛下決心，以後不但不對女兒的每個要求讓步，而且每天一定要對她們說幾次不。現在雙胞胎女兒不能隨時要看電視就看，而且要在就寢之前把自己的房間整理好。全家人外出時也不再凡事由她們決定。這樣實行了三個月之後，兩個女孩在學校的行為改善了，爸媽也重拾了自尊。「我們稱之為『不的威力』，」瑪姬開玩笑地說，「在一個講求立即獲得滿足的社會中養育小孩，可以教給她們最寶貴的功課就是自制與尊重別人。要教她們學會這個功課的唯一方法，就是讓小孩子做小孩子，大人做大人。」

紀律管教也和育兒的其他面向一樣，不是一套方法適用所有人的。不變的原則是必須給小孩子的行爲設限，但是如何畫下界限，畫在哪裡，每個家庭不一樣，因爲每個孩子和每位爸爸媽媽都不是一個樣子的。不過大致都有一些指導原則。第一就是，不要妄想成爲堅持一貫而完全公正的裁判官和訓導者。犯錯、稍有前後不一貫，都是難免的，也不會對孩子造成一輩子的傷害。

許多專家主張管教孩子的時候一定要說明動機，但這並不表示你只說「我就是不准」是什麼天大的不該。偶爾發起脾氣來也不是絕對不可饒恕。親職專家大師如果說管教孩子的時候一定要心平氣和，他八成是外星人。父母親是凡人，所以總不免有忍不住發脾氣的時候。而且，爸媽發脾氣也可以教孩子明白，別人也有情緒和忍耐限度。

同理，我們必須克制自己，不要在一看見孩子有情緒不穩的徵兆出現時，就想訴諸藥物。利用藥物管理孩子並不是現代人才有的。十八世紀的英國父母就知道用名稱如「媽媽幫手」、「嬰兒安寧」、「鎮定糖漿」之類的藥品，安撫哭鬧的嬰兒，這些都是攙了鴉片的溶液。一七七九年間，英國一位醫生提出警告，因爲保母們「每每給嬰兒餵食『高德弗瑞藥飲』——此乃成分濃重的麻醉劑，致命力不亞於砷」，正有上千嬰兒小命難保。「她們這樣做是試圖使孩子安靜——孩子們卻永遠安靜了。」

如今的鎮定糖漿是專爲使孩子乖乖坐好集中注意力而配製的。美國現在大約有十%的十二歲男童，在使用「利他能」之類的藥物治療注意力不足過動症。英國醫生開的這類處方，十年來增加了十倍。全世界使用利他能、服佳能等同類藥物的數量，現在已經達到一九九〇年代早期的三倍。

過動的孩子爲什麼會如此暴增？許多醫生認爲注意力不足過動症是一種遺傳的神經病症，患者一向都有總人口的三%到五%，現在不過是診斷科技進步了。從漢瑞赫・霍夫曼(Heinrich Hoffman)在一八四五年寫的詩作《坐立不安的菲立普的故事》（*The Story of Fidgety Philip*），可以看出以前的人如何看這種症狀：

他不肯坐定；
他扭來扭去，咯咯傻笑……
看這淘氣不安分的孩子，

越長大越粗魯不馴。

許多小孩子說服用利他能可以幫助他們過比較正常的生活。但是有人很不以爲然。他們懷疑注意力不足過動症根本不是神經的病症，相關症狀也許不應該用藥物處置，有很多醫生藉心理治療和親職課程，或從改變孩子的飲食與運動作息，也能成功治癒過動症。

不論是使用藥物或其他方法治療，一般都認爲，許多診斷爲注意力不足過動症的病例的理由是錯的。這其實是文化大環境改變造成的。現在的人不願改變自己生活的環境，寧願爲了適應環境而修理自己的腦。羞怯、忿怒、悲傷等等「不當」情緒或癖性，漸漸被視爲病態，不再是人本來就具有的條件，變成是腦內化學成分失衡的症狀，是必須用藥物處理的部分。對於小孩子，尤其會這樣。因爲父母期望過高，而把正常與尚可的定義窄化了，所以才會有父母把幼兒送到心理治療師那裡去「矯正」發脾氣的病。北威爾斯心理醫學部（North Wales Department of Psychological Medicine）的主任大衛・希利教授（David Healy）說：「我們現在不像以前那樣能容忍變化差異，我們希望孩子符合的理想狀態，往往是基於父母親的不安全感與野心而建構。」

利他能在競爭力強的學校裡使用如此普遍，也許可以從這裡看出端倪。老師如果帶著一大班學生，又承受著爭取高分的壓力，就有可能覺得用鎮定劑處理不聽管教的學生是不錯的辦法。不少醫生也受到來自家長的強大壓力，要求開藥幫孩子調整品行或促進成績。有些父母會拿注意力不足過動症當作孩子功課不好的藉口：「他在學校表現不好不是他的錯，是神經化學失衡造成的。」有的父母也藉此為自己開脫。把上課時心不在焉或在教室後排搗蛋歸咎於腦有問題，還有另一項用途。有些國家的政府會補助學校，每名診斷出注意力不足過動症的學生都不必交學費，而且考試可以用較簡易的方式。有不少高中生和大學生在熬夜準備功課時用利他能提神，所以把這種藥稱為「聰明」藥品。

我們不難理解想要訴諸藥物的心理。身為父母的人大概都曾希望有人發明「早起精神抖擻上學」或是「馬上入睡十二小時才醒」的藥丸吧。我知道我自己就這麼想過。但是，這樣應對孩子的心智，形同玩俄羅斯輪盤遊戲。有些研究顯示，利他能會降低創造力、自發性，使人無法承擔費思索的風險。此外，調整腦內化學成分的藥品究竟有沒有副作用，仍是一個問號。已經有些兒童在服用之後產生幻覺，甚至有心臟不適者。另一個值得擔憂的問題是，幼年使用醫腦的藥物可能形成以後用藥成癮。流行音樂歌手寇特妮・樂夫（Courtney Love）和科特・考班（Kurt Cobain）都是童年就服用利他能的，兩人都說自己是把小時候的「快樂丸」心態帶進成年人生。寇特妮・樂夫曾在接受訪問時說：「小時候既然有過吃這種藥能感到舒服的經驗，長大以後一有需要豈會不用它？那種感覺愉快的記憶會一直跟著你啊。」

有些父母親認爲用藥物幫孩子調整行爲的代價太高了。倫敦的蕭氏夫婦就有過這種切身之痛。他們的兒子李察在滿十二歲之後，因爲被診斷爲注意力不足過動症而服用專司達（Concerta）。這種藥治好了他的過動症狀，但是也導致他食欲不振與失眠。本來精力旺得用不完的李察，服藥後變成整個下午像木頭人一般地坐著玩 Xbox。他的母親維多利亞覺得苗頭不對。「孩子突然變成乖乖的，叫他做什麼就做什麼，可是他就像被切除腦葉的人似的。」她說，「看著他的眼睛，會覺得他的魂被攝走了。」

於是維多利亞給他停了藥，改吃含有Ω-3脂肪酸的魚油。現在李察仍然會有精力過剩的時候，但是過動症狀已經大致控制住了。「最壞的階段已經過去了。可是，因爲他不再是木頭人了，所以會有不聽話的時候，我們會有衝突。」維多利亞說，「不過正常的家庭本來都免不了這種事嘛，對不對？」更重要的是，兒子找回原來的自己了。「我們也找回自己的兒子了。」

李察同意這樣的說法。「我爲了爸媽不准我做的事和他們理論，不過我不會耍賴。」他說，「至少現在我不會覺得怪怪的了。」

最廣義的教訓也許是，管教孩子沒有一條萬靈公式可循，本來也就不該有這種公式。想想看：小孩子循規蹈矩從來不犯錯，是不是有點怪異？一家人在一起從來不起爭執，這正常嗎？衝撞權威是成長過程的一部分——這是我們都有體會的。衝突也是家庭生活的一個特徵。小孩子賭氣、甩門、低聲說「可惡」，的確是令人不愉快的，可是這都是做父母的人必得面對的。

我們既然同意小孩子應該受界限的約束，下一步該做的就是確定界線怎麼畫，如何平衡紀律與寬容才是最適合我們自己的家庭的。有一點我們必須切記，行使成年人權威是沒有方便捷徑的。我們著眼的不應該只是孩子行爲規矩，規矩的行爲和考試成績、運動錦標一樣，不可以視爲目的。有時候我們必須看得再深入一點。這也就是說，要下一點工夫探究孩子到底爲什麼會行爲不良——是不是因爲不快樂、有憂慮、有恐懼，不要不查明究竟就罰孩子或是讓孩子用藥物。要做到這一點，我們首先就必須少把時間耗在管理孩子上，多花一點時間和孩子交談、傾聽孩子。

這不是輕易可以做到的，因爲緩慢的、繁瑣的、不亮麗的親子關係建立過程，與當下立即獲得滿足的消費文化是背道而馳的。

11 消費主義：孩子纏功與會走路的提款機

拿到最多玩具而死的是贏家。

——常見汽車貼紙

星期六下午，我所在的倫敦這一區的最大一處購物中心裡，人們熙來攘往。很多人看起來正在享受廣告標語上說的「歡樂外出日」。情侶們挽著手臂逛，一面啜飲著咖啡。年輕的女性三五成群坐在長條凳上聊天嘻笑，腳邊堆著購物袋。放眼所見似乎都是消費者的極樂情景，再仔細看，就會發現有一些家庭正在爆發內部戰爭。

在盆栽植物和流水景觀那邊，許多位家長正在節節敗退地奮戰孩子的「纏功」。一名孩子把又急又窘的媽媽拖回玩具店裡去看最新型的 PlayStation。另一名在對不肯買展示架上的手鐲的爸爸發脾氣。一位衣著精美的女子在一間玩具店外和看來六、七歲的兒子拉扯，兒子要進去看機器人戰士，她咧著嘴強忍著快要爆發的怒氣。

「不可以再買了，」她尖著嗓子小聲說，「生日的時候才買過一整套。」

「可是我想要那個。」男孩哀哭道。

這都是世上幾乎每一位爸爸媽媽熟知的戲碼，不過我希望自己這一天不要有這種演出。我是帶著五歲的女兒來選購緊身衣，所以沒有必要接近正好有玩具展示的地方。不料，才走進童裝部，戰爭就開始了。播音系統傳出的音樂是「聖誕鈴聲」，自然勾起了要禮物的反應。「這是聖誕歌，快要買禮物了，」女兒說，「我想要……」

我的心立刻往下一沈。我才剛結清萬聖節禮物的帳單，聖誕節的開銷就來了。我看看自己手機上的日期，今天才十一月九日，現在就要禮物太早了吧。

我們生活在消費主義的世界裡。品牌和商標就像部落族群的旗幟，廣告發出的警報把每個欲望都變成必需，買不買就在你了。購物被吹捧成解除一切罪惡的萬靈丹。經濟景氣衰退了，政治人物就催促我們多花錢以提高生產毛額。人的情緒若是低落，應該出去買點東西提振精神。與親友發生不愉快時，我們該買巧克力或鮮花化解。我們甚至可以花錢請個購物顧問，教我們做個更佳的購物者。購物不再是達致某個目的而訴諸的手段，購物已經成爲一種目的。尼爾森（Nielsen）最近的一項四十二個國家的調查發現，有四分之三的購物者純粹是爲了購物的樂趣而購物。

在這種文化裡，消費也漸漸成爲現代童年的一個主要面向。此話並不是說以往時代的兒童沒有物欲。十五世紀初期的一位樞機主教喬凡尼・多米尼其（Giovanni Dominici）就已經發現，佛羅倫斯的小孩子抗拒不了「小木馬、漂亮鐃鈸、假小鳥、鍍金小鼓，以及上千種玩具」的引誘。現代的兒童卻是在人類有史以來最富裕的物質環境中成長的。多米尼其主教若是看見二十一世紀家庭聖誕節早上滿坑滿谷的玩具，不知要如何喟歎了。

童裝、童書、童玩於十七世紀大量湧入歐洲市場，消費便開始成爲童年生活的要件。抱怨孩子纏功的記錄從此增多，並不是巧合。哲學家洛克在一六九三年寫道：「我知道有這麼一個小孩，一心只想擁有大量的、各式各樣的玩具，每天早上都令女僕將它們取出來。因爲慣於求多，他變成貪得無厭，總是在問：還有別的嗎？我還該要個什麼來？」讀者聽來是否覺得耳熟呢？

但是洛克也料不到如今的童年會商業化到這種地步。廣告業者從二十世紀初期就開始直接鎖定兒童爲目標，用秀蘭・鄧波兒（Shirley Temple）、裘蒂・嘉倫（Judy Garland）、米蓋・龍尼（Mickey Rooney）等童星來代言童裝，或用他們的名字爲品牌系列。專家們稱讚購物是有益兒童發展人格與品味的行爲。一九三一年間，《紐約時報》（*New York Times*）宣布：「把所有零用錢都存進撲滿的小男孩，不再屬於童年財務模範之列。」

第二次世界大戰以後，電視開始不斷往家裡放送玩具和零食的廣告，第一波兒童消費潮於是興起。一九五八年間，簡陋如呼拉圈這樣的玩具，竟有全世界上億的銷售量。無所事事已經被當作童年的一股破壞力，因應它的對策就是花錢去買玩具與活動。現在美國向兒童行銷商品的花費，已經高到一九八〇年代早期的一百五十倍。其他國家的擴增量也大同小異。

現在的行銷人員，有如人類學家走入亞馬遜密林部落之中做研究，在兒童的自然棲息地——運動場、公園、商場、教室，甚至臥室——抓目標，目的是要進入小孩子的思維模式，從而設計可以引誘他們上鉤的廣告攻勢。「美國兒童及少年精神病學會」的電視媒體委員會主席布羅第，把這種業界的直攻要害的戰略比爲性侵加害者的準備行爲：「行銷者和戀童癖的人一樣，變成了兒童心理專家。」

結果便是，廣告業者的觸角伸入兒童生活的幾乎每一個角落。學校裡會騰出空間專門懸掛最新上映電影的海報，會邀請業者贊助運動會和學生劇坊演出，會接受「達美樂披薩」(Domino's Pizza) 之類的公司免費招待的參觀之旅。美國各地有大約八百萬學生，在看「第一頻道」(Channel One) 提供的十二分鐘時事節目(包括兩分鐘的廣告)。甚至學生搭校車上學的時間也被業者利用。二〇〇六年間，一家名叫「巴士無線電」(Bus Radio) 的公司，開始在美國十二個城市大約八百輛校車上播放音樂、新聞、廣告。

甚至課業也逃不了置入性行銷。在一九二〇年代，牙刷業者、可可亞製造廠商以及其他公司攻佔校園的方式是，派人員到學校演講，提供「教育」影片，目的只有一個：買我們的產品吧。如今的滲透更深，有些學校使用「必勝客」(Pizza Hut)、Kmart 等公司供給的識字教材，其中處處是廣告。露華濃 (Revlon) 贊助的「學習單元」中，說明頭髮打理好與亂糟糟的差別，並且問學生如果流落荒島最想隨身攜帶的三種產品是哪些。

在教室以外的地方，消費主義也悄悄入侵了兒童生活中以往顯然是不准閒人涉入的範圍。例如晚上到朋友家去過夜這種小事，現在也變成做廣告的機會，「女孩情報局」(Girls Intelligence Agency) 之類的公司，會贊助小女生的睡衣派對，讓參加者試用新產品並填寫問卷。玩具反斗城（Toys R Us）自己就主辦店內的兒童夏令營，滿三歲的幼兒即可參加。五穀甜麥圈（Cheerios）出版一種學數字的書，幼兒學習時，就把小小的甜麥圈放進書頁的狹槽裡面。英國的麥當勞（McDonald's）員工會訪視醫院的兒童病房，發送玩具和氣球給病童，同時也分發新推出食品的廣告單張。把諸如此類加起來，許多兒童現在每年看到的廣告，大約有四萬則之多。

而且，廣告的語氣也和以前不一樣了。行銷者利用「彼得潘」的童心至上潮流，把大人貶低，塑造成擋在孩子與趣味之間的掃興者。這類言詞暗含的意思就是：纏功是一種正面力量。

結果，現在的兒童都成了有板有眼的消費者，清楚自己喜歡的品牌，期待自己購物時的好惡得到滿足，參與家中重大花費的決策——包括度假去哪裡、沙發買哪一型，不一而足。以美國而論，每年受十四歲以下兒童影響的花費高達七千億美元，其中包括所有汽車購買事例的三分之二。難怪「迪士尼ABC」（Disney-ABC）和「降世神通」（Nickelodeon）之類的兒童電視頻道，都在播放輕型客車和加勒比海度假勝地的廣告。也難怪「悍馬」（Hummer）和其他汽車業者在網站上提供著色畫頁和「廣告遊戲」。企業世界的老少咸宜集團都鄭重申明，現在才十歲大的兒童就夠格稱爲購物狂了。

我們爲什麼讓這種現象發生？明顯可見的原因當然是業者鎖定小孩子爲獲利目標，學校又因爲需要業者的資助而對他們的廣告敞開大門。至於父母親向消費主義低頭的原因，就比較複雜而矛盾了。部分原因是爲了炫耀。我們買普拉達（Prada）的小靴子和新型iPod給孩子，已經成爲表彰自己身分地位、財富、品味的一種手段。另一部分是跟著潮流走：別人家的孩子都在消費，我們家的孩子爲什麼不能？同儕壓力又是一部分。我們和別的家庭一起出遊的時候都有過這樣的經驗……如果小孩子嚷著要吃冰淇淋或喝可樂，只要有一家的爸媽讓了步，其他爸媽就很難撐下去。再就是我們想讓孩子得到一切最好的，希望孩子快樂，既然我們自己能從購物得到快樂，何苦不讓孩子也得到？許多爸媽也因爲內疚自己陪孩子的時候太少，或是因爲覺得孩子承受的壓力太大，所以買東西補償他們。

我們不想說不，所以寧願掏出皮夾，也不願意冒惹怒孩子或和孩子爭執引人側目的風險。我自己就有太多向孩子的纏功低頭的經驗。在我們家裡說「特別犒賞」已經帶有反諷味道了，因爲平時禮物就買不停，既沒有「特別」可言，也無所謂「犒賞」。也許現代的父母親一直忘不掉自己小時候要求買東西被拒絕的傷心往事。我至今仍不滿父母在我九歲時拒絕我買BMX腳踏車的舊事，我想要的是有假的避震器而有長型黑色軟座椅的那種。我曾經和一位同事談起這回事，他當下就說自己也是在九歲時被父母拒絕買一輛萊禮牌（Raleigh）的改裝式單車，他甚至找到一個討論如何化解沒有改裝式單車的童年經驗的網站。我們也許是因為不願意二十年後成為孩子回憶中的小氣鬼，所以寧願對他們有求必應。

消費行為當然不全都是不好的。小孩子和大人一樣，可以從物質享受得到很多無害的快感。我兒子學校裡的許多男生在收集神祕博士（Dr. Who）的卡片。這些男孩子每天早上就在學校操場上聚在一起交換卡片。各種卡片的相對價值怎麼算，他們已經訂出一套複雜的規定：兩張機器魔（Daleks）換帝國衛隊團（Imperial Guard Group），三張自動人（Cybermen）換一張狼人（Werewolf）。交換卡片就是收集的一大樂趣。我自己幾十年前也曾經收集交換曲棍球賽卡。

因此我們對於消費者文化已經扼殺童年的說法應該抱持懷疑。但這並不表示，我們就該無異議接受廣告無害與小孩都該盡情地買之類的說法。毫無限制的消費和什麼都幫孩子做好的玩具一樣，會窄化孩子對周遭世界的體驗。作家法蘭克・考特洛・波伊斯（Frank Cottrell Boyce）不久前曾經問一群倫敦的小學生，如果有一大筆錢會怎麼花用。結果所有人都說出自己要買的一大串名牌貨。沒有一個人說要造宇宙飛船或是其他有冒險或想像的事，波伊斯說：「消費主義橫行，正在排擠幻想的能力、消失到自己創造的世界裡的能力。」

世界各地的研究都顯示，沈浸在消費者文化裡可能導致沮喪、焦慮、飲食失調、自尊不足、藥物濫用等問題。波士頓學院社會學教授茱麗葉・舒爾（Juliet Schor），在她所寫的《天生買家》（*Born to Buy*）中，述及她針對十至十三歲的孩子做的一項調查。她的數據證實，「涉入消費者文化較淺會導致孩子心理比較健康，涉入較深會導致孩子的心理健康惡化」。其他人的研究也顯示，兒童對於身分地位的焦慮感比大人尖銳。英國全國消費者總會（National Consumer Council）於二〇〇六年，發表一項極爲重要的調查報告《購物的一代》（*Shopping Generation*），指出英國青少年覺得被灌輸了太多行銷訊息，有一半的人希望父母親能再多賺一點錢，以便他們可以多買想要的東西。

前不久，我目睹我女兒在食品店經歷消費者被行銷攻勢打垮的實況。那天我帶著她去買飲料，準備天氣熱的時候去公園帶著喝。我們站在一座巨大的冰櫃面前，櫃裡擺滿了三十多種果汁和汽水，女兒看著這麼多可選的好東西，整個人呆住了。她的目光迅速地掃來掃去，把那些鮮艷的包裝看過去又看回來。多數的瓶子罐子上都有她所熟悉的史瑞克等等人物的圖片。我要她快點選，她卻一動也不動，大拇指吮在嘴裡，越看越不知如何是好。終於，她哭起來。「我不知道要哪個，我只要一個就好了。」她嗚咽著說，兩眼中全是淚。

我們把「一切最好的」給孩子，剝奪了孩子學習如何好好使用既有之物的機會。這個道理放在童年的每個面向上都講得通，教育是如此，運動是如此，在消費者文化中找出路尤其是如此。如果孩子小時候被過度慣縱，成長以後可能是一個財務上不知節制的人，見了什麼東西都是先買了再說，英格蘭和威爾斯的破產事例有五分之一是十八至二十九歲的人。提高學生貸款額和財產價值也無濟於事，「而破產的一代」似乎永遠在大把花錢。例如二十四歲的雪瑞・陶威亞，她是在佛羅里達坦帕市的中產家庭成長的，大學畢業時只有很小額的負債，隨即在北卡羅萊納州的夏洛特市找到年薪五萬五千美元的顧問工作。三年後，她負債多達一萬八千美元。「我們這一代的人不喜歡延後欲望的滿足，」

她說，「看見想要的東西了，即使是自己根本買不起的，我們都會買下來。」她搞不清楚自己爲什麼沒辦法把信用卡剪掉，同時又覺得有些好笑。「這是否表示我這個人是被慣壞了？」她問。

在講求「對自己好一點」的文化裡，要把從瓶子裡逃出來的消費妖怪塞回去，並不容易。不過反彈已經在醞釀了。傑瑞・歐漢倫（Jerry O'Hanlon）在紐約各家廣告公司負責兒童廣告已經將近二十年。二〇〇五年他的兒子出生後，他開始參加爸爸媽媽們的聚會，立刻發覺別人對他態度很冷。「我才說出我是做哪一行的，就可以感覺他們心裡在想：『就是這個壞人搞得我的小孩一天到晚吵著要買垃圾食品和玩具。』」他說，「如今大家對於向兒童行銷產品的那一套反感非常深，比我剛入行的時候嚴重多了。」現在他自己也變成兒子纏功的受害者了，所以他決定整理自己的立場，要找一家只做成人產品廣告的公司去工作。

心理學界也有類似的表態。有些心理學家指責同行不該用自己的專業去幫商家向兒童行銷。加拿大歌手拉飛（Raffi），以及重視兒童權益的其他名人，也響應這種呼籲。世界各地都有學校開設研習應對子女纏功的研討會。香港有一所小學在購物中心裡舉辦討論會，有十數位孩子不在該校就讀的爸爸媽媽們也跑來參加。「廣告警報」（Commercial Alert）之類的團體會發起遊行、抵制、寫抗議函來處置那些鎖定兒童爲目標的公司。美國的許多學校因爲有家長反對、有政治人物和其他行動者施壓，只好取消教室播放的「第一頻道」，結果使業者的營收減爲還不到一九九〇年代中期最高峰的一半。

垃圾食品公司是這些反彈行動最常釘住的目標。世界各地都有學校不准食品飲料販賣機進駐，有些則是容許進駐但減少隨之而來的廣告。二〇〇六年間，拉脫維亞成爲歐洲第一個全面禁止公立學校販售垃圾食品的國家。禁令公布幾個月後，英國也禁止播給十六歲以下兒童觀看的電視節目播放垃圾食品廣告。

這類行動會再接再厲嗎？許多國家的消費者團體正在推動全面禁止以兒童爲目標的廣告行爲，有的團體要求至少禁止大部分的廣告。瑞典和挪威已經禁止在十二歲以下兒童看的電視節目裡放廣告，加拿大魁北克規定的是十三歲以下。其他國家，例如希臘、比利時的東佛蘭德、紐西蘭，也都實施了限制。這樣做有多大效果，仍有值得辯論之處。問題之一是，電視只是廣告發送的平台之一，另外還有網路、手機，甚至電玩中也可以打廣告。另一個問題是，現在的兒童不會只看兒童電視節目。十六歲以下兒少觀眾最多的一個英國電視節目，是爲成人觀眾製作的腥羶連續劇《加冕典禮街》（*Coronation Street*）。

即使如此，公眾態度既然變了，業者要向兒童行銷也就必須另覓花招，沃爾瑪（Wal-Mart）爲了二〇〇六年聖誕節的行銷設了一個網站，上面有兩個小精靈催促兒童在螢幕出現玩具時點「是」。操著假倫敦土腔的小精靈說：「只要你把想要的東西列出來，我們立刻就把單子交給你的爸爸媽媽。」消費者團體猛批這個網站是在慫恿纏功，《廣告時代》（*Advertising Age*）這本廣告業自辦的雜誌的讀者也不以爲然，半數以上的讀者認爲沃爾瑪做得「過當」了。

我甚至在倫敦的玩具博覽會上，也看到有些公司在表達反消費者主義的意見。家族企業的「查理烏鴉」（Charlie Crow）在會中展示的兒童化裝服，都是刻意避免與電視中的人物或最近上映的電影掛鉤。有女僕、兵士、獅子、羊、國王、王后等服裝，但是沒有蜘蛛人或蝙蝠俠之類。有一套公主服，但不是《星際大戰》的麗亞公主服；有女巫服，但沒有《哈利波特》的小女巫格蘭傑的服裝。行銷主任蘇・克羅德（Sue Crowder）告訴我，這樣做的主旨是要防止消費主義入侵童年。「你在會場走上一圈，會覺得小孩子在這裡是最不受重視的，一切設計安排都是爲了銷售產品，不是爲了讓孩子玩。」她說。查理烏鴉不隨波逐流，固守著產品的通用性。「如果每樣東西都吹捧促銷或是商標化了，小孩子就更難以做他們自己了。」克羅德說，「我們希望提供的化裝服不會強行套上公式，小孩子穿了它們，可以隨自己的意思編故事塑造人物，這樣才可以天馬行空地發揮想像力。」查理烏鴉生產化裝服已進入第四年，在英國和其他國家的銷售都很活絡。熱烈支持者是鼓勵學生做歷史角色扮演的那些學校，以及受夠了商標化服裝行銷的父母親們——這種行銷導致的是無休止的要求再買配件（例如：我還要那個魔法杖和掃帚搭配我的哈利波特袍子！）。

一個公司會以反對消費者主義自許，好像很矛盾。但是我們正是生活在這樣的世界裡。消費本來是生活的一部分。處理兒童消費的方式不應該是全面禁止，而是要訂下限度。

到頭來，處理成功與否主要還是在於父母親有沒有說不的力量——我們也許正在開始學習。蘇菲・藍柏特（Sophie Lambert）是在巴黎工作的一位公關顧問，以前一向對兩個小女兒買東西的欲望有求必應，女兒對她表示的感謝很令她得意自滿。然而，有一天，她聽見她們在拿著洋娃娃編故事。故事人物之一說：「我不要你抱抱，我要你給我買禮物。買禮物給我才是眞的愛我。」藍柏特聽得一怔。「我就好像受了電擊，」她說，「我突然發現是我教她們認爲有形的東西比愛重要。」於是她把信用卡收起來，開始坐在地板上和兩個女兒一起玩。現在她只偶爾給她們買禮物，但是覺得母女感情比以前濃了。「現在我們出去購物的時候少，一起談天的時候多，」她說，「她們倆也比以前會用玩具來玩，因爲不會再成天想著又要去買什麼新玩意。」

小孩子眞正需要我們給的，是我們覺得最難的：沒有任何附帶條件地給他們時間和關注。如果得不到這些，他們就要金錢的補償。馬爾康・佩吉是在看到七歲的兒子諾亞的作業「我爲什麼愛爸爸媽媽」後，才學到這個教訓。兩頁作業的第一頁列了一大堆愛媽媽的原因，包括媽媽逗他笑、做好吃的東西給他吃、在他覺得不舒服的時候摟著他等等。在愛爸爸的原因這一頁上只寫了一行字：「他買東西給我。」在倫敦擔任財務分析師的佩吉覺得心如刀割，但是也被這當頭潑下的冷水澆醒了。「我一直希望自己和兒子的關係，能比當年和父親的關係親密，可是我一直找不出時間和精力來好好培養父子感情。」他說，「我大概一直在用禮物討好他，也可能是因爲自己沒做個好爸爸而慚愧。」佩吉明白只有一個辦法可以終結這種惡性循環：少在諾亞身上花錢，多找時間陪他。

於是他開始每週有一天送諾亞上學，週末帶諾亞到公園裡玩，晚上盡量早回家以便在諾亞就寢時讀故事書給他聽。他也減少了給諾亞的禮物。這樣做了六個月，父子感情果然改善。「以前，只要我和他獨處，他就要求我買這買那，現在那種狀況幾乎消失了。」佩吉說，「上一次我和他去公園玩，他從頭到尾都在講到月球上生活要怎麼過——怎樣吃東西、怎樣走路上學、怎樣玩足球，甚至說到如何上廁所。非常好笑，而且出乎我意料。不必擔心『接下來要買什麼東西』這種問題隨時冒出來，感覺很自在。」

美琳達・貝爾是紐約的一位單親媽媽。她用了比較正式的方法約束購物成癖的青春期女兒漢娜。她規定早餐時間「禁止糾纏」，守則是：不准要錢、不談消費商品，其他一律均可。有時候母女悶悶地靜靜吃早餐穀餅，但通常會談學校、談朋友、談漢娜將來要做建築師的計畫。

「不被當作會走路的提款機的感覺不壞。漢娜現在漸漸不會一天到晚想著要我買東西給她，甚至早餐以外的時間也不講了。這樣輕鬆自在多了。」美琳達說，「我想說不定晚餐時間也來照樣做。」

對童年消費化的抗戰中，生日派對是一個關鍵的戰線。慶祝小孩子的生日是近代才有的現象。中古時代早期的歐洲教會指慶祝生日是異教徒行徑，曾經試圖予以掃除。這類儀式在近代開始變得普遍，到了十九世紀，中產階級家庭都以邀集少數親友到家中的方式慶祝小孩子的生日。第二次世界大戰以後，小孩子的生日派對漸漸隆重起來，家長會邀孩子的朋友一起去游泳池，或是外出到別的地方。近年來，派對預算大幅提高，有錢人爲了炫耀而竭盡揮霍之能事。二〇〇六年間，防彈背心製造公司的總經理大衛・布魯克斯（David Brooks）因爲給十三歲的女兒慶生而登上報紙頭條。據說他花了一千萬美元，在紐約的「彩虹屋」（Rainbow Room）招待三百名小女孩，請來湯姆・佩第（Tom Petty）、史蒂維・尼克斯（Stevie Nicks）、嘻哈流氓等流行歌手來表演。晚會結束後，每位賓客都有一份禮物，包括數位相機和 iPod。生日派對鋪張已經變成一種娛樂節目，這是拜MTV眞實人物秀《我的超甜十六歲》（*My Super Sweet 16*）之賜。這個節目內容是一些被寵壞的青春期孩子規劃奢侈得令人咋舌的派對或舞會。許多看這個節目的人對如此的揮霍嗤之以鼻，卻也有人根據這個節目來設計點子。

平常人家也覺得有壓力，要把孩子的生日派對越做越精彩、越華麗、越值得回憶。

所以五歲大的孩子的生日派對，就會有安排在後院裡的可愛動物園、豪華加長轎車接送、幾層高的大蛋糕。「完美」生日派對和現代童年的其他元素一樣，爲大人做的成分多，爲孩子設想的成分少。美國有一個網站每個月舉行競賽，要選出爸爸媽媽能想到的「最佳派對點子」。二〇〇六年的一項調查發現，英國爸媽們在孩子生日即將到來的準備期間發生頭痛、胃不適，以及緊張壓力造成的其他症狀，機率是孩子本人的四倍。這項調查也發現，雖然有三分之二的大人認爲，孩子希望花錢租個場地請全班同學看職業藝人表演，卻有五十九%的孩子表示，只想邀請三五好友到自己家來玩一下。倫敦有一位母親前不久參加了這麼一個生日派對：八個四歲大的孩子先去參觀消防隊，然後用黏土做雕塑，再一起吃披薩，之後又看了職業偶戲家的表演，整個歷時兩小時。四歲的壽星在看偶戲的時候累得睡著了。「這樣忙一大場，我眞的懷疑孩子們能留下多少印象。」這位媽媽說，「我猜他們可能根本不知道自己是來慶祝別人生日的。」

如果拚命要辦成「前所未見的最佳派對」，也有可能釀成大禍。二〇〇六年間，佛羅里達珊瑚篷（Coral Gables）某個家庭爲七歲的孩子慶生的派對，請一家公司找來一群野生動物娛樂佳賓。結果，馴獸師把一頭美洲獅從籠裡放出來，這頭大貓兩爪扣住一名四歲女孩的頭，把她的一邊耳朵削掉，劃破了她的眼皮和臉頰。

許多父母親受不了這種要把別人比下去的慶生炫耀，已經開始反其道而行。舊金山的蘇珊・薩楚克在兒子傑克滿五歲的時候，決定回歸基本。傑克曾經應邀參加過一些非常奢侈的生日派對，包括一次主人包下一所水族館讓孩子們玩賞，還有專業的呑火特技表演。這些派對送給小客人的禮物各式各樣，有的送巨人隊棒球賽的入場劵，也有人送每人一個MP3播放機。「就是MP3讓我下了決定，」蘇珊說，「我當時想，這太離譜了。這些孩子連小學都還沒進，拿著MP3播放機幹什麼？」

所以她拿定了主意。傑克五歲生日這天，她邀請了他的六個好朋友到家裡玩了幾小時。孩子們玩了專業表演者不屑一顧的、許多父母親以爲現代兒童會覺得不好玩的所有遊戲，包括躲貓貓、蒙眼睛給驢子貼尾巴、記憶比賽。蘇珊還安排了一個尋寶遊戲，找到的人可以切第一塊蛋糕吃。「最後半小時裡，孩子們播放一張披頭四的CD來玩「音樂木偶」。小男孩們沒有一個認爲帶回家的紀念品只有一本著色書和一根棒棒糖太寒酸，每個人都是興高采烈的。幾個月後，傑克還一臉笑容地回憶這一天。「這次是最棒的一次派對，」他說，「我和朋友一直在玩。」

蘇珊・薩楚克感覺到別的家長不以爲然的冷漠反應，但是她計畫明年仍要這樣辦。「對同儕壓力不要理會就是了。那大部分都是來自家長們的壓力。」她說，「必須一再提醒自己，生日派對是爲小孩子辦的，不是辦給大人看的，這樣才可能對那些壓力置之不理。」

一些家長們爲了抵制「完美」派對的武器競賽，要聯合起來簽署反對武器擴散的約定。有些家長訂下生日禮物與賓客紀念品的花費上限，或者乾脆不收禮也不送紀念品，也有一些人主張客人限額。甚至已經有一些行動團體形成了。

比爾・道赫蒂（Bill Doherty）是明尼蘇達大學的家庭研究教授。我初次和他見面是在芝加哥的一次討論會上，當時他以兒童才藝學習過多無益爲題發表演說。二〇〇七年間，他注意到超豪華生日派對的危害，便在明尼蘇達聖保羅市幫忙創立一個叫作「生日無壓力」（Birthday Without Pressure）的草根父母團體。道赫蒂教授並不是清教徒式的禁止享樂者，而是個親切又幽默的人。他不過是希望制止兒童生日派對引起的狂熱——並且將這方面的調整扎根於更廣泛地質疑目前的期望失控的文化。

「我希望讓父母親不必爲了只有家人一起慶生或只邀幾位朋友來玩玩遊戲，而覺得抱歉。我希望這樣做的家長們認爲，自己是廣泛的社會改變的一分子。」道赫蒂說，「我們並不想設下生日派對的另一套規則——送賓客紀念品或是邀請孩子全班同學本身並沒有什麼錯。要點是，派對不論大小，都沒有完美可言。我們只需要自問辦派對是從自己的價值觀出發，還是因爲受了社群壓力要拚命鋪張。」

解除同儕壓力的方法之一是，生日派對只請小孩子，大人止步。這麼一來，就不必在餐飲、娛樂節目、駕馭小孩子方面表現給別的家長看，爲了幼兒的生日派對事先全家大掃除更是不必。我自己爲了孩子的生日派對，就做過請人演偶戲、上足球練習場的事。但是我記憶最深的是女兒五歲生日的那次。別家的爸爸媽媽把小孩送到我們家便離去。整個派對簡單隨性，孩子們玩了尋寶物、搶位子、傳禮物等，非常盡興，我們夫婦倆亦然。

無節制的消費主義不止會把孩子寵壞，也會強迫小孩子提早長大，也就是行銷行話所說的KAGOY（是kids are getting older younger的縮寫，意思是：孩子成熟的年齡比以前小了）。這種現象算是好事嗎？我們應該鼓勵孩子更早面對成人的煩惱、罪惡、恐懼嗎？我自己就有過這種童年的切身之痛。那是我們全家一起去看電影《變形邪魔》

(*Invasion of the Body Snatchers*) 的經驗，電影內容是講外星異形利用製造複製人而控制地球，按規定十四歲以下兒童不得入場，但是我爸爸不知用了什麼辦法讓十一歲的我也進去了。結果影片中的情景陰魂不散籠罩了我一、兩年，唐納・蘇德蘭 (Donald Sutherland) 手指著女主角，發出異形辨認人類時特有的恐怖吼叫，這一幕不時就會浮現。十四歲以前的我，每晚就寢都用枕頭抱墊把自己圍得緊緊地，有時候會溜到我哥哥房間和他一起睡。

擔心小孩子接觸「兒童不宜」的東西而受害，並不是從我們這一代才開始的。我們的祖先雖然不像我們這樣防止兒童聽看恐怖鬼魅，卻同樣擔憂孩子被兒童不宜的事物所玷污。柏拉圖曾經說，戲劇詩人寫的東西會污染孩子的心智。公元第一世紀的修辭學家昆蒂里安 (Quintilian)，曾經嚴厲訓示當時的羅馬人，不應該鼓勵兒童參加成年人引以爲樂的猥褻把戲：「小孩子如果說出過度放肆的言語，我們當作好笑，甚至說出只有狎暱僮僕說得出口的話，我們照樣笑著親吻他們……他們聽到我們講這些話，看見我們帶著情婦寵奴；每個晚宴都大唱淫穢歌曲，連我們說出來都要臉紅的事物就呈現在他們眼前。」一五二八年間，出版第一部廣泛發行的英譯《聖經》的威廉・丁道爾 (William

Tyndale)，責備英國的神職人員允許兒童閱讀「羅賓漢、漢普頓的貝維斯（Bevis of Hampton）、赫丘力斯（Hercules）、海克特（Hector）、脫愛勒斯（Troylus）的故事，以及上千種敍述愛情與放蕩以及粗俗下流的故事及寓言，無不污穢至極，敗壞了所有青少年的心思」。

到了浪漫主義者把童年無邪奉爲至寶的時候，恐懼兒童被污染敗壞的心理也越來越急切。當時批評者曾經警告，閱讀連環漫畫會過度刺激童稚的心，從而導致犯罪與墮落。還有人擔心兒童在工業革命的工廠裡做工，可能品行受污染，所以有些工廠老闆花錢請來修女或女總管，以免受到批評。品行敗壞的恐懼也和有關童年的其他憂慮一樣，在二十世紀裡有增無減，擴大到各式各樣的項目，搖滾音樂和電視節目《快樂時光》（*Happy Days*）都被列爲兒童不宜。

從這種態度又看到現代童年的一個最奇怪的弔詭：我們明明不願孩子喪失天眞，卻又允許，甚至鼓勵兒童越來越早接觸成人世界的大染缸。這樣做的原因之一是，我們急於拉近和孩子的關係，一心想要「做孩子的朋友」。而維繫朋友感情最有效的，莫過於彼此有共同的喜好。有些媽媽得意地說曾帶九歲的女兒一起去做臉修腳趾甲。我自己在兒子很小的時候，就讀丁丁（Tintin）的冒險故事給他聽，因爲我希望他也能喜歡這些書。看見他自己編的遊戲裡有哈達克船長（Captain Haddock）和圖納思教授（Professor Tournesol，即 Professor Calculus），我喜出望外。但是聽到他講走私海洛因的人在遊戲場上搞鬼，我可就不大高興了。

商家爲了培養未來的顧客，會利用「入門」的產品誘導。現在已有業者提供十歲以下的孩子護膚美容與變身造型。博弈業者的賭場飯店設計得更加適合兒童，連吃角子老虎都有「粉紅豹」主題的。日本的「小兒啤酒」（Kidsbeer）是兒童客緣甚廣的一種不含酒精的飲料，外表看起來像啤酒，用棕色玻璃瓶包裝，促銷口號是「想要有一點大人味道的晚上的最佳飲品」。業者做的廣告之一是，一個男孩因爲數學考不及格而哭，喝了小兒啤酒便破涕爲笑了。

另外一個問題就是性。人類有史以來的大部分時候，各個文化的情形都一樣，大人會把小孩子按成人的模樣打扮，穿著成小號的大人。勞動者的兒子穿工人服裝，社交貴婦的女兒穿有蕾絲的華服。油畫中的貴族女孩六歲時就穿著低胸女裝，梳著誘人的髮型，想要引起某國國君的注目。然而，從十八世紀開始，童年無邪的概念蔚爲風潮，諸如此類的形象就變得刺眼了。一七八五年間，詩人威廉・考波（William Cowper）曾經感歎女孩子竟然穿著超齡：「不過是小女孩，就穿起婦人裝束，她們的母親在這個年紀穿的還是繫背帶和圍裙。」

如今我們又退回啓蒙運動以前的時代，大人小孩的裝扮都一樣。不同的是，兒童現在涉入的成人文化是每下愈況的。小女孩穿的不是圍裙，而是「風情小小姐」（Little Miss Naughty）的加內墊的胸罩。兒童電視節目的主持人不是穩重端莊的，而是仿效夏奇拉（Shakira）有不雅刺青且裸露肚皮的。因爲身材誇大不實且服裝美妙豔麗而成爲女性主義最初貶抑目標的芭比娃娃，已經被超級性感又嘲諷不屑的布拉茲娃娃（Bratz）取代了。甚至可以買到印有「小皮條隊」的連身服。

說到濫用性的題目圖利，首當其衝的目標就是女孩子。諸如La Senza Girl、Limitid Too、亞伯克隆比與菲契（Abercrombie & Fitch）等零售業者，都在賣兒童小尺寸的魚網長襪、加墊的小胸罩、有辛辣信息的內褲。文具業者推出有「花花公子」兔女郎標幟的粉紅色鉛筆盒、便條簿、尺與三角板，以及其他課堂用品。即便我們不買寫著「小男生太多，忙不過來」的T恤給女兒穿，她們仍會在耳濡目染中領會這些性的氛圍。前幾天，五歲的女兒在洗澡時，唱起雷諾（Renault）汽車的廣告詞「甩屁股、甩屁股」，一面還扭著，眞把我嚇呆了。

我是不是太保守多慮了？這種粗俗算是無傷大雅的趣味或後現代的嘲諷嗎？也許多少是吧，但是也教人覺得是踰越了應守的限度。前文已經說過，模糊成年與童年的界線可能妨害了孩子，擠壓了他們可以做小孩子的空間。小女孩從來都愛裝扮成媽媽、護士、漂亮美眉，既爲了好玩，也藉此探索體驗女性的身分。這都是遊戲，想玩或不想玩由孩子自己作主。如今一味利用女性外表裝飾的時尚，顯然遊戲的意思少了，重點更偏向支持某種態度與接受某種生活方式。因此，我們的女兒的指甲彩妝不再是因爲好玩而做，而是她們的「形象」的一部分：她們穿裸肩頸帶上衣也不是故意裝模作樣，而是當作固有行頭之一。

小孩子裝大人可以做到有模有樣，但是沒有證據顯示，他們能懂扮演成人角色的情感上與精神上的複雜性。他們不是小號的成人；他們是兒童。一個社會如果既看重童心的無邪，又把兒童推進流行文化的性熔爐，後果極可能是造成混亂，甚至比混亂還糟。也許正是因爲這樣，童年的焦慮越來越普遍，許多國家的兒童提早有性活動，以往是大人罹患的飲食失調、渾身倦怠等病症，現在成了兒童流行病。澳洲最近的一項調查發現，七、八歲大的小女孩有七十%表示希望自己能瘦一點，其中多數認爲變瘦以後人緣會比較好。美國心理學協會（American Psychological Association）的專門調查委員會，在二○○七年做的一項研究指出，凸顯性感的少女形象會強化對自己身材不滿意、沮喪憂鬱、自覺不如人的情況。

另外還有一個最教人不自在的問題：假如我們把女兒打扮成早熟的性感美眉，這會傳遞什麼訊息給我們人人恐懼的那些戀童癖的人？

這些問題既然躍升到我們的優先考量之列，粗俗文化就遭到了圍攻。西方國家的許多學校已經禁止可以看見學生穿丁字褲的衣著。二○○七年間，英國的教師聯會（National Union of Teachers）呼籲，終結廣告與媒體對兒童的「性剝削」。亞伯克隆比與菲契在受到家長和政治人物抗議後，把兒童丁字褲系列都撤了架。英國百貨連鎖艾斯達（Asda）也在公眾抗議聲中，停止出售兒童的黑色粉紅色女用蕾絲紗內衣褲。然後，一家服裝零售業者也因應抗議，撤除了「小男生太多，忙不過來」的T恤。其他遭受家長抗議攻擊的產品，包括布拉茲的小女生胸罩、孩之寶（Hasbro）生產的六歲兒童的洋娃娃——都是以衣著暴露的流行樂團「小野貓」（Pussycat Dolls）爲藍本製造的。

兒童自己也加入反粗俗的運動行列。美國有二百五十多萬十三至十九歲的青少年發表「守貞誓約」，不在婚前有性行爲。有些兒童鎖定情色化的產品爲目標。美泰兒公司（Mattel）停止販售「內衣芭比」，因爲「她的迷人衣著包括細緻的黑色風流寡婦式馬甲配粉紅蝴蝶結，外袍穿上更誘人」的芭比，遭到大眾抗議，包括女學生發動的寫信抗議。二〇〇五年間，十一歲至十五歲的女學生群集在倫敦一家「W・H・史密斯」分店前，舉標語抗議，因爲這個文具店連鎖陳列大批「花花公子」主題的課堂用品。「他們利用我們受教育必需的東西，要我們接受女生是性的標的物的觀念。」一位十三歲的抗議者說，「這很卑鄙，也教人憤怒。」W・H・史密斯公司堅持不退讓，但是英國的其他零售業者——包括克萊兒配件（Claire's Accessories）與約翰路易斯（John Lewis）——隨後都撤下了花花公子文具。

在消費者文化裡，不可能做到完全不讓消費主義涉入童年。但是現在已經到了非設定界限不可的時候了。這不但關係我們子女的健康與幸福，也關係到整個地球的未來：人類根本就不可以再像現在這樣消費下去了。其實消費主義橫行也不無正面後果：已經有越來越多的人意識到問題的嚴重。

約束消費者文化的最佳著手點，就是從青少年開始。就集體而言，即是指把商業性物資趕出校園、加強限制對兒童做廣告、減少粗俗成分。就父母親而言，仍然是要從中找到平衡點。買東西給孩子是可以的，但是我們大多數人知道自己什麼時候不該買卻向孩子的纏功認輸了。做父母的既然知道限度在哪兒，就該把持住。

不過，對孩子說不只是一個開始。我們還得應付說不的附帶後果：孩子哭鬧著說：「你是全世界最差勁的媽媽！」或「你要是不給我買，我就再也不理你了！」諸如此類的要賴，不論你給孩子買的東西是少是多，你都可能碰上，因爲消費者的欲望不可能一次就解決，小孩子的這種欲望尤其不可能——這也是我們生活在富裕時代必須付出的代價。不過我們可以慢慢駕馭這種欲望。方法之一就是不再用現款替代我們應該付出的時間和關注，之二是約束我們自己的購物癖。

馬爾康・佩吉不再是看見新的高科技產品就掏出錢來買了。他希望自己能成爲兒子諾亞的榜樣，讓他至少有一點預防物質主義病毒的抵抗力。「我們每個人，不論小孩大人，都必須學到這個教訓，」他說，「也就是，花時間共處比花錢買東西重要。」

12 安全：玩火

維護自己的安全並不是要你把自己埋起來。

——塞尼卡，公元第一世紀

初春某一個風大的早上，氣溫在零度上下遊走，三歲的麥格諾・馬克羅明白了一件事，火很燙，非常非常燙。他是蘇格蘭的「祕密花園」托兒部的一員，這天正在東蘇格蘭的一處樹林裡走動。因爲天氣冷，孩子們在保母幫忙下，收集地上的木棍、樹枝、乾葉子生了一個營火，大家圍著火烤手腳，喝著熱檸檬水。麥格諾卻在這時候伸手到火裡去拾一根燒紅的柴枝，結果痛得大叫，哀號聲傳遍樹林。

接下來發生了什麼事？在我們現在的社會裡，應該會鬧得天翻地覆吧。祕密花園會被家長告，監督保健與安全的單位會提出一大串強烈的質問：麥格諾拾柴火時負責督導的大人在哪裡？為什麼沒有合格的護理人員在場？為什麼讓三歲大的孩子靠營火那麼近？我們也可以想像家長們紛紛到祕密花園來給孩子辦退學。

結果這些狀況都沒發生。大家都冷靜泰然地看待麥格諾的這次意外。他的燙傷的確不輕，過了兩星期才完全好，但是他也因此學到了火很危險的寶貴教訓。如今麥格諾拿到了火柴一定會交給旁邊的大人，也絕不會伸手去找燒著的東西。他的母親凱特不但讓他繼續留在祕密花園，而且打算把他弟弟弗萊第也送進來。

「麥格諾剛燙傷的時候，我們當然有一點擔心，但是重點是他現在知道火很危險了，他曉得不可以太靠近火。」凱特說，「其實外面的世界本來就有危險，讓孩子在合理的程度上接觸這些是有益的。」

祕密花園是英國首創的戶外托兒所，正面挑戰了許多關於現代童年的口號辭令。它和許多以大自然為教室的學校一樣，為兒童的學習、遊戲、社會互動安排了新的路。祕密花園也挑戰了一個現代觀念：對待兒童必須「小心輕放」，養育孩子應該在衛生嚴格、不會發生意外、溫濕度調節好、隨時有人監督的室內環境。

祕密花園的課程活動卻與這相抵觸。孩子們整天待在室外，風雨無阻（讀者應知道，蘇格蘭連春天都有零下的氣溫，颳寒冷北風是常有的，下雨更是司空見慣）。他們在樹林裡小便，不洗手。他們探索的樹林裡免不了有毒蕈，以及紫杉果和毛地黃花，看來美麗可口，吃了卻可能導致嘔吐、頭昏、兒童心律不整。他們撫摸綿羊和其他牲畜，可能接觸的細菌不知有多少種。還有，他們會生起可能燙傷人的營火。

儘管有上述這些危險，或者正是因爲有這些危險，報名要進祕密花園的幼兒源源不絕。創辦人凱西・貝契（Cathy Bache）是一位活潑清新、愛穿鮮艷針織衫的中年女性，因爲曾在挪威住過一段時間，受到斯堪的納維亞式戶外托兒所的啓發。二〇〇五年間，她開始在自己居住的法夫郡（Fife）的黎森村（Letham）開設托兒所，帶著四、五名幼兒活動於自家附近的樹林裡。祕密花園前不久獲得了政府補助，現在註冊入園的幼兒有二十四人，候補的名單有一長串。

「有些家長一開始有點不放心，等到他們跟著一起看見自己的孩子能應付裕如、能玩得高興、能學習很多事物，他們才放心。」貝契說，「現在有很多孩子像肉雞場的雞一樣關在家裡。因爲我們整個社會太過擔心孩子的安全，他們沒有行動自由了。我們好像永遠活在恐懼之中。」

她說得沒錯。我們爲孩子著想好像總離不開恐懼——恐怕他們有什麼天賦被我們忽略埋沒了，恐怕他們將來不能出人頭地，恐怕他們會不快樂、喪失童心、不愛我們，恐怕他們成長太快或太慢，恐怕別人從他們身上看出我們是不稱職的父母。

但是我們內心深處最原始的莫名恐懼，是出於擔心孩子的人身安全。擔心孩子受傷害是自古至今所有文化中的普遍現象。史前時代家庭中的母親，就要提防走路不穩的幼兒像麥格諾那樣伸手抓柴火被燙傷——如果父親在家也一樣會這麼做。每個社會都有用來嚇唬人的洪水猛獸，中古時代歐洲基督教社會盛傳猶太人會殺基督教徒的小孩，用小兒的血來製作踰越節吃的麵球。

這種恐懼到現代大肆擴張起來，火上加油的力量就是深信兒童是脆弱的，而這個世界卻越來越險惡。二十世紀初期的公家官員們開始警告，居家形同一個地雷區，到處是細菌、電器插頭、火熱的爐子，以及能把人溺斃的水。汽車成爲都市景觀首要元素之後，市政當局把兒童運動遊戲場用欄杆圍起來，通過了法令禁止在街旁玩彈珠、踢足球、玩打仗遊戲。在一般家庭，父母親特別安排房間供孩子在室內安全無虞地玩。

每次有什麼對孩子安全構成威脅的新事物，不論是眞實的或是想像的，都會引起更多恐慌與更嚴密的安全防護。讀者或許還記得，一九八〇年代早期盛傳有精神不正常的人，在萬聖節拿有毒的糖果和塞了刮鬍刀片的蘋果給小孩子。這種事例太罕見，近乎危言聳聽，但是歇斯底里的恐懼並不因此就平服了。那時候我們會用細牙的梳子在要來的糕點裡翻來翻去搜查異物，蘋果則是直接扔進垃圾桶。也差不多是從那時候開始，爸爸媽媽會陪著孩子一起去討萬聖節的糖果吃食。

近十年來，這種擔心已經到了狂熱的程度。只要走進二十一世紀的住家看一看，就發現房間門和廚房櫃子都裝了保險掣子，插座上都裝了塑膠罩子，所有尖銳邊角都包上墊子。現在甚至有出售馬桶鎖的。幫我編書的美籍編輯曾經花了一千五百美元，請一位專家把他家裡改裝成「嬰兒保全」。出了家門，可恐懼的事就更多了。讓沒戴安全帽的小孩子騎三輪腳踏車，沒給孩子抹上半瓶防曬乳就讓她到公園裡去玩，現在都可以算是虐兒行為。以前的兒童在冬季最愛的打雪球戰遊戲，如今在歐洲北部和北美洲都被學校禁止了。英國康皮里亞郡有一所學校的學生玩康克遊戲（conkers，兩人用繩子繫著七葉樹硬果互敲）要戴上護目鏡。另有一所英國學校將學生制服的傳統式領帶改成扣在領口上，以防止學生被勒住。美國麻州艾托勃羅的一所小學確認捉人遊戲有害健康，而禁止學生玩。現在已經有很多小孩子隨身帶著「免洗手」消毒凝膠上學，以防學校裡無所不在的細菌。世界各國的老師都說，有些家長會在校外教學活動時開著車子尾隨在後，以確保孩子不會出事。

這樣做的後果就是，二十一世紀的孩子在圈養中長大，永遠關在室內，或是坐在轎車後座往返於目的地之間。瑞典有許多學校已經不准十一歲以下的學生騎單車上學。英國的八歲至十歲大的兒童有三分之二從未單獨步行到商店或公園去，其中三分之一從來不曾在沒有大人帶著的情況下在戶外玩耍。

恐懼爲什麼變成如此嚴重？原因之一可能在於少子化的趨勢。《隨時在擔心：在焦慮時代找回爲人父母之樂》（*Worried All the Time: Rediscovering the Joy of Parenthood in an Age of Anxiety*）的作者大衛・安德瑞格（David Anderegg）是這麼說的：「你的小孩越少，你就越當他們是寶貝，也就越不願意冒險。」恐懼也可能出於我們太忙，沒時間和孩子在一起，親子共處的時間越多，越能放心讓孩子憑自己的能力處理危機。但是現在的都市和以前不一樣了，交通混亂得多。許多社區是匿名，也就是說，自家所在的街巷中有很多陌生人，不再全是可以幫我們留意小孩子安危的鄰居。

我們不幸遭遇另一種弔詭：越安全其實越使人感到害怕。即便是在交通平順犯罪率低的時候，恐懼依然環伺。每次打開家門，就覺得家裡的空氣飄著陣陣不安：小孩子都跑到哪裡去了？他們在巷子附近玩嗎？那邊是不是衝過來一輛車？是不是歹徒？根據聯合國教科文組織公布，瑞典是現今全世界最安全的成長環境。瑞典的父母親和官僚們卻好像有危險妄想症，時時擔憂兒童受傷害。大衛・埃柏哈特（David Eberhard）是瑞典重要的心理學家，他在二〇〇六年發表的《安全上癮者的國度》（*Land of the Safety Junkies*）中說：「瑞典正是人越安全越爲極微小的風險而焦慮的典型例子。如果關係到的是兒童的安全，情況尤其嚴重。」

凸顯，甚或誇大，兒童日常生活面對的危險，是某些人的既得利益。出售小兒安全產品（例如幼兒專用的防紫外線太陽眼鏡）的業者，要證明預算花得有理的衛生安全官僚機構，要推廣理念的行動團體，都在此列。媒體新聞主編爲了要塡滿頁欄或播出時間，專找引人注目的話題，而最能引起注意的莫過於兒童的恐怖遭遇。戀童癖者的犯罪案例二十年來並沒有漸增，相關的報導卻不斷冒出來。幾乎只要拿起報紙或打開電視，就會看到駭人聽聞的兒童被性侵的報導，而且必然有被害者令人心疼的影像。這樣大肆報導顯然對我造成了影響。我初高中時經常在課餘幫熟人看小孩，這是我賺零用錢的便捷方法，而且至今我仍與二十年前那些託我看小孩的人家有聯繫。然而，現在如果讓一個十幾歲的男學生來照顧我的孩子，我會覺得不自在。我明知這種心理是沒道理的、不公允的，甚至有點歇斯底里。可是有兩個字會使現代的父母親不願理會統計數字為證的事實，無論如何不能放心，那就是「萬一」。

小孩子受了大人恐慌的感染，顯然也認定這個世界到處埋伏著危險，唯一的自保之道就是把安全放在第一位。英國不久前做的一項調查中，要七百名十歲上下的兒童說出成長過程中學到的最重要教訓，結果名列第一的答案是：要維持安全。

一味謹慎呵護的好處是，可能使許多孩子免於受刮傷擦傷，或是更嚴重的傷。但是付出的代價是什麼？把安全看得重於一切，會犧牲哪些重要的東西？這是一言難盡的。

第一，如果一心只記掛著孩子的安全，信任就不復存在。每個成人突然看來都有幾分像是戀童的變態——而戀童癖在珍愛孩子的文化中是最十惡不赦的罪過。現代做爸爸的人都接受了一種混合訊息：多摟抱撫摸自己的孩子，對別人家的孩子卻不可動手。前幾天我正好看到一個幼兒在溜滑梯時跌出來而放聲大哭，當時我的第一個反應就是要過去撫慰他，但是我及時忍住了。萬一我抱他時被別人當作變態怎麼辦？所以我站得遠遠地對這孩子說了些老套的安慰言語，直到他媽媽走來爲止。這樣保持距離袖手旁觀，有時候會釀成可怕的後果。二〇〇二年間，英格蘭寇茲沃斯地區的下布萊爾村莊中的托兒所，有一名兩歲女童走到開著的大門外面。當時有一位泥水匠駕駛卡車經過，看見女童沿著路邊走，本來想停車下來把她抱到安全的地方去。然而，他恐怕這樣做會被別人指爲變童變態，所以並沒有停車。幾分鐘後，小女孩跌入一處池塘淹死了。「我一直想我該掉轉回去，」這位泥水匠後來對警方辦案的人說，「我沒回頭是因爲想到別人會認爲我想把她擄走。」

如果我們把孩子關在家裡哪兒也不讓他去，會使他們的視野變窄，與人群疏離。如果到什麼地方都開著車去，更不可能和鄰人或本地店鋪老闆熟悉起來。庇護過度的孩子也可能無從學習基本的道路安全，十三至十五歲的孩子被汽車撞的案例高於所有其他年齡層，可能原因就在此。

心理學家認爲，兒童如果過度受保護，如果一天之中的每時每刻都是嚴格管制而有人監督的，長大以後比較容易成爲焦慮而不願冒險的人。以腦部掃描爲根據的研究顯示，大約十五%的孩子生來就有焦慮與膽怯的傾向。較長期的研究也指出，其中半數以上後來會克服這類障礙。爲什麼？顯然與親職有很大關係：如果父母親會從旁鼓勵、態度樂觀、願意接受日常生活中的風險，焦慮的孩子就比較容易破繭而出。

被保護得無微不至的孩子，後來可能走向另一個極端，去尋求麻醉藥物、性、危險駕駛的劇烈刺激。經濟富裕的、重視安全的家庭的子女發生藥物濫用、自殘、焦慮的比例最高，也許就是這個原因。

新斯科西亞郡哈利法克斯的麥可・翁格（Michael Ungar）是一位臨床心理學家，所以能從近距離理解過度保護的文化造成的後果。他於二〇〇七年發表《太安全實則害之：風險與責任如何助益青少年》（*Too Safe for Their Own Good: How Risk and Responsibility Help Teens Thrive*）。「這裡面有嚴重的反諷，」他說，「我們努力要把風險從孩子的生活中排除，結果卻使孩子變得更焦慮。我們可能也造成他們更不安全而且更難有長遠的成功，因爲他們得不到冒險帶來的所有益處。」翁格是在針對研究發現的「幸運眷顧勇者」的結論而言：有自信而願冒合理風險的人，比較不易遭到任何種類的意外。

說到自由與冒險，童年樂趣之一不就是冒風險、走在危險邊緣嗎？我們全家最近和朋友一家人到西班牙南部一個小村落住了一星期。我兒子和他的友伴每天都跑去爬山、拾木棍、堆石堡、摘橘子吃。有時候他們會走到看不見我們住處的地方。回國後，我問兒子這次度假最喜歡的是什麼。他立即回答：「自由！」

我聽了一楞。對一個七歲的孩子而言，自由的概念似乎很不著邊際，但是我也因而明白，我的孩子棲息在有層層包圍的世界裡。平時他們不可以在沒有大人陪同的情況下步行上學、步行到朋友家，甚至不可以自己一個人過馬路。我像他這麼大的時候，經常自己一人騎著腳踏車和朋友穿街過巷。有時候我覺得我的子女所做的最接近冒險的行爲，就是看電視節目《渡鴉》（*Raven*）中通過衛生安全官員審查的「危險」遊戲。

既然保護過度是個問題，它有解嗎？我們怎樣才能跳出恐懼的惡性循環？第一步就是除掉歇斯底里的干擾雜音，看清楚事實。

事實一：現在的世界比以往任何時代都安全。近三十年來，已開發國家的兒童傷害死亡率下降了五十％。一九七〇年到二〇〇〇年間，英國未成年者死於意外事故的人數，從每十萬人有十七・五人下降到四・五人。其他國家的趨勢相同。

事實二：我們對於危險陌生人的恐懼與統計數字不符。隨機的戀童癖侵害事例極爲罕見：主要威脅我們孩子安全的不是陌生人。兒童遭到父母親或親友暴力或性侵的機率遠遠超過陌生人。

事實三：把孩子關在家裡，到什麼地方都由我們開車接送，並不如我們想像的那麼安全。在家遭到意外傷害的孩子數以千計。在許多國家，兒童坐在車裡死於交通事故的案例比在街上步行的多。危險到處有，端看你如何趨吉避凶。

事實四：孩子的適應力和耐力遠比我們想像中的強。剛出生的頭幾年雖然需要密切呵護，漸長以後受點小碰小傷並不至於留下永久的傷痕，甚至可能使孩子因而更強壯。丹麥最近的一項研究指出，童年受的創傷與成年後的生活品質並未發現有關聯。

事實五：小孩子往往比我們想像的更能明白事理、更有能力、更能處理危機。且看第三世界一些最困苦的角落裡的兒童如何面對生活。西非的富拉尼族（Fulani）小女孩才四歲，就要到村子外面去拾木柴取水。巴西的許多街童所經歷的艱險，西方國家的一般父母親也許聽了都要嚇出一身冷汗：營養不良、幫派暴力、不懷好意的店鋪老闆、性侵害者、腐敗的警察、販毒者。十九世紀英國小說家撒姆耳・巴特勒（Samuel Butler）曾經挖苦地說：「小孩子憑藉其所具備的奇妙機能，可以死亡或適應他們的環境。」

我們也可以看看，小孩子生活在富裕而神經過敏的西方社會之中，如果有面對危險的機會，他們會如何應對。記得前面說過的普藍波里尼的瑞吉歐幼兒園嗎？前往參觀的來賓看見幼兒們可以隨意使用剪刀、圖釘等等，一般恐怕幼兒吞食或割傷的文具，都嘖嘖稱奇。園長說，比較有危險性的東西雖然是慢慢交到幼兒手上，但是園方一向認爲每個孩子都能學會妥當使用，哪怕學習過程中免不了受一些破皮小傷。「生活中本來就會遇到危險的事，所以沒有必要排除童年可能接觸的一切危險。」園長說，「我們會探索某些物件的危險性，小孩子很快就學會該如何應對了。」

父母親們既明白事實，又目睹自己的孩子關在層層保護中的無奈，因而漸漸接受了快樂健康的童年必然含有幾分冒險的觀念。二〇〇六至〇七年在出版界造成轟動的大部頭書《給男孩的危險讀物》（*The Dangerous Book for Boys*），書名聽來像是要向過度保護兒童的文化叫陣，內容卻都是玩各式各樣高危險遊戲的竅門，包括推車賽跑、製作彈弓，以及（不戴護目鏡）玩康克等等。

爲了確保遊戲場安全而拆除高滑梯、旋轉木馬等「高危險」遊樂設施的做法，似乎是在逆向操作。但是在兒童和父母親都要求更多刺激樂趣的壓力下，英國的官員又把比較具冒險性的設備引入遊戲場，包括靈感來自陸軍障礙訓練的攀網、吊環旋轉鞦韆，以及號稱「荷蘭飛輪」（Dutch disc）的旋轉木馬。大人小孩均表歡迎。

要求讓孩子重返街上遊戲的壓力也正在形成。有些城市執行了交通平靜措施，以便行人能有更多空間與安全。同時，行動團體證實許多街道並不如我們想像的那麼危險。每年一度，全世界四十個國家上百萬的兒童，參加「國際走路上學日」。家長和老師經常會在不遠處一路監控，甚至會直接帶隊，但是許多孩子的確在這一天嘗到了自由的滋味。有些人因爲參加了這個行動而徹底改變。二〇〇六年間的這一天，印地安納州印地安納波里斯的辛蒂．布朗寧把自己的福特 Explorer 休旅車停在家裡，陪著十歲的兒子麥克斯走路到離家一公里的學校。她沒想到這條路竟然這麼安全，一路三個十字路口都有號誌燈和特別的路標記號。除了她的兒子之外，走在路上的人都是鄰近的居民正趕著去上班，有的人對她微笑揮手，她認出其中一位是與她上班的保險公司同一棟大樓裡的一位祕書。那一天以後，麥克斯改爲天天走路上學了，通常都是和一位朋友一起走，難得有大人。「回想起來，我實在不明白自己當初爲什麼會認爲走路上學很危險。」辛蒂說。麥克斯很喜歡自己走路的獨立感，他得意地說：「我現在不會覺得自己好像一個小嬰兒了，和朋友一起走非常好玩。」走路也是對他有益的運動。英國有一項針對一九九〇年代早期出生的五千五百名兒童做的追蹤研究，發現只要稍稍增加一些身體的活動——這包括步行不長的距離上學，就能顯著減少過重的機率。

瑪莎·凱恩因爲參加走路上學行動而鼓起勇氣，允許十一歲的兒子伊山在天黑後從朋友家騎單車回家。這一趟在多倫多市內的路程要經過兩條交通繁忙的路口。「我承認，開頭的幾次我一直守在窗口望，看到他回來了才放心。」瑪莎說，「後來才想通，這不是什麼大不了的事。我的意思是說，我像他這麼大的時候，經常在天黑以後騎著腳踏車在家附近跑來跑去。而且，我們現在住的社區比我小時候住的地方安全得多了。」她的一些朋友也照著她的榜樣做了。

一旦克服了這種恐懼，再往前走就變得更容易了。我和內人在兒子八歲大的時候，決定准許他獨自走到巷口的商店。「哈利書報店」雖然面向人車匆忙的商店街，卻正好在我們的巷口，距我們家門不過五十公尺，而且走過去不用過馬路。我們許可兒子獨自走的頭兩次心裡緊張兮兮，一直在家門口張望。現在他說去就去了，我們連大門也不會開著。我覺得等到這麼晚才讓他走這一趟，實在很荒謬，他六、七歲的時候應該就有這個能力了。看到他的表現，我們膽子也大起來，現在給女兒的自由，是她哥哥五、六歲時我們想也不敢想的，例如沒有大人陪著讓她在前院裡玩耍。

我決定到祕密花園參加幼兒們一日戶外課程，是在麥格諾燙傷事件發生幾個月後。當時是一月下旬，氣溫在攝氏零度上下。六名三、四歲的幼兒，包括麥格諾在內，到達時穿著從頭到腳溫暖的防水衣物。他們直走進貝契園長的花園後方的雞舍。雖然新聞正在報導禽流感，送孩子來的父母親們顯然沒有因此而緊張。幼兒之中有兩人拿著飼料丸餵雞，另一名幼兒發現地上有一隻死麻雀。「牠大概在睡覺。」阿麗莎說。「不是，牠不是在做夢，牠死掉了。」鄧肯說。貝契園長拾起死麻雀，撥開牠的翅膀，讓幼兒們觸摸羽毛。之後他們在舊鴿棚後面找了個地方把麻雀埋了，還用前任鴿棚主人留下的鏽鐵釘、玻璃片、碎陶片築起一個墳。我心想他們也許該打破傷風預防針，看見沒有一個人割破手指才鬆了一口氣。

然後我們便走進樹林。幼兒們邊走邊把路邊凍結了的水塘打破，有時候踩進了塘面冰層之下的泥水裡。麥格諾撿起地上的一塊冰放在嘴裡吸吮。

這般模樣的祕密花園很接近爸媽們的夢魘，簡直是疾病和傷害的溫床，甚至更糟。

事實卻相反。按丹麥的多項研究，戶外幼兒園的孩子發生感冒、喉嚨痛、耳朵感染以及其他傳染病的事例，比關在室內的幼兒園孩子少了八十％。德國做的一些研究也發現，戶外活動的孩子受傷比例較低，也比較少有侵略行爲。祕密花園的家長證實這類研究的結論沒錯：園內的二十四名幼童，似乎對於主流幼兒園托兒所孩子常有的許多疾病都免疫了。

兒童過敏病症近年來在全世界都有顯著增加。科學家們尚未找出確切原因，但是有人懷疑這多少與現今兒童成長的環境太注意衛生有關。我們且看德國的例子。東西德統一之前，共黨統治的東德雖然污染比西德嚴重得多，兒童又多生活在農場裡，西德的兒童過敏比率卻比東德高得多。東西德統一以後，東德的環境比以前清潔，也都市化了，結果過敏兒童卻大增。其他研究也顯示，兒童罹患第一型糖尿病的案例顯著增多，也與環境過度衛生有關。這又把我們帶回前面說過的現代童年的反諷：我們努力要爲孩子創造最理想（最衛生）的環境，卻可能因而使孩子身體變弱了。我們每次使用清淨噴霧，每次使用抗菌紙巾，每次把一小時的戶外遊戲改成一小時的室內遊戲，都是又一次剝奪孩子強化免疫系統的機會。既然如此，祕密花園這種幼兒園正是孩子需要的良藥。

大自然本來就是有危險的地方，但是小孩子很快就能學會如何避開。我們行進中有一段路是麥格諾帶著大家走，穿過濃密的灌木叢，登上一條迂迴的陡路，路旁有些灌木是帶荊刺的。「這是我的祕密小路。」麥格諾說。走到坡路一半的地方，他停下來指著高及我腰部的一條橫在路中的垂枝。他就好像豪華飯店門口的服務生一般，把這個枝條往旁邊拉開，以免我的衣服被鉤到。「四歲以上的人要小心，」他說，「這可能會刮到臉上。」

走在我們前面的三歲的愛麗絲從一棵樹腳下摘了一朵蘑菇。「好漂亮啊！」她說。我的第一個反應就是想伸手把蘑菇打掉，以免她送進嘴裡。她接下來說的話卻令我覺得自己太窮緊張了：「不過這個可能有毒，我要拿給凱西看。」於是她把蘑菇拿給貝契園長，貝契迎著光線拿起來看，說的確漂亮。「我認不出來是哪一種，」她說，「愛麗絲，這樣的話還是扔掉吧。」然後她就把蘑菇扔進了草叢。

小孩子待在祕密花園顯然能培養自信。前幾天，四歲的愛玲·蘇德蘭和家人在樹林裡散步。她不小心把腳卡在樹幹底部，便哭起來，要爸媽來救她。結果爸媽並沒有馬上衝過來幫忙，反而問她，如果是在祕密花園她會怎麼辦。愛玲笑起來，然後就自己把腳拔出來，和家人繼續走。她的母親珍妮說：「我們只要一說祕密花園，她的心態好像立刻就轉換，變成有能力不怕苦的孩子。」

在許多家庭裡，這可以形成良性循環。孩子越有自信，爸媽越不會擔心受怕；爸媽越不緊張兮兮，孩子越有自信。珍妮覺得自己對孩子的監控和擔心現在已經大爲減少。「沒接觸祕密花園以前，我想我是太驕縱呵護愛玲了，凡事都爲她做到萬無一失。」珍妮說，「現在我知道她有她的能力，就比以前放鬆了。如果她回家的時候衣服上沾著泥巴，或是撞了一塊烏青，我也不會大驚小怪了。」

另一位母親娜丹麗告訴我，人多才能夠壯膽。「到祕密花園認識了其他家長，他們都讓孩子多冒一點風險，你看了也就有信心照樣做了。」她說，「你有膽量質疑自己時時擔心孩子受傷害的妄想症，你也終於明白，爲孩子製造百分百安全的世界是不可能的事，那對孩子也沒什麼好處。」

然而，來自別的家長的壓力是不易承受的。有許多人說，如果允許自己的孩子放學後走路回家，別的家長會說你豈有此理。前不久在加拿大度寒假期間，我帶小孩到我小時候常去的戶外溜冰場溜冰。二、三十年前只有極少數的小孩子溜冰時會戴安全帽；如今是人人都戴，連技術最好的溜冰者也戴，有的還戴正面也完全護住的那種。我的孩子卻沒有戴。第二天再去溜的時候，一位父親溜到我們面前對我說，小孩子這樣若是滑倒了，可能會受重傷。我當下的反應是自責——我沒盡到保護孩子的責任。但是我隨即回過神來，只跟著我的直覺走。孩子們溜了三星期的冰都沒有戴安全帽，兄妹倆滑倒了很多次，甚至有一、兩次撞到頭，但是都沒有受傷，兩人也都學會了溜冰。後來我問兒子，戶外溜冰最棒的是哪一點。他說：「溜到最快的時候覺得風吹得頭髮都飄起來，那個感覺最棒。」戴著安全帽的人哪能體會這種感覺呢？

回過頭再到祕密花園來。一天七小時，在零度上下的氣溫裡爬樹、尋覓冬眠的甲蟲、踏踩泥水塘，這群孩子可想而知鍛鍊得比我們成人想像的要結實得多。一天的課程下來，他們每個都紅著臉，有人臉上還沾了泥斑，但是沒有一個人抱怨太冷或太濕。

我眞希望我也能完全沒有怨言。可是我的腳快要凍僵了，貝契園長提議在樹林中的空地上生營火時，我才如釋重負，孩子們發揮祕密花園的精神，接過這件重任，四下去拾枯枝乾葉。麥格諾自告奮勇要點火，貝契園長就遞給他一副打火石刀和一片燒焦了的粗斜紋布。他全神灌注地順著小鋼條刮擦火石，擦出高達攝氏三千度的火花形成光弧。他試了幾次，有一次落在粗布上，引火便成功了。麥格諾拿著燒著的粗布片，手指和燃著的地方保持距離，把火種放在柴堆上。幾分鐘後，大家都圍著熱乎乎的營火坐下來。

麥格諾沾著泥巴的臉綻出微笑。「火很危險，一定要小心。」他以行家的口吻對我說，「可是也不用害怕。」他把一根柴枝扔在火上，自言自語似地說：「我什麼都不怕。」

結語：放孩子一馬

算得出數量的東西未必都有分量，有分量的事未必都能算得出數量。

愛因斯坦，科學家

十八世紀歐洲掀起神童熱以後，英國女作家海絲特・林區・特瑞爾（Hester Lynch Thrale）就以培養女兒成爲超級兒童爲使命，她的長女昆妮（Queeney）兩歲半的時候，就有記憶超乎常人的徵兆。她能說出歐洲國家、海洋、首都城市的名字；知道太陽系，懂得羅盤和黃道帶十二宮；她能背出一星期中每天與一年中每個月的名稱，還能背出各種不同的經文。四歲半時的昆妮能精通拉丁文法第五級的詞形變化。辛苦栽培她的媽媽用我們常聽到的自誇兼自憐的語調寫道：「我晚上從來不外出應酬，不能帶她同行的場合我都不去，除非是先安排她就寢；我也從來沒有把她交給傭人照顧（除非她已睡著）

長達一小時。」

這一番微觀管理卻沒有好結果。特瑞爾的子女沒有一個的智能達到明星級，後來都和她感情不好，昆妮尤其令她反感。她形容昆妮是「陰沈、惡毒、故意和我作對、存心折磨我，甚至以傷害她自己的方式折磨我」。她決定對小女兒蘇菲不要這麼費心了。「我以前眞心相信嬰兒能學習，弄到自己昏了頭，結果一切辛苦都沒有好結果。我已經沒有精神再往蘇菲身上下工夫了……我不想使她的生活痛苦。」

渴望孩子是天才的心理永遠存在，是生根在每個父母親的DNA裡面。現在與十八世紀不同的是，我們許多人受到社會壓力要努力製造神童，而且也有時間和財力這麼做。特瑞爾的失敗教我們看清，這樣做是徒勞而有破壞力的——在哪個世紀都一樣。

我們倒也不必太灰心沮喪。前面說過，歷史給我們的教訓之一就是，童年像預言災難的人說的那麼淒涼無趣的時候少之又少。如今做小孩子其實非常有福可享。許多孩子與父母的關係比以往任何時代都親密自在。現在孩子們也有很充裕的學習、旅行、享樂的機會。網際網路提供了各種領域的迷人冒險。

但是也有許多方面出了問題。兒童的身心健康都受到影響。許多孩子不能自由地在戶外遊戲，不能自主地計畫人生之路，不能在一粒沙中看見一個世界。他們從小在害怕失敗中長大，期待一切事物都有別人用銀盤端上。親職可能變成恐慌、內疚、失望的無休止奔忙，使做父母的不大可能顧及別人家孩子的福祉，甚至不信任他們。想想，你上次看見一群小孩在巷口遊戲是什麼時候？你上一次看見一群沒有大人在旁的小孩子遊戲卻不覺得有什麼不對，是什麼時候？

不過我們不必因此而悲觀，歷史給我們的另一個教訓是，童年是會演化發展的。我們雖然受到壓力要給孩子最好的一切、要把孩子變成所有孩子中最好的，但這種壓力卻不是不可抗拒的。並沒有人拿槍指著我們的腦袋，逼我們像十八世紀的特瑞爾那樣狂熱地培育神童。我們要不要改變、要不要放鬆，是操之在我的。

該從何做起呢？第一步是，相信孩子會有不同的性向和興趣——成長之路有很多種。進不了哈佛或牛津並不是一輩子就沒指望了。並不是每個人天生就是華爾街的人才，而且並不是每個人都想成爲華爾街富豪。就定義而論，只有極少數的孩子會成爲某個領域中的佼佼者。我們如果要把童年變成對兒童和大人都是好事，就必須學習包容多樣、懷疑、時或發生的不如意，甚至得容忍衝突。

局面正在開始逆轉。因爲有越來越多的證據和科學研究爲基礎，世界各地的學校、教練、社區、家庭都在設法停止把小孩子當成物品對待，要改變態度把小孩子當作人來對待，從而發現這樣對待的孩子可以成長得比較快樂而健康，而且更有能力在人生之中有所作爲。

父母親如果能在一件事上做到不再凡事過問，往往可以連帶在其他方面也鬆手。記得前文說過的那位過度關切兒子足球運動的父親嗎？他發現自己停止在場外大呼小叫之後，兒子自動重燃對足球的熱愛，於是對兒子的課業也放鬆管理了。卡森夫婦減少孩子的課外才藝學習之後，也限制了孩子們坐在電腦螢幕面前的時間。佩吉先生拒絕做會走路的提款機以後，發現自己也能輕易拒絕兒子延遲就寢時間的無理要求。碧翠在香港華德福學校的成績好起來以後，她爸爸也就勻出更多時間讓她隨意遊戲。珍妮．蘇德蘭看見女兒在祕密花園對樹林中的活動應付裕如，自然有信心在其他時間不再驕縱呵護她了。「你一旦明白，不亦步亦趨保護孩子並不至於出大亂子，你的整個觀念都跟著變了。」珍妮說，「你就不會再把一切都給孩子安排得好好的，你反而會讓開一點，不再幫孩子過她的生活，讓她自己過自己的生活。」

像珍妮這樣做的人發現，孩子不必處處按大人的期望做，能夠自主找出更有意思的一條路，才是更快樂的。

我必須老實說，開始這趟尋訪之旅的時候，我原本希望最終能找到二十一世紀養育子女的一套完整的正確方法，從此不再跟著別人一窩蜂地徒勞。現在我才明白，如果是那樣，無異於另找一套武斷的信條取代舊有的一套。我找到的答案是，世上沒有養育子女的單一標準公式。當然，有些根本道理是放諸四海皆準的，例如：小孩子需要感到安全與被愛；他們需要我們無條件地給予時間和關注；他們需要在行爲上受限制約束；他們需要冒險和犯錯的空間；他們需要更多走出戶外的時間；他們需要別人少拿他們做評比；他們需要有益健康的食物；他們需要比追逐名牌產品更寬廣的視野；他們需要能做自己的空間。在這些大原則之外，該參加多少課外活動、該打幾小時電腦、該有多少家庭作業、該花多少零用錢、該有多少自由等等細節，是因人而異的。因爲每個孩子、每位父母都有個人差異，每個家庭必須找出自己適用的公式，這件事做起來不像聽起來那麼難。你只要把背景雜念淸除乾淨，只聽從自己的直覺本能，找出自己的親職模式而不花費精力配合別人的要求，你就可以辦到。專家的意見當然可能有幫助。但是你不論看了多少本親職手冊，上過多少親職課程，多麼努力要做到年度模範爸媽，總有達不到滿分的時候。其實這也沒關係。你不必因爲自己會對孩子發脾氣、對於陪孩子玩芭比娃娃很不耐煩、不想花一下午時間陪孩子做小點心，而感到自責。你也不必因爲不能每天全家一起吃晚飯，或是有時候放任孩子看電視太久而忐忑不安。對孩子而言，這些都沒有你想像的嚴重。

半個世紀以前，影響力頗大的英國兒科專家溫尼考特（D.W. Winnicott）曾經說過，設計完美童年是不可能的事，費盡心力去這麼做對親子都有害。父母親應該做的是，盡量做到大部分時候能滿足孩子的需求，同時也相信自己有時候會搞砸。溫尼考特說，能夠把親職做到「還不錯」，小孩子大概就能平順地成長。

親職其實只是整個方程式的一部分。除了家庭以外，我們也必須重新思考，是什麼規則在支配觸及孩子生活的每件事——包括學校、廣告、玩具、運動、科技、交通。這意味著接受一些不便利的事實，例如，不必一出門就用汽車代步，許多內容最豐富的學習是不能計量的，有些東西不能用電子新產品取代，非不得已不用藥物處理孩子的行爲障礙，吾人的集體消費上癮是沒有止境的。

歸納以上種種的結果是，重新定義童年。我們現在需要的也許是浪漫主義與洛克式哲學思想的混合：同意童年是在彩排成年，但是不完全從這個觀點看待童年。亦即，提供小孩子組織條理和輔導，同時也給他們天眞幼稚的自由。也就是說，雖然規劃未來，卻也掌握現在的美妙。我們不必爲了教孩子理解重量、體積、算術而帶著孩子一起烤蛋糕，不必爲了強化孩子額前葉皮質而摟抱孩子，我們可以完全出於喜歡這麼做而做這些。至於對孩子發展上的益處有多大，就順其自然了。

這樣定義的童年，對大人有不一樣的要求，父母親尤其有不一樣的責任。孩子需要我們幫他們樹立榜樣、做出犧牲、規定限度。二十一世紀的父母親必須在成長與維持童心之間找到平衡點。

造就新形態的童年和成年，也與所有的社會變遷一樣，是上百萬的小小不服行爲累積而成的。只要有人決意讓孩子做自己，文化的天平就能微微往這邊傾一點——其他人要跟進也就稍稍容易了一點。這是需要時間的，但形成的改變是值得的。

我自己的探索之旅就是一種慢慢的進步。我現在抗拒孩子的纏功、規定一般行爲守則，都比以前效果好了。我和內人如今也比較常執行就寢時間到了就熄燈的規則。我們一定讓孩子有夠多的空閒時間，並且分配好可以耗在螢幕前的時間比例。

我仍然希望孩子會表現出某方面的天才——這種想法也許永遠會存在，但至少這種希望不會把我變成魔鬼士官長，看到一點潛能的跡象就窮追不捨地逼孩子。我的目標是鼓勵孩子伸展翅膀，但是由他們自己選擇飛行的路徑。我不會把他們硬塞在我做的規劃藍圖裡，我要享受在孩子成長中發現他們的本來面貌。

這本書的起點原是要把我的兒子變成大畫家的壯志。現在的他仍然愛畫畫，他最得意的作品仍然會貼到冰箱門上，或是我書桌前面的牆壁上。寫稿的此刻，我正看著他畫的一幅「星際大戰之黑武士」。不過我想把他培養成米開朗基羅的那股勁已經淡了。

前兩天發生的一件事似乎顯示那股勁又有點蠢蠢欲動了。當時我和兒子在公園一起踢著足球，兒子說起學校開了一個每週上課一次的素描社團。我的心立刻猛跳了一下，但是我抑制住想要押著他去報名的衝動。我只用很平常的口吻回答：「聽起來很不錯。你想參加嗎？」

「可是社團裡全都是女生，我不想做班上唯一的男生。」兒子說，「不過，我倒是很想有個什麼都知道的老師教我畫畫。我如果去上素描班，可能會進步。」

「說得很有道理。」我說著把球踢給他。

接下來我們只踢球，好一陣沒再提素描班的事。最後一踢開始，我兒子把球踢得高高的，越過我直入球門，然後揚起雙臂，像他崇拜的《英超精華》(*Match of the Day*)中的英雄那樣繞著場子跑。之後他又提了這件事：「爸，我知道你希望我報名參加，可是參不參加由我自己來決定。」

我表示同意，並且告訴他我很樂意等他，自己考慮完了再決定。我說的是眞心話。

兒子拾起足球，說回家後要畫一幅他自己代表英格蘭隊踢球的圖畫。我笑笑，伸手勾住他的肩膀，便這麼走回家。一路上我們談的全是足球。

國家圖書館出版品預行編目資料

慢的教育／卡爾・歐諾黑 (Carl Honoré) 著；
薛絢譯.-- 初版.-- 臺北市：大塊文化，2009.01
面；　公分.-- (from ; 56)
譯自：Under pressure: rescuing our children
from the culture of hyper-parenting
ISBN 978-986-213-100-8 (平裝)

1.親職教育 2.育兒

528.2　　97022424

LOCUS

LOCUS

LOCUS

LOCUS